Das Kind im Lotos

Margaret Stephenson Meere

Das Kind im Lotos

Wie Chakras das Leben
von Geburt an prägen

Aus dem Englischen übersetzt
von Juliane Molitor

Lotos

Die englische Originalausgabe erschien 2009 unter dem Titel
»The Child Within the Lotus« im Verlag Rockpool Publishing,
Dulwich Hill, NSW, Australien

FSC
www.fsc.org
MIX
Papier aus verantwortungsvollen Quellen
FSC® C014496

Verlagsgruppe Random House FSC-DEU-0100
Das für dieses Buch verwendete FSC®-zertifizierte Papier
Super Snowbright liefert Hellefoss AS, Hokksund, Norwegen.

Lotos Verlag
Lotos ist ein Verlag der Verlagsgruppe Random House GmbH.

ISBN 978-3-7787-8229-3

1. Auflage 2011

Illustrationen: diacriTech, Indien

Redaktion: Cornelia Meier-Scupin
Einbandgestaltung: Guter Punkt, München, unter Verwendung
von Motiven von Shutterstock
Gesetzt aus der Minion Pro von
EDV-Fotosatz Huber/Verlagsservice G. Pfeifer, Germering
Druck und Bindung: GGP Media GmbH, Pößneck

Dieses Buch ist dem Andenken an meine Eltern Charles und Anne Meere gewidmet, die mir ihre Weisheit und meine Kindheit schenkten, und Gary Lewin für seine Liebe und Unterstützung, die ich brauchte, während ich es schrieb.

Inhalt

Teil III – Selbstverantwortung

Teil IV – Selbstreflexion

Anhang

Aus der Blume wird das Kind geboren. Das Kind im Lotos: der wahre Mittelpunkt des Lebens, in dem das Muster des Lebens ebenso erkannt werden kann wie das Muster des Lotos. Das ganze Versprechen und das ganze Potenzial, das in jedem Individuum liegt, sämtliche Möglichkeiten für Wandel, Entwicklung und Transformation innerhalb der Psyche sind im Bild des Kindes zusammengefasst.

Tom Chetwynd: *A Dictionary of Symbols*

Einleitung

Als ich neulich einen meiner Schränke aufräumte, fiel mir ein Buch in die Hände, das ich vor mehr als zehn Jahren gekauft und gelesen hatte: Hiroshi Motoyamas *Theories of the Chakras: Bridge to Higher Consciousness*. Das Buch öffnete sich in meiner Hand, und mein Blick fiel auf die farbige Abbildung eines Chakras. Zu meinem Erstaunen erkannte ich, dass das, was ich da vor Augen hatte, ein neugeborenes Kind war. In diesem kurzen Moment der Erleuchtung wusste ich, mein erstes Buch, *Baby's First 100 Days*, hatte von der Erweckung des ersten Energiezentrums gehandelt.

Ich kannte mich nicht sehr gut aus in diesem Bereich der Spiritualität, und obwohl ich tief in meinem Innern wusste, auf eine universelle Wahrheit gestoßen zu sein, war mir auch klar, dass ich noch eine Menge zu lernen hatte. Also widmete ich mich ein Jahr lang ganz dem Studium der spirituellen Metaphysik und gewann auf diese Weise mehr Sicherheit bezüglich meiner Vermutung. Über den Lotos wusste ich noch weniger, aber jetzt wächst einer in meinem Balkonteich und ist eine ständige Quelle der Betrachtung, des Lernens, der Freude und der meditativen Kontemplation. Selbst während der Winterruhe ist er ein Mysterium, das in seinem schlammigen Unterbewusstsein auf den Frühling wartet, um erneut aus dem Wasser aufzutauchen und dem Licht entgegenzuwachsen.

Die Arbeit an diesem Buch begann also mit einer Metamorphose, und es ist ein Buch entstanden sowohl über die spirituelle Entwicklung des Menschen als auch über die praktischen Aspekte der Entwicklung menschlichen Verhaltens. Es ist ein Buch über ein Kind und nimmt seinen Anfang, noch bevor dieses Kind geboren wird. Dieses Buch ist eine Mischung aus aktuellem westlichen Wissen und uralter östlicher Weisheit. Es berücksichtigt die Anatomie des Wachstums, und zwar sowohl physisch als auch feinstofflich, denn wir sind mehr als die sichtbaren Teile unseres physischen Körpers, wir haben auch eine unsichtbare Anatomie: emotionale, mentale und spirituelle Energien, die dem Auge verborgen bleiben.

Wenn wir geboren werden, befinden wir uns im Zustand der Einheit mit allen Dingen. Dieser Zustand ist unser spiritueller Kern. Wir haben bedingungsloses Vertrauen zum Leben und fürchten nicht, aus großer Höhe fallen gelassen zu werden, dass es möglicherweise keine nächste Mahlzeit für uns gäbe oder irgendwie »nicht genug« für uns da sein könnte. In unseren ersten hundert Tagen sind wir vollkommen eingebunden. Dann, während wir reifen und in unsere nächsten hundert Tage hineinwachsen, machen wir allmählich Bekanntschaft mit den Dualitäten des Lebens.

Wir alle sehnen uns nach der Verbundenheit mit dem Kind in uns und seiner Unschuld, an die wir uns auf einer tiefen »spirituellen« Ebene seit den ersten Tagen nach unserer Geburt erinnern. Diese Erinnerung ist in jeder einzelnen Zelle unseres Körpers gespeichert.

Spiritualität erwächst aus dem Prozess der geistigen Entwicklung und eben nicht auf der Grundlage von Dogmen. Und viele Bereiche des Lebens, welches wir als individuelles menschliches Wesen führen, beeinflussen diesen Prozess. Unser spiritueller Weg ist eine Frage der persönlichen Entscheidung, beeinflusst von unserer geistigen Einstellung, unserem Temperament, unseren Überzeugungen, unserer Familie, unserer Erziehung und unserem kulturellen Hintergrund. Ursprünglich entspringt er der Sehnsucht, und sobald wir die ersten Schritte auf diesem Weg getan und die ersten Entdeckungen gemacht haben, verschwört sich das Leben mit uns und lässt geschehen, wonach wir uns sehnen. Türen und Fenster öffnen sich, und wir bekommen unsere Chancen. Sie sind immer genau richtig für das, was wir in der jeweiligen Lebensphase lernen müssen. Oft nehmen wir diese lehrreichen Erfahrungen als unglückliche oder negative Aspekte unseres Lebens wahr, aber mit der Zeit und in der Rückschau erkennen wir, dass der Same für eine neue Lebenserfahrung in diesem alten Teil unseres Ichs verborgen war wie ein Nusskern in seiner Schale. Spirituelles Wachstum ist eine Reise. Der Weg, den wir uns aussuchen, ist in der Regel ein selten begangener. In diesem neuen Millennium gibt es allerdings Zeichen des Wandels und viele Individuen wenden sich vom Materialismus ab und einer neuen Spiritualität zu, wobei sie vor allem der Rolle vertrauen, die sie mit ihrem inneren Prozess darin spielen.

Diesem Buch liegt eine Vorstellung von Gott als einer Kraft zugrunde, die jedem Individuum innewohnt und es uns ermöglicht, den Teil der persönlichen und erweiterten Landschaft zu erfassen, der unsere Existenz ebenso prägt wie die Existenz aller Dinge. Diese Gottesvorstellung kann immer nur eine persönliche sein, sie entspringt unserem Weltverständnis und unserer Fähigkeit, spirituell zu wachsen.

Dieses Buch enthält einige Schlüssel, die einem Kind die Tür zu seinem potenziellen spirituellen Wachstum öffnen können, und wir Eltern, als Betreuer und Erzieher, befinden uns in der einzigartigen Position, dem Kind diese Schlüssel zur Verfügung zu stellen.

Das Neugeborene ist ein wahrhaft spirituelles Wesen. Es lebt vollkommen im Jetzt. Es ist so offen und ehrlich wie wohl niemals wieder in seinem Leben. Es ist extrem intuitiv und besitzt eine Präsenz, die so kraftvoll ist, dass sie uns alle verzaubert. Das neugeborene Kind ist der Mittelpunkt des Universums, das Göttliche im Zentrum aller Dinge, *das Kind im Lotos.*

Dies ist ein Buch über Aspekte menschlichen Wachstums und Verhaltens von der Zeit im Mutterleib bis zu den reiferen Jahren des Lebens. Der Schwerpunkt liegt auf den spirituellen Aspekten dieses Wachstums, aber es ist alles andere als esoterisch, sondern in einer Sprache geschrieben, die, wie ich hoffe, von allen Lesern verstanden wird. Spiritualität wird oft mit Religion verwechselt, doch während Spiritualität ein Teil des Individuums ist, etwas, das verinnerlicht wurde, spricht Religion die breite Masse an und spielt sich außerhalb des Individuums ab. Wir bringen unsere Spiritualität in der Art zum Ausdruck, wie wir unser Leben führen. Wir alle sind in der Lage, unser eigenes Verhalten zu ändern, und es ist genau dieser Prozess, in dem sich unsere Spiritualität entwickelt und wächst. Für viele wird das zum ganz bewussten Akt, zur Entscheidung, die eigene Sicht der Welt ebenso zu verändern wie die eigene Art, in dieser Welt zu existieren. Das ist in gewisser Weise eine Revolution. Wir suchen nach neuen Wegen.

In der westlichen Welt ist es üblich geworden, sich stark, wenn nicht sogar ausschließlich auf wissenschaftliche Beweise zu verlassen. Dennoch sind die Weisheiten und Schriften der alten Griechen und der östlichen Philosophen heute noch genauso relevant, wie sie zu deren Lebzeiten waren. Diese Philosophen hatten keinerlei wissenschaftliche Beweise für ihre Theorien über die Menschen und das Universum, aber sie verstanden sehr gut, dass etwas, wofür es keinen Beweis gibt, nicht automatisch auch nicht existent ist. Sprich: kein Beweis ist nicht zwangsläufig ein Gegenbeweis.

Die Arbeit an diesem Buch war eine reiche und lohnende Reise für mich. Indem ich nebenbei gearbeitet und junge Eltern beraten habe, konnte ich lernen, dass es notwendig ist, die spirituelle Reise zur Sprache zu bringen, die mit dem Geburtsvorgang, dem Elternsein und dem Verstehen des Kindes einhergeht.

In den modernen Gesellschaften verlieren wir den Kontakt zu unserer spirituellen Natur, und ich glaube, dass dies einen Konflikt der Glaubenssysteme und den Zusammenbruch von Kulturen zur Folge haben wird. Unsere Kinder wachsen mit dieser Verwirrung auf. Wir als Erwachsene sind gefordert, den Kindern jene Führung und geistige Nahrung zu geben, die sie brauchen, um in einer materiellen Welt ein spirituelles Leben zu führen. Um allen Völkern Frieden bringen zu können, müssen wir wahre Liebe entwickeln und Dankbarkeit für alles, was das Leben uns schenkt. Nur so können wir beginnen, unser eigenes inneres Kind zu heilen, die Ganzheit unserer Kinder zu bewahren und jene besondere Liebe und jenes Mitgefühl zu entwickeln, die notwendig sind, um unseren Planeten zu heilen.

Meine Vision für dieses Buch ist, dass es uns bei dieser Heilung helfen kann.

Zum Umgang mit diesem Buch

Das Wachstum und die Entwicklung eines Kindes gehen unglaublich schnell vonstatten, und in den frühen Jahren der Kindheit werden viele, vermutlich die meisten unserer Verhaltensmuster festgelegt. Wir haben alle als Keim der Hoffnung und der Liebe begonnen – keiner von uns ist dem Wunder, der Schönheit und dem Trauma, ein Kind zu sein, entgangen und seit jenen frühen Jahren sind wir die Individuen geworden, die wir heute sind.

Dies ist also ein Buch für alle, ob Sie nun Eltern eines kleinen Kindes sind oder gern ein Kind haben möchten oder ob Sie sich an Ihre eigene Kindheit erinnern und sozusagen Eltern für Ihre persönliche Entwicklung sein wollen.

Das Buch ist in mehrere Teile gegliedert, die den Entwicklungsstadien des menschlichen Verhaltens entsprechen. Wenn wir ein Verständnis dafür gewinnen, was normales altersgemäßes Verhalten ist, dann sind wir besser in der Lage, bei der Kindererziehung intuitive Entscheidungen zu treffen.

Die ersten beiden Teile, Kapitel eins bis Kapitel fünf, beschreiben die ersten fünf Chakras. Jedes dieser Kapitel behandelt eine Phase von hundert Tagen, bis das Kind etwa 18 Monate alt ist und eine besser ausgeprägte Sprechfähigkeit entwickelt. Ehe ein Kind zu sprechen beginnt, kann sein Verhalten den frischgebackenen Eltern gelegentlich ein Rätsel sein. Daher enthalten die ersten fünf Kapitel auch praktische Hinweise zu grundlegenden Fragen wie Schlafen und Füttern. Kapitel eins stellt die frühkindliche Entwicklung des *Selbstgefühls* in den Mittelpunkt.

Kapitel fünf beschäftigt sich vor allem mit der Sprachentwicklung und mit der zunehmenden Fähigkeit des Kindes zur *Selbstkontrolle.*

Der dritte Teil über das sechste Chakra oder dritte Auge behandelt das Kind von etwa acht Jahren. Es ist das Alter des Bewusstseins, in dem das Kind eine gewisse Fähigkeit entwickelt, komplex und rational zu denken. Zwei Jahre bis acht Jahre – das scheint ein großer Sprung zu sein, aber das Alter von acht Jahren wird hier dennoch behandelt, denn es markiert einen Wendepunkt in der Beziehung zu unserem Kind und auch in unserem Verständnis seiner sich verändernden Denkmuster. Das Kind steht am Beginn der mittleren Kindheit – der Brücke zwischen früher Kindheit und Erwachsensein – und bewegt sich allmählich weg aus dem Schutz der Familie und hin zu einer neuen *Selbstverantwortlichkeit.*

Der vierte Teil enthält das siebte Kapitel; in dessen Zentrum steht das siebte Chakra oder Kronenchakra, und es befasst sich kurz mit der spirituellen Weisheit, die wir in unseren reiferen Jahren erlangen. In dieser Lebensphase können wir uns der eigenen Verhaltensmuster besser bewusst werden, weil wir eine größere Fähigkeit zur *Selbstreflektion* entwickeln.

Dieses Buch kann als Ganzes, also von vorn bis hinten gelesen werden, aber auch in Teilen. Es umfasst östliche und westliche Philosophien samt der Schönheit und Klugheit, die ihnen innewohnt. Jeder Teil behandelt sowohl praktische als auch spirituelle Aspekte und die Entwicklung sowohl der Eltern als auch des Kindes in dieser Lebensphase.

Während Sie dieses Buch lesen, sollten Sie sich darüber bewusst werden, dass wir alle die Fähigkeit haben, etwas in uns zu ändern, das seinen Zweck in unserem Leben nicht mehr erfüllt.

Das Symbol des Lotos

Bis zu meinem ersten Besuch in Bali hatte ich noch nie das Vergnügen gehabt, eine echte Lotosblume, die Blätter dieser Pflanze und ihre erstaunliche Samenschote zu sehen. Als ich dort am Ufer eines wunderschönen Teiches saß, der ganz mit diesen friedvollen Blüten bedeckt war und den schirmartigen Blättern, die hoch über der Wasseroberfläche standen, war ich ganz erfüllt von Staunen und einem Gefühl der inneren Ruhe und Gelassenheit. Ich fühlte mich, als sei ich irgendwie nach Hause gekommen zu einem besonderen Teil meiner selbst. Als ich begann, dieses Buch zu schreiben, fand ich heraus, wo ich eine Lotospflanze bekommen konnte. Ich kaufte einen großen Seerosentopf und stellte ihn auf meinen sonnigen Balkon, füllte ihn mit Schlamm und viel Wasser, pflanzte meinen Baby-Lotos hinein und beobachtete, wie er sich entfaltete. Das waren meine ersten Erlebnisse mit dem »Lotos-Effekt«.

Der Lotos ist eine spektakuläre Wasserpflanze, die in gemäßigten Klimazonen gedeiht. Seine riesigen runden Blätter, deren Form an die Blätter der Kapuzinerkresse erinnern, stehen hoch über der Wasseroberfläche wie Schirme und stoßen das Wasser so ab, dass die Tropfen wie Quecksilberkügelchen aussehen. Auch die Blüten sind sehr auffällig: breitblättrigen Seerosen ähnlich mit einem lustigen, an einen Gießkannenaufsatz erinnernden Kegel in der Mitte. Bei diesem Kegel handelt es sich um die Samenschote, welche die Frucht der Pflanze enthält.

Der Lotos hat eine besondere Eigenschaft, die Mystiker wie Wissenschaftler gleichermaßen fasziniert hat: Er weist Schlamm ab. Inzwischen weiß man, dass jedes Blütenblatt mit einer extrem dichten Schicht aus winzigen, spitzen Beulen bedeckt ist. Sie gibt dem Lotos jene einzigartige Fähigkeit, sich selbst zu reinigen, den Wissenschaftler als »Lotoseffekt« bezeichnen.

Mit seinen Blüten, Blättern und Samenschoten verschönt der Lotos vom Sommer bis zum Herbst Feuchtgebiete und Teiche. In den kühleren Monaten hält er Winterruhe. Er ist die einzige Pflanze, die gleichzeitig blüht und Früchte trägt. Weil man an einer Lotospflanze Knospen, Blüten und Samenschoten zugleich sehen kann, wird sie auch als Sinnbild für Vergangenheit, Gegenwart und Zukunft betrachtet.

Die Samen des indischen Lotos sind dafür bekannt, dass sie selbst nach Hunderten von Jahren noch keimen können. Der Same eines heiligen orientalischen Lotos, den man auf dem Grund eines ausgetrockneten Sees am Rande eines kleinen Dorfes im Nordosten Chinas fand, keimte, nachdem er 1200 Jahre dort gelegen hatte. Er ist eines der ältesten, noch aktiven Samenkörner, die je gefunden wurden.

In der hinduistischen Tradition wird der Lotos meist mit acht Blütenblättern dargestellt und ist aufgrund der acht Haupthimmelrichtungen ein Symbol für die kosmische Harmonie. Außerdem gilt der Lotos im Hinduismus als Sinnbild für die aus sich selbst geborene, unsterbliche und spirituelle Natur des Menschen. Er repräsentiert die Entfaltung aller menschlichen Möglichkeiten sowie der ewigen Regeneration, der Reinheit, Schönheit, Langlebigkeit, der Gesundheit, des Ruhmes und des Glücks – alles höchst wünschenswerte Eigenschaften für ein neu angekommenes Kind.

Im Buddhismus steht der Lotos für Treue. Der goldene Lotos des Taoismus symbolisiert Erleuchtung, das Tao (den Weg) und die spirituelle Wiedergeburt. Das Erblühen der Lotosblume, genauer das Öffnen der Blütenblätter, soll die Entwicklung des spirituellen Potenzials im Menschen versinnbildlichen. Chinesische Dichter bedienen sich des Bildes der Lotosblume, um Menschen zu inspirieren, sich nicht von Schwierigkeiten entmutigen zu lassen.

Die alten Ägypter verehrten die Lotosblume als Symbol der Reinheit und kreativen Kraft. Nach einem Mythos sahen sie in der Lotosknospe ein Symbol für den Beginn der Schöpfung: Aus ihr wurde der junge Sonnengott geboren.

Die moderne Aromatherapie verdankt dem alten Ägypten viel; hier verstand man sich auf die wirkmächtigen Heilkräfte der aus Pflanzen gewonnenen ätherischen Öle. Die Aromatherapie ist eine Heilmethode, die bei Massagen, in Bädern oder zur Inhalation ätherische Öle verwendet, um Linderung von Beschwerden auf der spirituellen, der emotionalen und der körperlichen Ebene zu bewirken. Mittlerweile wird sie auch im westlichen Gesundheitswesen als hilfreich anerkannt. Eine Eigenschaft der Aromatherapie besteht darin, dass sie Geist und Körper gleichzeitig anspricht, und das macht sie zur perfekten sanften Medizin. Das ätherische Öl des Lotos wird bei der Parfumherstellung eingesetzt. Es befreit von Ängsten.

Der Lotos in den östlichen Kulturen ähnelt in seiner Symbolik der Rose im westlichen Christentum. Der Roseneibisch (auch als Hibiskus bekannt) repräsentiert Christus und die christliche Kirche. Diese Pflanze blüht unter rauen und trockenen Bedingungen in der Wüste, während der Lotos aus den schlammigen Tiefen des Wassers emporsteigt und seine Blüten entfaltet. Sowohl die Wüste als auch der Teich mit seinen schlammigen Tiefen stellen eine Herausforderung für eine Pflanze dar.

Wenn man den Lebenszyklus des Lotos als Symbol betrachtet, erinnert die Form der Knospe an das kosmische Ei, und das Baby taucht aus den Wassern des Mutterleibs auf, wo es durch die Nabelschnur mit der nährenden Plazenta verbunden war – wie die Lotosknospe über den Stängel mit dem Schlamm in der Tiefe des Teiches verbunden ist. Wenn die Knospe die Wasseroberfläche erreicht, wird sie ins Licht und an die Luft geboren und beginnt sich zu entfalten. Genau wie die Lotosblüte entfaltet sich auch das Bewusstseins des Babys, das sich aus dem Bereich des Instinktiven (dem Schlamm) erhebt, durch die Intelligenz der manifestierten Welt (das Wasser) hin zum absoluten Bewusstsein (die Wasseroberfläche und die Luft) wächst, um in der göttlichen Weisheit zu erblühen (die Sonne zu grüßen).

Als ein Symbol vermag die Lotosblüte mehr zu sagen als Worte: Sie kann uns nicht nur helfen, unsere spirituelle Natur zu verstehen, sondern auch die Entwicklung unseres Bewusstseins in einer modernen Welt.

Energiezentren des Bewusstseins – Die Chakras

Als ich begann, Yoga zu praktizieren, hörte ich zum ersten Mal etwas über die Chakras. Es kam mir vor, als hätte ich einen völlig neuen Bereich des Lernens und der Selbsterfahrung betreten. Diese Entdeckung führte dazu, dass ich die Sinne zu erforschen begann, das Nervensystem und das endokrine System, die Spiritualität der Musik, die Energie von Licht und Farbe und die wunderbare Welt der Mythen und Symbole. Und es führte auch dazu, mich mit dem Wert und der Schönheit östlicher Weisheit auseinanderzusetzen.

Die Energie des Körpers hat mich schon immer fasziniert: der wunderbare Liebesrausch, den ich erlebe, wenn ich ein neugeborenes Kind in den Armen halte; die Art, wie ich mich zusammenziehe, wenn ich Angst habe oder besorgt bin; die erregende Spannung der sexuellen Anziehung und die Energie der Bewunderung, die sich in mir ausbreitet, wenn ich mich als Teil eines Sonnenuntergangs fühle oder mit Delfinen schwimme. Was passiert mit mir, wenn ich diese verschiedenen Erfahrungen mache? Woher kommt das »Gefühl« und wohin geht es schließlich? Meine konventionelle Bildung gründet in der Humanbiologie und der westlichen Naturwissenschaft, doch dort hatte ich keine Antworten auf diese Fragen finden können.

Es war das yogische Wissen über die Kundalini-Energie, die Energie, die durch die Chakras fließt, das mir geholfen hat, die Tür zu meinem neuen Verständnis zu öffnen.

Alle Lebewesen bestehen aus Energie. Die Zellen unseres Körpers schwingen aufgrund der subtilen Bewegungen, die durch die Ladung mit elektromagnetischer Energie entstehen – der Energie, die es jeder Zelle ermöglicht, ihre individuelle Funktion zu erfüllen. Wir sind energetische Wesen, und wir sind Menschen, weil die Schwingungsrate mit unserer DNS harmoniert, diese enthält die ererbten Gene, und sie findet sich im Kern jeder Körperzelle. Der Austausch von Nährstoffen und die Aufnahme von Sauerstoff, auch als Homöostase bekannt, hält das innere Gleichgewicht aufrecht und hilft dem Körper, Energie zu produzieren. Auf positive Weise drücken wir dies mit Wärme und Vitalität aus. Wenn die Energie schwach ist, wirken wir eher niedergeschlagen oder negativ. Und das Leben ist zu Ende, wenn die Energieschwingung gar nicht mehr vorhanden ist. Dann haucht der Körper seinen Geist aus.

Obwohl diese Schwingung und Energie in jeder lebenden Zelle vorhanden ist, befinden sich in bestimmten Bereichen des Körpers Zentren, in denen sich die Energie konzentriert. Ein solches Energiezentrum heißt *Chakra* – im Sanskrit das Wort für »Rad« oder »Kreis«. Jedes Chakra hat die Form eines Rades und erinnert an eine Lotosblüte mit einer bestimmten Anzahl von Blütenblättern. Es gibt viele Energiezentren oder Chakras im menschlichen Körper, aber die indische Tradition betrachtet sieben als Hauptchakras, von denen fünf in aufsteigender Reihenfolge entlang der Wirbelsäule liegen. Das sechste Chakra befindet sich in der Region des »Dritten Auges« (zwischen unseren Augen) auf der Höhe des Hirnstamms (*Medulla oblongata*), der die Wirbelsäule mit dem Gehirn verbindet. Das siebte Chakra liegt am Scheitelpunkt des Kopfes über der hinteren Fontanelle. Diese dreieckige, membranartige Stelle an der Verbindung zwischen den parietalen und den occipitalen Schädelknochen beginnt etwa sechs Wochen nach der Geburt zu verknöchern. Das wird bei Kleinkindern oft als »Schließen« der Fontanelle bezeichnet.

Jedes Chakra oder Energiezentrum korrespondiert mit einer der endokrinen Drüsen, die für die Ausschüttung von Hormonen in die Blutbahn entscheidend sind. Hormone spielen eine große Rolle für unser Verhalten. Zum Beispiel wird die Nebenniere als Reaktion auf eine wahrgenommene Bedrohung Adrenalin in den Blutkreislauf ausschütten und damit die Muskeln aktivieren, die für Kampf oder Flucht notwendig sind. Die Chakras hängen auch mit Nervengeflechten zusammen, einer Art Nervennetzwerken, die rechts und links der Wirbelsäule liegen und den Austausch zwischen den Nerven an der Wirbelsäule und dem peripheren Nervensystem ermöglichen.

Die Chakras fungieren als Kanal für den Austausch von Energien zwischen dem physischen Körper und dem nicht physischen, ätherischen Teil unserer Aura, der unseren physischen Körper durchdringt. Diese Zentren strahlen die persönliche Energie aus, die von unserem Körper produziert wird, und sie fungieren gleichzeitig als Kanäle, über die wir die Energien aus der Umwelt in uns aufnehmen. Haben Sie schon einmal die Energie eines anderen Menschen gespürt, bevor Sie sich seiner über Ihre anderen Sinne gewahr wurden, also bevor Sie ihn gesehen, gehört oder gerochen haben? Das geschieht über Ihren sechsten Sinn, Ihre Intuition, einem sehr mächtigen energetischen Sinn, den wir alle aktivieren können. Wenn wir jemanden lieben oder verliebt sind, spüren wir tief in uns eine wunderbare Energie, fragen uns aber selten, wo diese erzeugt wird. Es handelt sich hier um unsere Lebensenergie, die uns durch alle Emotionen hindurch am Leben hält. Sie gibt uns Leidenschaft. Wir fühlen sie in unserem Körper, interpretieren sie mit unserem Gehirn und strahlen sie aus. Diese Energie ist unsere »Lebendigkeit«.

In den östlichen Traditionen assoziierte man die Chakras mit Lotosblüten. Ein Chakra ist ein kreisender Wirbel oder ein Rad aus Energie, das als spirituelles oder übersinnliches Zentrum im Körper gilt. Wenn dieses Zentrum aktiviert wird, beginnt es sich zu öffnen und wie ein Rad zu drehen und die Speichen dieses Rades erinnern an die Blütenblätter des Lotos. Von vier Blütenblättern im Wurzelchakra bis über tausend im Kronenchakra steht die Anzahl der Blütenblätter in jedem Energiezentrum für die Schwingungsrate des jeweiligen Zentrums. Bei den Chakras handelt es sich um Energiezentren im ätherischen Körper unserer Aura, die man, ähnlich wie die Energie unserer Gedanken oder unserer Träume, nicht mit den Sinnen wahrnehmen und sie auch nicht beim Sezieren eines physischen Körpers messen kann. Hellsichtige Menschen sind sich der Chakras jedoch sehr bewusst und auch der menschlichen Aura – der Ausstrahlung jener Energie, die in uns ist und sich über unseren lebendigen Körper hinaus ausdehnt. Diese bezeichnet man als das menschliche Energiefeld. Wenn wir die Energie einer anderen Person spüren, fühlen wir ihre Aura. Unser sechster Sinn »spürt«, ob die Energie, die wir erleben, »gut« oder »schlecht« ist.

Die Chakras sind Teil dessen, was man als unsere spirituelle Anatomie bezeichnen könnte. Ähnlich wie wir fähig sind, unseren physischen Körper in einem Anatomieatlas in all seinen Einzelheiten zu betrachten, können hellsichtige Menschen unsere spirituelle Anatomie sehen. Das Energiesystem des lebenden Körpers, bekannt auch als feinstoffliches Energiesystem, und seine Energie sind wie Elektrizität oder Magnetismus für den unwissenden Geist unsichtbar. Die sieben Hauptchakras bilden ein zusammenhängendes System. Jedes einzelne ist von der Energie der anderen abhängig, damit das System als Ganzes zu funktionieren vermag.

Wissen wir erst einmal mehr über die Chakras oder Energiezentren und ihre Lage im Körper, wird es uns ein wenig leichter fallen, jedes einzelne zu verstehen. Zum Beispiel ist das Herzchakra – es liegt in der Brust nahe unserem physischen Herzen – dasjenige Energiezentrum, mit dem wir am meisten in Kontakt sind. Wenn wir Angst haben oder einen Schock erleben, legen wir die Hand instinktiv schützend über unser Herz. Wenn wir verliebt sind, ist es die Herzgegend, in der wir uns so wunderbar fühlen, und es ist dieses Energiezentrum, das sich dann so erweitert, dass wir uns der ganzen Welt öffnen wollen. Wir »leuchten« von innen.

Als System bringen die sieben Hauptenergiezentren oder Chakras unsere Verhaltensmuster ebenso zum Ausdruck wie unsere Entwicklung im Laufe unseres Lebens. Auf der subtilsten Ebene fungieren die Chakras als Zentren, welche den Austausch der Energie zwischen physischem Körper und Geist erleichtern. Erwachen die Zentren, beginnen sie nach und nach, einfache Eigenschaften des betreffenden Chakras auszudrücken. Wenn wir lesen lernen, fangen wir ja auch mit dem Alphabet an, bevor einfache, einsilbige Worte folgen, und erst dann sind wir in der Lage, einfache Sätze zu lesen. Es ist eine Entwicklung, ein Prozess. Mit dem Prozess, der zum Öffnen und Erblühen der Chakras führt, ist es ähnlich. Wir beginnen mit einfachem Wissen.

In diesem Buch geht es um das anfängliche Öffnen der Chakras, denn dies ist die Ebene, auf der die Energiezentren eines Babys arbeiten. Allerdings werden die Eigenschaften aller Energiezentren erläutert, sodass Sie sich anhand der Beschreibungen selbst auch besser kennenlernen können.

Die folgenden Teile dieses Buches werden von den Energiezentren des Körpers symbolisiert, den Chakras mit ihren Lotosblüten, wobei jedes Blütenblatt für einen Monat steht. Meiner Ansicht nach entsprechen die ersten 500 Tage in der Entwicklung eines Babys vollkommen dem spezifischen Verhalten, das mit den ersten fünf Energiezentren in Verbindung gebracht wird. Sie stellen also eine wunderbare Analogie für die frühkindliche Entwicklung dar.

Auf den Seiten dieses Buches erwartet uns neues Wissen. Mögen unser Herz und unser Geist dafür offen sein.

Von der Empfängnis zur Geburt

In der Schwangerschaft und während des Geburtsprozesses begibt sich die Mutter auf eine spirituelle Reise, die in vieler Hinsicht ein Spiegel dessen ist, was ihr Kind erleben wird, sobald es auf diese Welt kommt. Die Schwangerschaft ist ein gemeinsames Erlebnis von Mutter und Kind, und wenn eine Mutter diesen Prozess verstehen und fördern kann, wird ihr Kind mit einer stärkeren Verbindung zum spirituellen Kern in sich selbst und anderen geboren.

In den ersten drei Schwangerschaftsmonaten liegt die Gebärmutter mit dem Baby tief im Becken. In dieser Phase, in der sich der Embryo im Bereich des mütterlichen Wurzelchakras aufhält, entwickeln sich seine irdischen Anteile. Das Herz beginnt zu schlagen, und das Geschlecht wird festgelegt. Neun Wochen nach der Befruchtung, wenn der Embryo menschliche Gestalt angenommen hat und alle Lebenssysteme angelegt sind, wird er zum Fötus.

Das Baby wächst in der zwölften Schwangerschaftswoche allmählich in den Unterbauch und damit in den Einflussbereich des zweiten Energiezentrums der Mutter, und nach 24 Wochen in den Oberbauch, wo das dritte Energiezentrum liegt.

Im ersten Trimester, den ersten drei Monaten der Schwangerschaft, werden die physischen Überlebensgrundlagen für die Entwicklung einer neuen Seele gelegt. In dieser embryonalen Phase ist das Baby am wenigsten vor Einflüssen aus der äußeren Umwelt geschützt. Im zweiten Trimester, also vom dritten bis zum sechsten Monat, ist die Schwangerschaft vor allem Bewegung und Dualität. Der Fötus macht seine ersten Bewegungen, welche die Mutter wie ein Flattern in ihrem Bauch wahrnimmt. Jetzt erkennt sie, dass ein anderes Leben in ihr wächst. Sie spricht ganz spontan mit ihrem Baby und massiert es auf natürliche und fast unbewusste Weise, indem sie sich selbst liebevoll über den Bauch streicht. Im dritten Trimester, den letzten drei Monaten der Schwangerschaft, steigt die Gebärmutter in den Oberbauch der Mutter und somit in den Bereich ihres Solarplexus – den Bereich der persönlichen Macht und des Selbstwertgefühls. In dieser Phase lassen Selbstvertrauen und freudige Erwartung die schwangere Frau geradezu aufblühen.

Der Geburtsvorgang beginnt mit den Wehen. Die werdende Mutter begibt sich von nun an auf eine wundersame Reise im Zustand der Hoffnung, der Aufregung und der angespannten Erwartung. Dies ist der körperliche und emotionale Prozess einer Geburt.

Wenn die Wehen einsetzen, macht sich das Baby auf den Weg abwärts durch den Geburtskanal und durch das erste Chakra der Mutter. Und während es den Geburtskanal passiert, hat es sein erstes Erdungserlebnis. Es ist auch das erste Erdungserlebnis für die gebärende Mutter, die in dieser zweiten Wehenphase, in welcher der Gebärmutterhals ganz geweitet ist, nach dem spirituellen Erleben des Übergangszustandes in der ersten Wehenphase zurück auf die Erde kommt.

Die Schmerzen, die das Gebären bereitet, können außergewöhnlich und schockierend zugleich sein. Anhaltend und rhythmisch bringen sie eine Frau in unmittelbaren Kontakt mit ihrem Körper. Im frühen Wehenstadium (der Gebärmutterhals öffnet sich bis drei Zentimeter weit) und im aktiven Wehenstadium (vier bis sieben Zentimeter) kann die Frau den Prozess noch aushalten, wenn die Wehentätigkeit gut vorangeht. Sie ist einigermaßen geerdet, bis sie die Phase des Übergangs erreicht. In dieser Übergangszeit erweitert sich der Gebärmutterhals von sieben auf zehn Zentimeter, und sie reist in ihr eigenes Inneres, in einen Raum, wo sie möglicherweise noch nie zuvor war. Das ist ein Schock und kann sehr konfrontierend für sie sein. Zu diesem Zeitpunkt hat sie vielleicht das Gefühl, die ganze Prozedur nicht mehr ertragen zu können. Als Sokrates über die Natur des Schmerzes nachdachte, beschrieb er ihn nicht als Leiden der Sinne, sondern der Seele. Eine Frau in den Wehen erlebt die Leiden ihrer Seele. Es ist eine Reise in ihr spirituelles Zentrum. In der Phase des Übergangs kann sie es manchmal nicht ertragen berührt zu werden – es bringt sie zu sehr in Kontakt mit ihrem Körper. Und dann ist sie emotional sehr verwundbar. In den Pausen zwischen den Kontraktionen begibt sie sich tief in ihren Seelenraum. Hier herrscht Frieden. Wenn sie jedoch berührt oder angesprochen wird, reagiert sie negativ. Das kann für den unterstützenden Partner – in der Regel der Vater des Babys, der ebenfalls emotional engagiert ist – sehr überraschend kommen. Es ist also wichtig, dass der Vater die Ablehnung nicht persönlich nimmt und verletzt reagiert, sondern sie als eine wunderbare und positive Bewegung in Richtung auf den Moment der Geburt sieht. Bei normalen Wehen geht die Erweiterung des Geburtskanals vom Beginn der Übergangsphase bis zur Geburt des Babys ziemlich schnell vonstatten.

Es ist wie eine Wende im Geburtsprozess. Allerdings sollte man verstehen, dass es für eine Frau auch ein spiritueller Wendepunkt ist und dass sie genau wie ihr Baby in den nächsten 40 Tagen versuchen wird, aus ihrem spirituellen Zentrum hinunter zur Erde zu gelangen, in ihr erstes Energiezentrum: das Muladhara-Chakra.

In den ersten zwei bis fünf Tagen nach der Geburt wird in den Brüsten der Mutter Kolostrum produziert, eine leicht verdauliche Vormilch, die sehr nahrhaft ist, den Durst stillt, eine abführende Wirkung hat und Immunkörper sowie Vitamine enthält. Das Kolostrum weist fünfmal mehr Tryptophan auf als Muttermilch. Tryptophan ist eine Aminosäure, die mithilfe von Vitamin B6 als Vorläufer- oder Helfersubstanz für das Serotonin fungiert, einen Neurotransmitter oder Botenstoff, der für den Schlaf und für die sensorische Wahrnehmung wichtig ist. Das deutlich niedrigere Tryptophanniveau in der Muttermilch könnte für das unruhige Verhalten verantwortlich sein, welches das Neugeborene zeigt, wenn »die Milch einschießt«.

Nachdem sich das Kolostrum etwa am vierten Tag in Muttermilch verwandelt hat, füllen sich die Brüste mit dieser Milch und gelegentlich schwellen sie aufgrund des verstärkten Zuflusses von Blut zusätzlich an. Für die Mutter kann dies sehr unangenehm sein. Manchmal wird es sogar schwierig, das Baby zum Trinken an die Brust anzulegen. Tagelang gleicht das Leben einem emotionalen Wechselbad und oft fließen sogar Tränen. Es ist der Beginn des Erdungsprozesses für Mutter und Kind. Diese Erfahrung, gepaart mit den anfänglichen Stillbeschwerden, den häufigen Stillzeiten und den durchwachten Nächten, versetzen die Mutter in einen Zustand der Müdigkeit, in dem sie sich vor allem nach Schlaf sehnt und danach, in ihren eigenen friedlichen und spirituellen inneren Raum zurückzukehren.

Im Laufe der folgenden hundert Tage nimmt die Häufigkeit der Stillzeiten allmählich ab. In den nächsten drei Monaten geht das Stillen immer leichter und schneller vonstatten, und es bleibt immer mehr Zeit für andere Aktivitäten: Die Mutter ist wieder auf der Erde angekommen. Nun scheinen auch die Brüste wieder zu dem zu werden, was sie vor der Geburt waren. Sie sind weicher und weniger stark geschwollen.

In den ersten Wochen des »Erdungsprozesses« kann eine Frau das Gefühl haben, ihr Gehirn habe sich in Brei verwandelt. Entscheidungen sind schwer zu treffen, die Zeit läuft weg; alles, was es über sie selbst und das Baby hinaus zu organisieren gibt, stellt eine Herausforderung dar. Die Natur hat junge Mütter offenbar nicht für geistige Höhenflüge ausgerüstet. Die ersten Wochen des Mutterseins sind eine Zeit, in der es darum geht, sich physisch und emotional selbst zu heilen und zu nähren und sich ganz auf das neue Baby und seine Bedürfnisse zu konzentrieren. Für eine junge Mutter und ihr Baby sieht die Natur vor, dass sie von anderen genährt und unterstützt werden, und nicht umgekehrt.

Wenn eine junge Mutter selbst findet, dass sie körperlich, mental und emotional wieder voll einsatzfähig ist, ist der Erdungsprozess fast abgeschlossen. Dieser Prozess dauert beim ersten Kind generell etwas länger. Der Körper hat jedoch ein Gedächtnis und der Heilungsvorgang geht beim zweiten und allen folgenden Babys schneller vonstatten. Selbst die Muttermilch bildet sich ab dem zweiten Kind rascher und auch das Stillen geht schneller und leichter. Der Körper scheint einfach früher in der Lage zu sein, sich selbst zu helfen.

Die Natur ist wirklich wunderbar.

Teil I

Selbstgefühl

Die ersten 100 Tage

MULADHARA
Das Wurzelchakra

Einleitung

Muladhara – Erden

Das Verhalten eines Neugeborenen

Anzeichen von Müdigkeit

Schlafen

Ernährung

Eingewöhnung

Das Erden der jungen Eltern

Elternsein mit Sicherheit, Energie und Nachhaltigkeit

Das erste Energiezentrum

MULADHARA
»Wurzel«

Der Lotos mit vier Blütenblättern

Die ersten 100 Tage
Unterstützung und Überleben

FARBE: Rot – die Farbe, die voller Kraft, Energie und Antrieb ist. Rot zu tragen kann uns energetisieren und unser Selbstvertrauen wiederherstellen.

MUSIK: Trommelmusik. Ein Kind, das schlecht geerdet und unsicher ist, spricht gut auf Rhythmus an.

SINN: Geruch. Mutter, Vater, Geschwister und Großeltern haben alle ihren jeweils einzigartigen Geruch, den ein Baby wiedererkennt und der es beruhigt.

KÖRPERSYSTEM: Die Nieren, das Blut und das Skelett.

ENDOKRINES SYSTEM: Die Nebennieren.

TOTEMTIER: Elefant; eines der spirituellsten und doch am meisten geerdeten Geschöpfe Gottes. Der Elefant verfügt über die Kraft der heiligen Weisheit.

Einleitung

Wenn ein Baby in diese Welt geboren wird, ist es ein höchst spirituelles Wesen, das viel Unterstützung braucht, um ein Mitglied der Menschheit zu werden. Es verbringt die meiste Zeit schlafend, denn so bewahrt es seine Spiritualität. Wir fühlen uns zu schlafenden Babys hingezogen, weil uns ihre erstaunliche Energie mit einem Teil von uns in Verbindung bringt, der sehr erhebend ist. Ich habe schon oft beobachtet, wie »strenge« Menschen beim Anblick eines schlafenden neugeborenen Wunders in stiller Ehrfurcht dahingeschmolzen sind.

Um als Erdenwesen überleben zu können, braucht das angekommene Baby Nahrung, Berührung und Bewegung. All das trägt zur Erdung bei. Und manche Babys brauchen mehr davon als andere. Sie entwickeln einen regelrechten Heißhunger. Sie werden ruhig und strecken sich, wenn sie sanft massiert werden. Sie strampeln sehr heftig, wenn sie weinen. Lautes Schreien mit tiefen Atemzügen, die Aufnahme irdischer Nahrung durch das Stillen und liebevolle Berührung bringen das Baby in seinen Körper. Und wenn es genügend Erdung hat, muss es durch Schlaf und Ruhe in seine Geistwelt zurückkehren, wo es Frieden findet und innerlich wachsen kann.

In der Zeit nach der Geburt, den ersten vierzig Tagen, brauchen die junge Mutter und ihr Baby viel Zeit in ihrer Geistwelt, der Welt der Ruhe und der Tagträume. Ruhe, Erholung und Unterstützung sind wesentlich, damit sie allmählich auf der Erde ankommen können. Unsere moderne Gesellschaft verlangt in dieser besonderen Zeit viel von Mutter und Kind. Das Neugeborene wird überstrapaziert und überstimuliert. Die frischgebackene Mutter wird bis zur sozialen und physischen Erschöpfung in Anspruch genommen. Wenn dies geschieht, sind weder die Mutter noch das Kind in der Lage, ausreichend zu essen, zu schlafen und entsprechend zu »funktionieren«.

Nach den ersten vierzig Tagen wandelt sich das Gefühl der Mutter sich selbst und ihrem Kind gegenüber. Auch für das Baby verändert sich in den nächsten zwei Monaten einiges, denn es beginnt zu lächeln, ist länger wach und in dieser Zeit mehr an seiner Umwelt interessiert und schreit weniger.

In den ersten drei oder vier Tagen nach der Geburt nimmt das Baby, wenn es an der Brust saugt, kleine Mengen Kolostrum auf: »spirituelle« Nahrung. Kolostrum ist die Nahrung des Übergangs, das erste Angebot der Brust und die erste Mahlzeit des Neugeborenen. Weil es in so kleinen Mengen aufgenommen wird, wirkt es wie ein reinigendes Fasten. Und es erinnert uns vielleicht an das religiöse Fasten, das es Menschen möglich machen soll, Gott näher zu kommen. Fasten bietet jenen, die inneren Frieden suchen, einen leichteren Zugang zu Kontemplation und Stille.

Das Baby verliert ein wenig Gewicht, vor allem in Form von Flüssigkeit und Mekonium oder Kindspech, das seinen Darm verschlossen hat, während es noch im Mutterleib war.

Obwohl Kolostrum nur in geringen Mengen produziert und aufgenommen wird, ist es reich an Kalorien, an Antikörpern, um Krankheiten zu verhindern, und an Substanzen, die den Schlaf fördern. Daher sind die meisten Babys in dieser Zeit sehr ausgeglichen. Die Umstellung vom Kolostrum auf Muttermilch, ein eher irdisches, physisches Nahrungsmittel, kann das Baby sehr unruhig machen, weil es dadurch aus seinem spirituellen Zustand erwacht. Das Gleiche passiert der Mutter, die eventuell durch ein sehr wehmütiges Stadium geht, wenn die Milch einschießt. Durch diese Wehmut wird die junge Mutter mehr geerdet, während sie sich allmählich immer weiter von dem spirituellen Geburtserlebnis entfernt. Die emotionale Achterbahnfahrt zwischen dem Spirituellen und dem Körperlichen kann sowohl für die Mutter als auch für ihr Baby sehr verwirrend und verunsichernd sein. Jetzt braucht die junge Mutter viel Liebe, Verständnis und Unterstützung.

Eine Entbindung ist die Trennung des Babys vom Körper der Mutter und ist frühestens sechs Wochen nach der Geburt vollständig abgeschlossen. In dieser Zeit kann es zu einer Art Trauer und einem inneren Aufruhr kommen, da diese Wochen ein eher physisches und irdisches Leben des Wachstums und der Entwicklung einleiten.

Wir müssen verstehen, dass dies auch die Zeit ist, in der wir dem Baby ins irdische Leben helfen, die Zeit, in der das Spirituelle und das Physische in sein ganzes Wesen integriert werden, und in der sich die emotionale und die mentale Natur des Selbst zu entwickeln beginnen. Es ist auch die Zeit, in der die Eltern des Babys aufgerufen sind zu wachsen und durch Selbsterkenntnis und Integration zur Ganzheit zu finden.

Muladhara – Erden

Die ersten 100 Tage im Leben eines Babys können mit dem ersten Chakra verglichen werden, dem Energiezentrum, welches in der Körperzone um das Steißbein am Ende der Wirbelsäule liegt. Dieses Energiezentrum hat mit unserem grundlegenden Bewusstsein zu tun – dem Bewusstsein für unser Überleben. Es ist auch das Zentrum der Zugehörigkeit. Hier sitzt das Bewusstsein dafür, Teil einer Familie zu sein, einer sozialen Gruppe, der Menschheit, unserer Welt und des Kosmos. Es ist auch unser Zentrum der inneren Stille.

Diese ersten 100 Tage sind die Taufe oder Initiation in ein Leben des Wachstums. Sie bilden die Grundlage für alles, was noch kommen wird. Der Sinn, der mit diesem Chakra in Verbindung gebracht wird, ist der Geruchssinn. Er ist in den ersten 100 Tagen der am besten entwickelte Sinn von allen.

Das erste Energiezentrum, auch Wurzelchakra genannt, wird durch vier Blütenblätter repräsentiert, in denen ich die ersten vier Lebensmonate sehe. Ähnlich wie das erste Chakra stehen auch die ersten 100 Tage in Zusammenhang mit unserem gewaltigen menschlichen Potenzial, unserer primitiven Energie und unseren elementaren Überlebensbedürfnissen. Es ist das Überleben mithilfe des tierischen Instinkts. Die primitiven Reflexe, die man bei Neugeborenen beobachten kann, sind vorhanden, um ihr Überleben zu sichern. Der Schreitreflex, den man beobachten kann, wenn man ein Neugeborenes aufrecht unter den Achseln hält, woraufhin es einen Fuß nach dem anderen in einer Gehbewegung hebt, stellt sicher, dass das Baby seine Füße einsetzen kann, um sich vom Geburtskanal bis zu den Brüsten der Mutter hoch zu drücken. Der Suchreflex, der das Baby veranlasst, den Kopf zu drehen, wenn etwas seine Wange berührt, stellt sicher, dass es die Brustwarze finden kann. Der Saug-Schluck-Reflex sorgt dafür, dass es die Nahrung aufnehmen kann, die es braucht. Der Schreckreflex, der auftritt, wenn ein Baby von einem plötzlichen Geräusch oder einer schnellen Bewegung erschreckt wird, macht sein Bedürfnis nach Sicherheit deutlich. Der Greifreflex wird durch Druck auf Handinnenflächen und Fußsohlen ausgelöst, die sich dann sofort zusammenziehen und alles umklammern, was in Reichweite ist, ähnlich wie sich unsere primitiven Ahnen an den Pelz ihrer Mutter oder einen Ast geklammert haben.

Die meisten dieser Reflexe gelten als primitiv. Kontrolliert werden sie von Bereichen im Stammhirn und im limbischen System. Während sich in den ersten drei oder vier Monaten nach der Geburt die Verbindung zu den höheren Zentren des Gehirns entwickelt, werden die Bewegungen des Babys immer geschmeidiger und koordinierter.

Nach Ablauf der ersten 100 Tage, wenn das Baby besser geerdet ist, werden diese Reflexe nicht mehr gebraucht. Sie verschwinden allmählich, und das Baby beginnt, sich Überlebensfähigkeiten anzueignen, um seine Verbindung zum eigenen Körper und zur Erde aufrechtzuerhalten. Sie merken die stärkere Erdung Ihres Babys daran, dass es beginnt, sein eigenes »Gewicht zu tragen«. Seine Beine strecken sich, und es macht ihm Spaß, fast zu stehen, wenn Sie es auf dem Schoß halten. Forcieren Sie dieses »Gewichttragen« aber nicht, Ihr Baby wird es von selbst tun, wenn die Zeit dafür gekommen ist. Viele Babys machen das etwa mit drei Monaten. Manche lassen sich ein bisschen mehr Zeit. Es hängt von ihrer Fähigkeit und Bereitschaft zur Erdung ab.

Das Wurzelchakra zieht Energie vom magnetischen Erdmittelpunkt durch die Füße und Beine und gibt sie an die Blut- und Gewebezellen unseres Körpers weiter. Diese Energie erdet uns und verbindet uns mit unserer materiellen, weltlichen Existenz. Wie schön ist es, auf einem großen Felsen zu stehen oder zu sitzen, der von der Sonne geküsst wurde. Die Energie, von der atomaren Struktur des Felsens erzeugt, strahlt Behaglichkeit aus und bringt unsere Aufmerksamkeit zurück zu Mutter Erde und ihren natürlichen Wundern. Daher mögen es Babys, wenn ihre Füße sanft von den warmen Händen einer Person massiert werden, die gut geerdet ist, denn das bringt sie vollständiger in ihren physischen, irdischen Körper.

Die Fähigkeit der Mutter, sich um ihr Baby zu kümmern, hängt von ihrer Fähigkeit ab, sich um sich selbst zu kümmern. Wenn sie ein starkes und ausgeglichenes Wurzelenergiezentrum hat, sind die Aussichten auf ein positives und normales Geburtserlebnis gut. Wenn sie die negativen Einstellungen und Mythen ihrer Familie oder ihre persönlichen kulturellen Prägungen in das Geburtserlebnis einbringt, empfindet sie die ganze Erfahrung möglicherweise als schwierig. Die Ursache liegt in einem unausgeglichenen Wurzelchakra, und sie wird sich auf ihrem Weg fragen müssen, wie sie mehr Ausgeglichenheit in dieses Energiezentrum bringen kann. Erst dann wird diese erdende Erfahrung für die junge Mutter wirklich erfüllend sein.

Im Wurzelchakra setzen wir die Grenzen für unser Leben. Hier verteidigen wir unsere Lebensweise, formulieren unsere Einstellungen, übernehmen Ansichten aus unserer Familie und Kultur und nehmen physische Herausforderungen an.

Indem man einem Baby physische Grenzen setzt, hilft man ihm, sich sicher und geerdet zu fühlen. Bis zu seiner Geburt hat sich das Baby in fötaler Position in einer behaglichen Gebärmutter aufgehalten. Gibt man ihm jetzt beim Wickeln eine körperliche Erinnerung an diese Geborgenheit zurück, sorgt man dafür, dass es sich sicher fühlt. Beim Baden kann man ihm dieses Gefühl zum Beispiel dadurch vermitteln, dass man ihm einen warmen, nassen Waschlappen auf die Brust legt. Nach Ablauf der ersten 100 Tage ist das Baby besser geerdet und braucht diese körperlichen Versicherungen nicht mehr so oft wie in der ersten Zeit. Es wird offener für Veränderungen.

Das Verhalten eines Neugeborenen
Bodenständiges Bewusstsein

Das erste oder Basis-/Wurzelchakra ist der energetische Kern der Sicherheit und der Überlebensinstinkte eines Babys. Es ermöglicht ihm eine tiefe Verbundenheit mit sich selbst und seiner Umgebung. Es ist sein instinktiver Geist und die Basis für sein Streben nach Selbsterkenntnis. Wenn seine Bedürfnisse in dieser Zeit befriedigt werden, wächst es zuversichtlich auf, wohl wissend, dass alles, was es für sein Überleben braucht – Essen, Trinken, Wärme und Sicherheit –, zur Verfügung steht. Ist es dann erwachsen, wird dies auch seine Einstellung zum Geld und zu materiellen Gütern beeinflussen.

Biologisch gesehen ist es jene Phase, in der die Entwicklung eines Babys als primitiv bezeichnet werden kann. Diese Entwicklung zu Beginn eines Lebens bildet die Grundlage für die Entwicklung höherer Verhaltensweisen.

Aus emotionaler Sicht ist es die Zeit der Erdung, die Zeit, in der das Bewusstsein ganz in den Körper kommt und in der sich ein Sinn für das Ich und die persönliche Sicherheit zu entwickeln beginnt. Dieses Energiezentrum hat auch etwas mit Zugehörigkeit zu tun – das Baby besitzt einen Sinn dafür, Teil von jemand anderem zu sein, vor allem Teil seiner Mutter. Es ist auch das Zentrum des »Seins« und des »Genug-Habens« für eine glückliche und bedeutsame Existenz: genug Gesundheit, genug Liebe und genug Sicherheit.

Physisch steht es für schnelles Wachstum, besonders der Verbindungen zwischen den Gehirnzellen. Am Anfang sind alle Gehirnzellen, die in Billionen gezählt werden, bereits vorhanden; da aber die Verbindungen zwischen ihnen noch nicht gewachsen sind und der Prozess der Myelinisierung noch nicht eingesetzt hat (er ermöglicht es, dass Botschaften schnell von Zelle zu Zelle weitergegeben werden), sind die Bewegungen des Babys unkoordiniert und sein Sehvermögen ist eingeschränkt. Sein Geruchssinn, sein Tastsinn und sein Gehör sind schon recht gut ausgeprägt, da sie zum Stammhirn gehören, dem Teil des Gehirns, der als »primitiv« gilt und schon bei der Geburt weitgehend organisiert ist.

Die Verbindungen zwischen den Gehirnzellen brauchen bei zu früh geborenen Babys noch länger, um sich zu entwickeln. Folglich benötigen sie auch mehr Zeit, um in der körperlichen und emotionalen Entwicklung ihre Meilensteine zu erreichen. Sie bleiben etwas länger in ihrer Geistwelt und die Fontanellen oder »weichen Stellen« ihres Kopfes schließen sich später. Auch ihre Schädelstrukturen sind offener und weicher.

Beobachtet man das Verhalten eines Neugeborenen, muss man auch da in Betracht ziehen, ob es vor oder nach dem errechneten Geburtstermin auf die Welt kam. Wurde es früher geboren, braucht es möglicherweise etwas länger, um in seine jeweiligen Entwicklungsstadien hineinzuwachsen, später geboren, erreicht es diese Stadien vielleicht früher.

Anzeichen von Müdigkeit

In den ersten 100 Tagen muss sich das Baby eingewöhnen und braucht eine Menge Schlaf, denn im Schlaf bekommt es genau die notwendige Energie, um sich mit seinem neuen Leben zu verbinden. Der Schlaf gibt ihm auch eine Art Pause von den großen

Veränderungen, die um es herum stattfinden. Viele junge Eltern verwechseln die Anzeichen von Müdigkeit häufig mit denen von Hunger, weil sie mit viel Mundaktion und oft auch mit ein wenig Geschrei einhergehen.

Anzeichen von Müdigkeit werden auch mit Schmerzen oder »Koliken« verwechselt, denn das Baby zieht oft die Beine an, als versuche es, sich in die Fötusposition und damit zurück in den Mutterleib zu bringen, oder es macht sich steif wie eine Banane, weil es so übermüdet ist. Hier nun einige Hinweise oder grundlegende Anzeichen von Müdigkeit bei einem neugeborenen Baby:

Stirnrunzeln – In der einen Minute kann ein Baby ganz zufrieden erscheinen, aber dann verliert es den Augenkontakt zu Ihnen und schaut weg. Manchmal erkennt man ein eindeutiges Runzeln der Stirn beziehungsweise über den Augen.

Geballte Fäuste – Wenn die Hände des Babys nicht mehr offen und entspannt sind, sondern fest geschlossen, dann deshalb, weil es vor lauter Müdigkeit schon ganz angespannt ist.

Hand-zum-Mund-Aktion – Eine ziemlich planlose Aktion, die dazu führen kann, dass sich das Baby an den Wangen oder Augenlidern kratzt, wenn es versucht, an einem Finger oder am Daumen zu lutschen, um sich selbst zu beruhigen.

Ruckartige Bewegungen – Deutlich vor allem an den Armbewegungen.

Gähnen – Gähnen ist ähnlich wie Seufzen ein Zeichen dafür, dass etwas aus dem Organismus des Babys befreit wird. Nach dem ersten Monat, wenn das Baby etwas weniger Schlaf braucht, ist Gähnen ein sehr gutes Zeichen: Ein müder Körper ist angespannt, und die Atmung wird flacher. Es wird weniger Sauerstoff aufgenommen, und darauf reagiert der Körper mit Gähnen, um das Sauerstoffniveau zu erhöhen. Man nimmt auch an, dass durch das Gähnen Surfactant freigesetzt wird, eine oberflächenaktive Substanz, welche die weniger häufig beanspruchten Bereiche der Lunge »schmiert«, die sich bei flacher Atmung nicht voll aufblähen. Flache Atmung ist das Ergebnis eines angespannten Zwerchfells, verkrampfter Muskeln, hochgezogener Muskeln und eines ängstlich gespannten Bauches.

Ignoriert man die Müdigkeitsanzeichen bei einem Baby oder versucht sie durch Ablenkung zu unterbinden, wird es immer schwieriger, das Baby zu beruhigen. Je mehr man es anfasst und »bearbeitet«, desto lauter und verzweifelter wird es. Und wenn es schon ganz rot im Gesicht ist und sein Körper angespannt und steif, dann wird es hektisch hin und her geschaukelt, bekommt ein klimperndes Spielzeug vor das Gesicht gehängt oder wird von einer Person zur nächsten gereicht in der Hoffnung, es werde sich beruhigen. So klappt das vermutlich nicht.

Ein Baby muss beruhigt und schlafen gelegt werden, sobald es Anzeichen von Müdigkeit zeigt.

Schlafen

Westliche Kulturen verlangen viel von neugeborenen Babys und ihren Eltern, verstehen aber nicht, dass »Schlafengehen« ohne Hilfe eine Fähigkeit ist, die das Kind erst noch lernen muss. Das erfordert Zeit und Bereitschaft, nicht nur des Kindes, sondern auch seiner Eltern. Es ist ein »Prozess«, und die Eltern sind diejenigen, die entscheiden müssen, ob und wann sie und ihr Baby dafür bereit sind. Wenn ein Baby überstimuliert, überbehandelt und folglich übermüdet ist, dauert es viel länger, bis es einschläft und es wird viel mehr schreien, weil es den angesammelten Stress nur so abbauen kann. Der Abbau von Stress oder Körperspannung ist nötig, bevor der Körper entspannen und in den Schlafzustand eintreten kann.

Kurz nach der Geburt oder in den ersten 40 Tagen nach der Entbindung braucht ein Baby sechs bis acht Mahlzeiten in 24 Stunden. Das hängt mit der Größe seines Magens zusammen. Bei der Geburt hat der Magen die Größe einer großen Murmel. In den folgenden Wochen vergrößert sich seine Kapazität, bis er nach einem Monat die Größe eines Tennisballs erreicht. Das Füttern hat jedoch auch mit seinen emotionalen und spirituellen Bedürfnissen zu tun. Ein Neugeborenes braucht das häufige Füttern, weil es ihm viele Gelegenheiten gibt, sich zu erden. Das Erden findet statt, wenn es Milch trinkt, wenn es von den Familienmitgliedern sanft berührt wird und wenn es die Lungen beim Schreien trainiert. Ist es genug geerdet, gibt es uns ein Zeichen von Müdigkeit, um in die träumerische Geistwelt des Schlafes zurückkehren zu können.

Wie viel Schlaf braucht ein Baby?

Ein Neugeborenes schläft durchschnittlich etwa 16,5 Stunden an einem 24-Stundentag, aufgeteilt in vier kürzere Schlafphasen am Tag und eine längere Schlafphase von etwa 8,5 Stunden in der Nacht.

Wenn ein Baby sechs- bis achtmal in 24 Stunden gefüttert wird und das Ganze einschließlich Windelwechsel, Trinken, Bäuerchen machen, wieder ins Bett legen etwa eine Stunde dauert, kann man gut nachvollziehen, dass sechs bis sieben Stunden am Tag für »Babyaktivitäten« gebraucht werden. Es ist etwa genau die Menge an »Wachzeit«, die ein Baby in den ersten paar Wochen verkraften kann.

Wenn das Baby vier Wochen alt ist, schläft es an einem 24-Stundentag durchschnittlich 15,5 Stunden, aufgeteilt in drei kürzere Schlafphasen am Tag und eine längere Schlafphase von etwa neun Stunden in der Nacht.

Mittlerweile konnte die Anzahl der Mahlzeiten ein wenig reduziert werden, und Sie sind sicherer geworden, was das Baden, Windelwechseln und die allgemeinen Verrichtungen rund um das Baby angeht. Das Baby wiederum ist jetzt geselliger – und lächelt vielleicht sogar ab und zu. Sie können die Wachzeit mit ihm etwas länger genießen, obwohl es immer noch keine Spielzeiten braucht und auch keine besondere Unterhaltung.

Mit drei Monaten schläft das Baby durchschnittlich 15 von 24 Stunden, aufgeteilt in drei kürzere Schlafphasen am Tag und eine längere von sieben bis zehn Stunden in der Nacht. Jetzt sehen wir besseren Zeiten entgegen! Nach der letzten Mahlzeit am Abend gegen 21.00 oder 22.00 Uhr, schläft das Baby vielleicht sogar durch bis morgens 5.00 oder 6.00 Uhr. Es ist zufrieden, wenn ein bisschen mit ihm gespielt wird, und es gibt sogar wunderschöne Zeiten, in denen Sie miteinander »sprechen«.

Manche Babys gewöhnen sich an, tagsüber nur noch hin und wieder ein Nickerchen zu machen. Schläft das Baby auch nachts gut, ist das kein Problem. Schlaf erzeugt Schlaf: wenn ein Baby nachts nicht gut schläft, kann dies ein Zeichen dafür sein, dass es *als Individuum* tagsüber nicht genug Schlaf (oder Essen) bekommen hat. Umgekehrt zeigt der gute Nachtschlaf eines Babys, dass es auch tagsüber genug Schlaf bekommen hat.

Wir definieren Schlaf als »Ruhezustand« oder »Untätigkeit«. Manchmal liegt ein »ruhig schlafendes Baby« aber auch einfach nur ganz friedlich in seinem Bett und hat die Augen weit offen. Die ruhige Zeit, die es mit sich selbst hat, kann auch als Schlafenszeit betrachtet werden. Manche Babys haben ziemlich viel »ruhige« Zeit mit sich selbst und melden sich schon und schreien nach Ihnen, wenn sie genug davon haben.

Das Schlafmuster eines Neugeborenen

Bringt man ein Baby zu Bett, solange es noch wach ist, wird es selbst lernen einzuschlafen. Das ist anfangs jedoch recht schwierig zu bewerkstelligen, denn das Baby hat die Fähigkeit, von sich aus in den Schlaf hinüberzugleiten, noch nicht erlernt. Meistens braucht es irgendeine Hilfe oder einen Trost um einzuschlafen, zum Beispiel Tätscheln, Wiegen, die Brust, die Flasche, den Kinderwagen, das Auto, den Schnuller, auf dem Arm getragen werden, im Bett der Eltern schlafen und so weiter. Das Problem mit solchen Methoden ist, dass das Baby davon irgendwann einschläft, etwa 20 bis 30 Minuten schläft und dann muss das ganze Procedere wiederholt werden. Dies ist sehr anstrengend für Sie als Eltern, ständig die Treppe zum Kinderzimmer hochsteigen zu müssen und immer wieder zu versuchen, selbst ein wenig Schlaf zu bekommen. Es ist auch anstrengend für Ihr Baby, weil es Sie ständig rufen muss, damit Sie ihm helfen, wieder einzuschlafen. Sein Schlafmuster kann Ihnen helfen zu verstehen, warum es das tut.

Unser Schlafzustand besteht aus vielen Zyklen zweier verschiedener Arten des Schlafes: leichter Schlaf und REM-Schlaf oder

Tiefschlaf. (REM ist die Abkürzung von *rapid eye movement* – »schnelle Augenbewegungen« –, die in dieser Schlafphase von außen beobachtet werden können und anzeigen, dass der Schläfer träumt. Anm. d. Übers.) Bei einem neugeborenen Baby dauert ein Schlafzyklus etwa 50 Minuten. Die eine Hälfte dieser Zeit verbringt es im leichten Schlaf, die andere im Tiefschlaf. Wie die folgende Illustration zeigt, besteht eine Schlafphase aus zwei oder drei Schlafzyklen.

Schlafmuster eines Neugeborenen

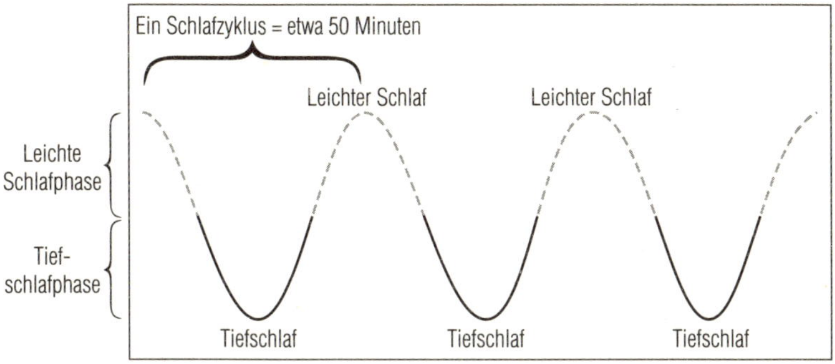

Schauen wir uns nun an, was passiert, wenn das Baby eine Einschlafhilfe hat, und warum es dann nur kurze Zeit durchschläft. Ich wähle das Beispiel der Brust als Hilfsmittel. Wenn das Baby die Brust bekommt, sind seine Augen offen, und es ist froh. Allmählich schließen sich seine Augen, es nuckelt ein bisschen, dann ruht es, dann nuckelt es wieder, dann ruht es wieder und so weiter. Während es dies tut, ist es in der leichten Schlafphase, bis es irgendwann in die Tiefschlafphase fällt und die Brust loslässt. Also legen Sie es ins Bett. Doch nach 20 bis 30 Minuten ist es wieder wach und schreit nach Ihnen, weil es die nächste Leichtschlafphase des Schlafzyklus erreicht hat. Wenn nun die Hilfe, die es ursprünglich zum Schlafen gebracht hat (in diesem Fall die

Brust), nicht mehr da ist, weckt es sich selbst auf und sucht danach, um in die nächste Tiefschlafphase eintreten zu können.

Schlafentwicklung

Ein neugeborenes Baby hat eine biologische »Uhr« oder einen Zeitzyklus von etwa 50 Minuten, wohingegen der Zeitzyklus von Erwachsenen bei etwa 90 Minuten liegt. Nach 90 Minuten ist das erwachsene Gehirn nicht mehr voll konzentriert und braucht Entlastung und Erfrischung. Wichtig ist das beispielsweise bei langen Autofahrten. Auch Schüler können sich im Unterricht maximal 90 Minuten ohne Pause konzentrieren. Jetzt versteht man vielleicht besser, weshalb ein neugeborenes Baby nach seiner biologischen Uhr bettreif ist, nachdem es 50 bis 60 Minuten wach war.

REM-Schlaf macht etwa 50 Prozent des Schlafzyklus eines Neugeborenen aus. Das ändert sich im Lauf der ersten drei Monate und nach Ablauf der ersten 100 Tage sind es nur noch 40 Prozent. Es wird angenommen, dass der aktive REM-Schlaf das Gehirn stimuliert und dass das Gehirn, während es aktiv ist, kontinuierlich Verbindungen zwischen den Neuronen oder Gehirnzellen aufbaut.

In den Nicht-REM- oder inaktiven Schlafphasen erfrischt und regeneriert sich der Körper selbst.

Ein zum errechneten Termin geborenes Baby beginnt sein Schlafmuster in der leicht aktiven oder REM-Schlafphase, weswegen ihm das »Einschlafen und Durchschlafen« schwerfällt. Das ändert sich in den ersten 100 Tagen allmählich, und im Alter von etwa drei oder vier Monaten wird sein Schlafzyklus mit den tieferen Schlafphasen beginnen. Dieses Muster entwickelt sich weiter, bis das Kind erwachsen ist.

Indem man ein Baby in dieser Zeit darin unterstützt, selbst einschlafen zu lernen, gibt man ihm eine gute Grundlage, um in der Zukunft ein »guter Schläfer« zu werden.

Die Schlafposition

Gegenwärtig glaubt man, dass es für ein neugeborenes Baby am besten sei, auf dem Rücken zu schlafen. Dies kann jedoch eine sehr schwierige Position sein, da es gerade aus der Fötusposition im Mutterleib kommt. Wenn Sie das Baby zum Schlafen auf den Rücken legen, ist es ratsam, den Kopf mal auf die eine, mal auf die andere Seite zu legen und diese Position dadurch aufrechtzuerhalten, dass Sie das Becken (die Hüften) etwas drehen, damit es in die gleiche Richtung zeigt. Das verhindert, dass das Baby eine bevorzugte Kopfhaltung entwickelt und als Folge davon verspannte Muskeln im Nacken und einen leicht deformierten Kopf. Wird das Baby kräftiger, bewegt es seinen Kopf selbstständig von einer Seite zur anderen, aber es ist gut, ein Bewusstsein für die Flexibilität seines Nackens zu entwickeln, die es unter anderem durch wechselnde Kopfpositionen beim Schlafen in seinem Bettchen bekommt.

Nächtliche Geräusche

Babys sind sehr geräuschvolle Kreaturen, und keineswegs nur, wenn sie wach sind. Sie haben möglicherweise schon herausgefunden, dass Ihr Baby sehr geräuschvoll schläft. Seien Sie nicht beunruhigt. Liegt es in Ihrer Nähe, versuchen Sie, trotz all der Grunzlaute, Pupser, Seufzer und lauten Träume zu schlafen. Oder betten Sie das Baby in einen anderen Raum, wenn seine Geräusche Ihren eigenen Schlaf stören.

Die Schlafumgebung

Viele Babys verbringen lange Zeit in einem Raum mit zugezogenen Vorhängen und ohne Hintergrundgeräusche. An so manchem unruhigen Tag mag das eine gute Idee sein, aber wird diese Situation zur Regel, hilft sie dem Baby nicht, zu einer flexiblen kleinen Person heranzuwachsen, die sich in einer geräuschvollen Welt zurechtfindet, in der viel passiert. Es bedeutet auch, dass die Familie möglichst immer zu Hause bleiben muss, um dem Baby ständig diese Art von Umgebung zu bieten. Das klingt nicht sehr lustig.

Schon im Mutterleib hört das Baby Geräusche und ist folglich an den üblichen Haushaltslärm gewöhnt. Er mag daher sogar beruhigend sein, weil das Baby so Ihre Nähe spürt. Generell mögen und brauchen Babys das Gefühl, Teil eines Lebensrhythmus zu sein.

Zweite und weitere Kinder wachsen ohnehin mit all dem Krach auf, den ihre Geschwister machen, und scheinen durchaus in der Lage, mitten in dem Getöse zu schlafen. Die meisten Babys lernen, auch bei Auto- und Verkehrsgeräuschen zu schlafen, wenn man mit ihnen unterwegs ist. Lassen Sie Ihr Baby, falls möglich, tagsüber in einer hellen Umgebung mit Familiengeräuschen im Hintergrund schlafen. Das wird Ihnen beiden auf Dauer dienlich sein. Andere lachen zu hören ist gut für die Seele, selbst wenn wir schlafen. Lachen erhebt den Geist, wirkt nachweislich nährend auf das Immunsystem und fördert ein gesundes Wachstum.

Auch das Licht ist ein wesentliches Element für gesundes Wachstum und eine positive Entwicklung. Abgesehen davon, dass 90 Prozent des farbigen Lichts die Organe des Körpers über die Augen erreicht, gelangen Informationen über Licht und Farben auch über die Haut in den Körper. Schon im Mutterleib erreicht das Licht das ungeborene Kind. Licht ist besonders wichtig für die Zirbeldrüse und die Hypophyse, die tief im Gehirn sitzen. Diese endokrinen Drüsen produzieren Hormone, die wiederum andere Drüsen im ganzen Körper stimulieren und so den gesamten Stoffwechsel beeinflussen.

Experimente haben gezeigt, dass Menschen mit Sehstörungen genauso von Farben beeinflusst werden wie Menschen, die normal sehen. Manche sind sogar sensitiv genug, um eine Farbe mit größter Genauigkeit dadurch zu identifizieren, dass sie die Luft darum erfühlen. Die Luft um Rot ist beispielsweise dichter als die Luft um Blau.

Menschen, die nicht genügend Tageslicht bekommen, sind anfällig für eine bestimmte Art der Depression, die als SAD (*seasonal affective disorder*) oder Winterdepression bekannt ist. Diese Störung kann bei Menschen auftreten, die zu viel Zeit in geschlossenen Räumen und bei künstlichem Licht verbringen oder in geografischen Breiten leben, wo längere Zeit im Jahr die Sonne nicht scheint. Auf der anderen Seite kann eine exzessive Aufnahme von Licht bestimmte Entwicklungen beschleunigen und den Alterungsprozess vorantreiben. Es ist daher vermutlich ein guter Gedanke, ein Baby mit den natürlichen Rhythmen von Tag und Nacht aufwachsen zu lassen und dafür zu sorgen, dass es sowohl in einer Tageslichtumgebung schlafen lernt (kurze Nickerchen) als auch bei Nacht (lange Schlafphase).

Ernährung

Die Nahrung, die ein Baby in den ersten vier bis sechs Monaten zu sich nimmt, ist entweder Muttermilch oder Milchnahrung für Säuglinge aus der Flasche. Die Nahrungsmenge variiert von Baby zu Baby. Manche brauchen größere Mengen, andere gedeihen mit weniger als empfohlen wird. Wenn ein Baby pro Woche etwa 150 Gramm zunimmt und täglich mindestens sechs Windeln gut nass und voll macht, bekommt es genug zu essen. Manche Babys nehmen nur 100 Gramm pro Woche zu, andere bringen wöchentlich 200 Gramm mehr auf die Waage, aber der Durchschnitt kommt auf 150 Gramm. Es gibt sogar Babys, die bis zu 300 Gramm pro Woche zunehmen! Achten Sie also vor allem darauf, wie zufrieden Ihr Baby ist und wie es sich entwickelt. Oft folgen Babys demselben Wachstumsmuster wie ihre Eltern oder deren Geschwister, als sie Babys waren. Versuchen Sie also, etwas über die Wachstumsgeschichten Ihrer Familie herauszufinden.

Mit etwa zwei Wochen sollten dem Baby bei jeder Mahlzeit beide Brüste angeboten werden. Das heißt nicht, dass es jedes Mal auch etwas aus der zweiten Brust trinken muss, aber es sollte die Möglichkeit haben, so viel zu trinken, wie es braucht. Die Stilldauer beträgt 30 bis 40 Minuten, und zwar 25 bis 30 Minuten an der ersten und fünf bis zehn Minuten an der zweiten Brust. Diese Zeiten reduzieren sich in den sechs bis acht Wochen nach der Geburt, weil Brust und Baby mit der Zeit »leistungsfähiger« werden. Wenn Sie sich Gedanken darüber machen, wie viel das Baby aus der Brust bekommt, schauen Sie einfach nach, was aus ihm herauskommt. Es ist alles eine Frage der Flüssigkeitsbalance: Was hineingeht (Flüssigkeit oder Input), kommt auch wieder heraus (Pipi/Kacka oder Output).

Eingewöhnung

Obwohl wir alle wissen, dass Schreien für ein Baby etwas ganz Natürliches ist, kann es für junge Eltern sehr anstrengend sein, ein schreiendes Baby zu haben. Das liegt daran, dass das Schreien so zwingend klingt, dass wir den Drang verspüren, es sofort zu stoppen, und genau das gelingt nicht immer.

Ein neugeborenes Baby schreit durchschnittlich zwei bis drei von 24 Stunden, aber es weint nicht in derselben Weise, wie wir Erwachsenen weinen. Ein Baby brüllt. Dazu gehört, dass es den Mund weit aufreißt und dadurch die Knochen des Schädels, die Wirbelsäule und die Beckenknochen ebenso bewegt wie den Kiefer. Auf diese Weise justiert es nach der Geburt die Ausrichtung der Knochen in seinem Körper. Bei manchen Babys muss mehr neu ausgerichtet werden als bei anderen. Das hängt alles von den mechanischen Vorgängen während der Geburt ab und von der Lage des Fötus in der Gebärmutter.

Das Positive am Schreien

Wenn wir ein schreiendes Baby beobachten, sehen wir eine sehr gute körperliche Aktivität. Bedenken Sie, dass das Schreien für ein Baby in diesem Alter keine emotionale, sondern eine körperliche Erfahrung ist. Und jede körperliche Aktivität ist eine erdende Aktivität.

Schreien ist die einzige Möglichkeit, die ein Neugeborenes hat, seine Lungen so zu erweitern, dass sie sich gesund entwickeln können. Wenn Sie ein tief schlafendes Baby beobachten, sehen Sie kaum, wie es atmet, weil seine Atmung so flach ist. Der Körper ruht, wird also nicht trainiert und die Lungenkapazität nicht voll genutzt.

Das Baby kann die überschüssige Energie, die es in seinen »wachen« Phasen aufgebaut hat, also nur durch Schreien auflösen und ablassen. Ältere Kinder und Erwachsene haben die Möglichkeit, diese angesammelte Energie durch Reden und körperliche Tätigkeiten wie Krabbeln, Gehen und Herumrennen abzubauen. Wenn Sie Ihre Hand ganz nah an Ihren Mund halten und stark ausatmen, spüren Sie die Wärme. Das ist überflüssige Energie, die mit der Atemluft abgegeben wird.

Wie viel schreit ein Baby?

Im Alter von etwa zwei bis neun Wochen nach einer normal langen Schwangerschaft haben viele Babys eine unruhige Phase pro Tag und einen unruhigen Tag in der Woche. Die sieben Wochen, in denen dieses Phänomen auftritt, können sehr ermüdend für Sie und Ihr Kind sein. Die unruhige Phase kann zwischen zwei Mahlzeiten liegen, wenn das Baby entweder gar nicht schläft und/oder schreit und vielleicht nur unruhig schläft. Oft tritt die unruhige Phase abends auf, wenn Sie müde sind, die Milch nicht so gut fließt und Sie möglicherweise versuchen, selbst etwas zu essen oder sich etwas zu essen zu machen. *Es mag einfacher zu ertragen sein, wenn Sie sich vorstellen, dass es nur 49 dieser unruhigen Phasen gibt (sieben Tage mal sieben Wochen).*

Der unruhige Tag ist oft ein Sonntag oder Montag, weil Babys an Wochenenden viel herumgereicht werden – ins Auto, aus dem Auto, in den Kinderwagen, ins Bett, hinaus um Leute zu besuchen, selbst Gäste haben und so weiter.

Stellen Sie sich vor, dass es nur etwa sieben solcher unruhigen Tage gibt.

Ein Baby fängt vielleicht 20 bis 30 Minuten nach Ende einer Mahlzeit an zu weinen, weil es müde ist. Es gibt wissenschaftliche Theorien, die Folgendes vermuten lassen: Wenn die aufgenommene Nahrung den oberen Teil unseres Darms erreicht, wird eine Nachricht an das Gehirn übermittelt: »Schlafen«. Das erklärt vielleicht, warum wir so müde werden, nachdem wir eine schwere Mahlzeit, etwa ein Weihnachtsessen zu uns genommen haben.

Das Schreien eines neugeborenen Babys erreicht hinsichtlich seiner Dauer und Intensität im Allgemeinen sechs Wochen nach der Geburt seinen Höhepunkt. Danach nehmen die Schreizeiten ab; das Baby wird tagsüber häufiger wach sein, sich zu einer geselligen kleinen Person entwickeln und anfangen, mit Ihnen zu lachen und Laute von sich zu geben, um Ihnen zu antworten.

Das Schreien eines Babys klingt höchst verzweifelt, wenn es übermüdet ist. Schreit es mit aller Kraft, wird sein kleines Gesicht ganz rot und verschwitzt, und es schreit sich bis zu einem Punkt, wo es kaum noch Luft bekommt. Das ist ziemlich qualvoll für alle, die es hören, aber oft ist das Baby durchaus in der Lage, sich durch diesen Wahnsinn hindurchzubewegen, bis es schließlich in einen sehr tiefen Schlaf fällt. Das liegt daran, dass ein Baby, das so schreit, hyperventiliert und dabei zu viel Kohlendioxid ausatmet. Das kurze Anhalten des Atems stoppt diesen Prozess, der Körper fühlt sich wieder behaglicher, das Baby entspannt sich und ist dann in der Lage, von selbst einzuschlafen.

Arten des Schreiens

Schmerzensgeschrei

Wenn Sie je gehört haben, wie ein Baby schreit, wenn ihm kurz nach der Geburt Testblut aus der Ferse abgenommen wird, dann war das ein Gebrüll in einer hohen Tonlage. Das ist Schmerzensgeschrei. Es setzt plötzlich ein und hat eine hohe Intensität.

Hungergeschrei

Dieses Geschrei setzt etwa zwei bis vier Stunden nach Beginn der letzten Mahlzeit ein. Es ist von mittlerer Intensität und in einer mittleren Tonlage. Es beginnt meistens mit einem Wimmern, das von kurzen Phasen der Stille unterbrochen wird.

Müdigkeitsgeschrei

Dieses Geschrei beginnt mit einem Quengeln oder Grunzen und kann sich zu einem tiefen Knurren entwickeln. Es klingt guttural und kann von viel Hand-zum-Mund-Aktionen sowie von einem Versteifen oder Aufbäumen des Körpers begleitet sein.

»Etwas stimmt nicht«-Geschrei

Es kann besorgniserregend sein und ist außerdem schwer zu definieren. Wenn Sie intuitiv das Gefühl haben, dass etwas nicht stimmt und Müdigkeit und Hunger ausgeschlossen werden können, sollten Sie schnellstmöglich den Rat eines Arztes einholen. Bekommen Sie keine befriedigende Antwort, holen Sie am besten noch eine zweite Meinung ein.

Vertrauen Sie immer Ihrer Intuition!

Die Windel ist nass!
Im Allgemeinen fühlt sich ein Neugeborenes mit einer nassen oder vollen Windel nur unwohl, wenn es müde ist. Babys in diesem Alter bringen es fertig, sehr lange mit einer sehr vollen Windel zu schlafen, ohne sich zu beschweren. Wird das Baby wach, möchte es lieber gleich essen, als vorher noch die Windel gewechselt haben.

Wie lange darf man ein Baby schreien lassen?

Sie können ein Baby so lange schreien lassen, wie Sie es verkraften. Das wird in den ersten Tagen nicht sehr lange sein, aber mit der Zeit fällt es Ihnen leichter, weil Sie sicherer werden und immer besser vertraut mit der kleinen Person in Ihrer Obhut. Die beste Zeit, um an dieser Sicherheit zu arbeiten, sind die Morgenstunden. Es ist irgendwie leichter, mit einem schreienden Baby klarzukommen, wenn die Sonne gerade aufgegangen ist, der Schlaf Sie erfrischt hat und es im Haushalt viel zu tun gibt. Statt zu sehr auf die Uhr zu achten, treffen Sie eine Art Abkommen mit dem Baby, wenn Sie es in sein Bettchen legen, nämlich, dass Sie wiederkommen, *wenn es Sie braucht*, nachdem Sie sich die Haare gewaschen oder geduscht haben, nachdem Sie das Geschirr gespült oder die Wäsche aufgehängt haben oder nachdem Sie irgendeines der Millionen anderer Dinge getan haben, die eben getan werden müssen.

Zu betonen, dass Sie kommen, *wenn das Baby Sie braucht*, ist wichtig, denn die Ohren zu spitzen, um zu hören, ob es schreit, ist etwas anderes, als es schreien zu *hören*. Halten Sie kurz inne, bevor Sie auf Ihr Baby reagieren, um zu hören und zu entscheiden, ob es »alles unter Kontrolle« hat. Ebbt das Schreien wieder ab? Verliert es sich ganz? Ist es nur ein Quengeln? Halten Sie inne, um zu hören und zu lernen. Das *Schreien* ist die Erfahrung des Babys. Auf sein Schreien zu *hören* ist unsere.

Erst zuhören, dann reagieren

Während Sie innehalten, um auf das Schreien des Babys zu hören, atmen Sie zunächst ganz tief ein und lassen den Atem dann ganz langsam ausströmen, sodass sich Ihre Schultern entspannen, der Bauch möglichst locker wird und die Muskeln im Po und im Beckenraum ein wenig nach unten fallen. *Dann* entscheiden Sie, ob Sie reagieren oder nicht. Falls Sie sich für Reagieren entscheiden, hier ein paar Vorschläge:

Verändern Sie die Lage des Babys im Bett, ohne es herauszuheben. Wenn es auf der Seite liegt, können Sie es auf die andere Seite legen. Wenn es auf dem Rücken liegt, können Sie die Position seines Kopfes und seines Beckens anpassen. (Wenn wir schlafen oder einzuschlafen versuchen, verändern wir unsere Lage im Bett ja auch so lange, bis sie uns bequem erscheint. Mit anderen Worten, wir drehen und wenden uns im Schlaf.)

Setzen Sie den Schnuller ein.

Liegt das Baby auf der Seite, legen Sie Ihre Hände auf seinen Körper (Schultern und Hüften) und »wiegen« es ein paar Mal sanft.

Streichen Sie sanft mit dem Finger über seine Stirn, und zwar vom Haaransatz aus bis zur Nasenspitze. Das beruhigt Ihr Baby nicht nur, sondern animiert es auch, seine Augen zu schließen.

Decken Sie es gut zu, damit es sich sicher fühlt.

Der Schnuller

Jedes gesunde Baby, das zum richtigen Zeitpunkt geboren wird, hat von Geburt an einen Saugreflex und etwa 30 andere frühkindliche oder primitive Reflexe, wie den Schreckreflex, den Steigreflex und den Suchreflex. Diese Reflexe vergehen nach Ablauf der unruhigen Zeit im Alter von zwei bis neun Wochen allmählich und treten bei den meisten Babys nicht mehr auf, sobald sie zwölf bis 14 Wochen oder älter sind. Den Saugreflex zu befriedigen, ist eine hilfreiche Möglichkeit, um ein Neugeborenes zu beruhigen.

Der Schnuller ist ein wunderbarer Tröster für ein Baby, das einen starken Saugreflex hat und sein ständiges Saugbedürfnis nicht nur an Brust oder Flasche befriedigen kann. Zunächst braucht das Baby vielleicht ein wenig Hilfe, um den angebotenen Schnuller zu akzeptieren. Mit einem einfachen kirschförmigen Schnuller geht das in der Regel ganz einfach. Gleich hinter dem oberen Zahnfleisch und in Richtung Gaumendach eingeführt, wird das Baby ihn nicht herauswürgen und ablehnen. Erlauben Sie ihm einfach, den Schnuller in den Mund zu saugen/zu ziehen.

Sollte es sehr unruhig sein, beruhigen Sie es zunächst in der gleichen Weise mit Ihrem sauberen Finger. Wenn es ruhiger geworden ist, ziehen Sie Ihren Finger zurück und geben ihm stattdessen den Schnuller.

Zwar ist der Schnuller in den ersten 100 Tagen ein hervorragender Tröster, aber wenn das Baby etwa vier Monate alt ist, sollte man ihm den Schnuller wieder abgewöhnen. Dafür gibt es einen einfachen Grund: Für ein Baby von etwa sieben bis acht Monaten ist es ganz normal, drei- bis viermal in der Nacht aufzuwachen, mit den Feen zu sprechen und dann wieder einzuschlafen. Braucht das Baby einen Schnuller, um wieder einzuschlafen, und kann diesen im Dunkeln nicht finden, dann raten Sie mal, wer das tun muss. *Sie.* Und Sie werden es jede Nacht drei- oder viermal tun müssen! *Das Ende vom Lied sind oft sehr müde, gereizte und unleidliche Eltern und ebenso müde und unleidliche Babys.*

Söckchen

Ähnlich wie die meisten Erwachsenen und Kinder kann auch ein Baby nicht richtig schlafen, wenn es kalte Füße hat. Schläft es also nicht so tief und fest, wie Sie es gern hätten, benötigt es vielleicht ein Paar Söckchen an die Füße, bevor ihm sein Strampler angezogen wird.

Fest einpacken

Ein Baby verbringt neun Monate im Mutterleib – in einer warmen und gemütlichen Umgebung, wo es von den Bewegungen der Mutter und vom Rhythmus ihres Herzschlages in den Schlaf gewiegt wird. Gegen Ende der Schwangerschaft wird es im Mutterleib allmählich eng. Also rollen sich die meisten Babys zu einer Kugel, mit dem Kinn auf der Brust, den Armen vor sich gekreuzt und den Knien und Beinen zum Bauch gezogen. Das ist als Fötushaltung bekannt. Wenn ein neugeborenes Baby nicht in dieser Position ist, kann es sich sehr unwohl fühlen. Versuchen Sie also, das Baby in die Fötushaltung zu bringen, wenn Sie es zum Schlafen »einpacken«.

Hier eine Möglichkeit: Verwenden Sie ein weiches, leichtes Umschlagtuch oder eine Babydecke (im Sommer ist ein Musselintuch ideal). Wenn es rechteckig ist, falten Sie auf der Längsseite gut 20 Zentimeter ab. Ist es eher quadratisch, schlagen Sie eine Ecke so um, dass die Spitze etwa in der Mitte des Tuches liegt.

Legen Sie den Kopf des Babys auf den Falz und stecken Sie einen seiner Arme unter das umgefaltete Stück Stoff. Wickeln Sie dann das Ende des Falzes sorgfältig um seine Taille, sodass der Arm quer über der Brust liegt. Machen Sie das auch mit dem anderen Arm.

Nun nehmen Sie das Baby auf, legen seinen Kopf erst in Hochstellung gegen Ihre Brust und lassen ihn dann auf seine Brust sinken, während Sie seine angezogenen Beine leicht gegen seinen Bauch drücken. *Vergessen Sie dabei das Atmen nicht.*

Legen Sie das Baby in sein Körbchen oder seine Wiege, wobei die in Fötusposition gebrachten Beine möglichst am Fußende aufgestützt werden sollten oder auf einem gefalteten Handtuch, das dort als Polster liegt. Das verhindert, dass es die Beine ausstreckt und den Kopf nach hinten überdehnt und so sein verwundbares Herzchakra offenlegt.

Diese Methode des Einpackens gibt dem Baby sowohl eine gewisse Bewegungsfreiheit, die nicht vom Schreck- oder Mororeflex eingeschränkt wird, als auch genügend Freiheit im Brustbereich. Wenn ein Baby seine Arme bewegen kann, wirkt sich dies förderlich auf seine Atmung aus.

Manchmal scheint sich das Baby gegen das Einpacken zu wehren, vielleicht weil es sehr, sehr müde ist. Ein Baby, das auch zur Ruhe kommt, wenn es die Hände frei hat und sich nicht kratzt oder verletzt, packen Sie einfach so ein, wie es ihm gefällt.

Baden

Ein weiterer Luxus im Mutterleib ist die entspannende, warme Flüssigkeit, in der das Baby badet. Haben Sie oft erfolglos versucht, Ihr Baby zu beruhigen, könnte ein warmes Bad helfen, vor allem, wenn das Baby vor Kurzem gefüttert wurde. Es wird das Bad umso mehr schätzen, wenn es etwas im Magen hat.

Legen Sie das Baby, nachdem Sie es ausgezogen haben, auf den Bauch und massieren Sie ihm mit warmen Händen sanft die Füße. Gehen Sie dann weiter nach oben und massieren Sie seinen ganzen Körper mit abwärts gerichteten Streichbewegungen. Das kann sehr angenehm für das Baby sein, besonders, wenn es dabei auf dem Bauch liegt und seine Brust sowie sein Herzchakra durch die Unterlage geschützt sind. Diese Position gibt ihm zudem »Bauchzeit«, in der es seinen Kopf heben und seine Nackenmuskeln kräftigen kann.

Zeigt sich das Baby im Badewasser verletzlich und ängstlich, legen Sie ihm einen warmen, nassen Waschlappen über die Brust und das Herz. Wenn es später wieder angezogen wird, mag ihm ein sauberes, trockenes Tuch auf der Brust ein Gefühl der Sicherheit geben, und es kann sich während der ganzen Anziehprozedur daran festhalten. Das Herzchakra ist das Chakra, mit dem wir am meisten in Kontakt sind und das wir am ehesten schützen wollen. Wann immer wir unsicher oder aufgebracht sind, legen wir die Hand ganz intuitiv in einer schützenden Geste über unser Herz. *Ein neugeborenes Baby versucht stets, sein Herzchakra zu schützen.*

Das sehr, sehr unruhige Baby

Manche gesunden Babys wirken in ihren ersten 100 Tagen unglaublich unruhig. Aus keinem offensichtlichen Grund scheinen sie lauter und viel länger zu schreien als andere Babys. Ihre Familien brauchen sehr viel Entlastung, Unterstützung und Pflege von Verwandten, Freunden, Nachbarn und Gesundheitsexperten, um diese frühen Monate im Leben ihres Kindes durchzustehen. Wenn das Schreien anhält, ist eine gründliche medizinische Untersuchung des Babys durch den Haus- oder Kinderarzt unerlässlich. Alternative Therapien, wie Cranio-Sacral-Therapie oder Naturheilkunde von anerkannten Anwendern bringen oft Hilfe.

Verlieren Sie nicht den Mut. Gerade diese kleinen Babys entwickeln sich in der Regel zu ganz entzückenden und glücklichen Menschen.

Das Erden der jungen Eltern

Der Geburtsprozess beginnt mit der Geburt eines Babys und endet erst 40 Tage danach. Das hat man in vielen westlichen Kulturen vergessen. In anderen, etwa in den asiatischen oder in der griechischen Kulturen, gelten diese sechs Wochen immer noch als eine sehr besondere Zeit, nicht nur für das Neugeborene, sondern auch für die Frau, die es gerade zur Welt gebracht hat. Die Frauen der viktorianischen Zeit kannten sie als »drinnen liegende« Phase, als die Zeit nach der Entbindung, in der die Frau »drinnen«, also zu Hause blieb, um sich auszuruhen und zu heilen und um von den Frauen ihrer Familie oder Gemeinschaft umsorgt zu werden. In unserer modernen Zeit gönnt man der Frau nur ein paar Stunden Ruhe, bevor die ersten Besucher kommen, um sich das neugeborene Baby und die Mutter anzuschauen. Wenn sie wieder gehen, lassen sie häufig eine erschöpfte Mutter, ein weinendes Neugeborenes und einen verunsicherten Vater zurück, und manchmal führt das sogar zu Spannungen und Brüchen zwischen den Partnern.

Was passiert mit uns als Paar?

Wenn ein Baby ins Leben eines Paares kommt, dann ist das wie ein Wunder. Doch dieses Wunder bringt es mit sich, dass man sich ihm in vielen Dingen anpassen muss. Das soziale Leben der Familie wird völlig auf den Kopf gestellt; das Gefühl angesichts der neuen Verantwortung und Verpflichtung sowie die Erkenntnis, dass man diese für lange Zeit tragen wird, können geradezu überwältigend sein. Da ist die Erschöpfung. Da ist diese 24-Stunden-Verpflichtung, zu nähren, zu lernen, zu wachsen und Dinge zu bewältigen. Da ist dieser Schlafentzug, und gelegentlich fühlt es sich an, als gäbe es überhaupt keinen Schlaf mehr.

Dies ist eine Zeit für sanfte Heilung, eine Zeit, in der man alles so nehmen sollte, wie es ist, besonders sich selbst und den anderen.

Wenn Sie weinen müssen – lassen Sie die Tränen fließen. Wie reich sind wir doch als Menschen, dass wir Tränen haben, die uns reinwaschen und befreien. In diesen 40 Tagen lässt der Körper los. Er ist leck. Die Gebärmutter entlässt das Baby, die Nachgeburt und das Fruchtwasser. Die Brüste lassen los und »lecken«. Und die Tränen fließen. Allmählich wird das immer weniger und fünf bis sechs Wochen nach der Geburt ist die Phase des Loslassens abgeschlossen und eine neue Stärke kehrt ein.

All das ist ein Teil des Wunders. Es gehört zum Erdungsprozess der Eltern.

Dieses Wunder ist Teil einer spirituellen Erfahrung, die wir machen, wenn wir an Orte in unserer Seele gelangen, wo wir noch nie waren.

Von Zeit zu Zeit haben frischgebackene Eltern höchst unangenehme Gefühle. Alles nur Mögliche wurde getan, um das Baby zu beruhigen; hört das Schreien jedoch nicht auf, tauchen oft Ärger auf oder das Gefühl zu versagen und nichts mehr unter Kontrolle zu haben. Wenn das passiert, sollten Sie diese Gefühle anerkennen und sich von dem Baby zurückziehen. Suchen Sie sich jemanden und lassen Sie diese Person wissen, wie Sie sich fühlen. Ist gerade niemand da, während Sie so extreme Gefühle hegen, legen Sie das Baby in sein Bettchen, wo es sicher ist und machen Sie einen kleinen Spaziergang. Gehen Sie zum Briefkasten oder zum Gartentor oder einmal um den Block. Ihr Baby liegt sicher in seinem Bettchen. Sprechen Sie jemanden an, selbst jemanden, den Sie nicht kennen, und erzählen Sie dieser Person, wie Sie sich fühlen. Indem wir über Gefühle sprechen, entlädt sich die damit verbundene Energie und sie verlieren an Intensität. Ähnliches geschieht, wenn wir unsere Gefühle aufschreiben. Lassen Sie den Stift übers Papier gleiten und schreiben Sie einfach drauflos. Grammatik und Rechtschreibung müssen nicht perfekt sein. Noch müssen die Worte einen Sinn ergeben. Schreiben Sie einfach. Allein durch den Akt des Schreibens und Formulierens scheint es möglich, die mit den Gefühlen verbundene Negativität aufzulösen.

Ein Baby in unserem Leben ist ein Wunder.

Es ist nicht in Ordnung, dass wir unserem Ärger und unserer Frustration erlauben, dem Baby zu schaden.

Elternsein mit Sicherheit, Energie und Nachhaltigkeit

Die menschliche Evolution hat dafür gesorgt, dass wir alle Eigenschaften besitzen, die wir zum Überleben brauchen. Der Adrenalinstoß, der in Stresszeiten ausgelöst wird, ist ein Geschenk unseres endokrinen Systems. Das Adrenalin kommt aus der Rinde der Nebennieren und versetzt uns in die Lage, im richtigen Moment zu kämpfen oder zu flüchten. Die Kraft des Geistes befähigt uns, geerdet zu sein und mit beiden Beinen auf dem Boden zu stehen. Wenn wir uns stark fühlen, sind wir besser in der Lage, den Herausforderungen zu begegnen, mit denen das Leben uns konfrontiert. Selbst unsere Gedanken können unseren Stresspegel beeinflussen.

Wenn wir positiv geerdet sind, werden wir die Mütter oder Ernährer dieser Erde – sei es als Mann oder als Frau. Unsere Umwelt ist der Garten, in dem unsere Kinder, wie Pflanzen, ermutigt werden, aufrecht und hoch zu wachsen, in all ihren Unternehmungen Hoffnung und Zuversicht zu bewahren und an die Überlebensfähigkeit des Individuums ebenso zu glauben wie an seine Fähigkeit, alle Wunden zu heilen. Wir fühlen uns stark in unserer Fähigkeit, alles Leben zu hegen und zu pflegen.

Wenn wir nicht positiv geerdet sind, werden wir zum Opfer. Das ist jemand, der unfähig ist, auf eigenen Beinen zu stehen; eine Person, die glaubt, dass sich das Universum gegen sie verschworen hat. Opfer bewegen sich in Abhängigkeit von anderen durch ihr Leben, in der ständigen Erwartung, dass die Welt ihre

Probleme lösen wird. Opfer stellen sich den Herausforderungen des Lebens einfach nicht.

Wir alle haben von Zeit zu Zeit Stress im Leben. Wenn wir also lernen, mit dem Stress umzugehen oder uns zu verändern, ohne aufzugeben und ein Opfer der Umstände zu werden, finden wir zu unserem eigenen Einfallsreichtum. Das kann unser Selbstbewusstsein enorm steigern. Und wenn wir das nächste Mal vor einer Herausforderung stehen, wissen wir, dass wir die Kraft haben, sie zu meistern.

Elternschaft ist eine der größten Herausforderungen im Leben. Sie bedeutet Veränderung und erfordert höchste Flexibilität. Sie verlangt auch absolute Hingabe, und wenn wir einmal den Entschluss gefasst haben, das Leben zu nähren, gibt es kein Zurück und auch kein Ausweichen vor der Verantwortung, die wir übernommen haben. Das Anerkennen dieser nicht nur sozialen, sondern auch ökologischen und wirtschaftlichen Verpflichtung macht es erforderlich, dass wir die Befriedigung unserer körperlichen Bedürfnisse mit den verfügbaren Ressourcen in Einklang bringen. Das wiederum erfordert innere Stärke und äußere Fähigkeiten sowie die Weisheit, die wir erlangen, indem wir durchs Leben gehen.

Äußere Umstände spielen eine große Rolle dabei, wie wir geerdet werden. Wenn eine Herausforderung nahezu überwältigend ist, verlassen wir uns oft ganz auf unsere Urinstinkte, die wir zum Überleben brauchen. Dann meldet sich ein Bedürfnis, zu den eigenen Wurzeln zurückzukehren, zu der Familie oder der Gemeinschaft, in die wir hineingeboren wurden. Wir sehnen uns nach der Sicherheit des Bekannten. Doch was in diesen Zeiten der Not wirklich wichtig ist, ist eine gesunde Beziehung zur Realität. Wenn wir die haben, können wir auch mit Veränderungen umgehen.

Wie bequem es auch immer sein mag – indem wir zu sehr am Bekannten und Bewährten kleben, behindern wir unsere eigene, persönliche Entwicklung. Deswegen ist Flexibilität gerade für junge Eltern so wichtig. Sie erfordert das Akzeptieren anderer Ansichten und anderer Möglichkeiten, Dinge zu tun, sowie die Entschlossenheit, eine allgemeine Veränderung zum Besseren herbeizuführen. Es gibt Kinder auf dieser Welt, die in einer Umgebung voller Bomben und Hass aufwachsen. Diese Kinder wachsen in dem Bewusstsein auf, dass Gewalt etwas ganz Normales ist. Wenn man die Kinder fördert und lehrt, flexibel zu sein, in Erwägung zu ziehen, auf eine andere Weise zu leben und Dinge zu tun, werden sie Hoffnung schöpfen und an die Veränderung glauben. In einer sich rasant verändernden Welt Eltern zu sein erfordert Flexibilität, und es ist unsere Pflicht, wem oder was auch immer wir fördern wollen, mit dieser Flexibilität zu begegnen. Flexibel zu sein erfordert viel Liebe.

Die zweiten 100 Tage

SVADISTHANA
Das Sakralchakra

Einleitung

Svadisthana – Süße

Das Verhalten eines süßen Babys

Anzeichen von Müdigkeit

Schreien

Ernährung

Ein Baby in Bewegung

Auf Reisen

Elternsein mit Vergnügen

Das zweite Energiezentrum

SVADISTHANA
»Süße«

Der Lotos mit sechs Blütenblättern

Die zweiten 100 Tage
Der Sitz des Lebens – Mein eigener Wohnsitz – Intimität

FARBE: Orange – traditionell die Farbe der Stimulation, stärkt den ätherischen Körper in der gleichen Weise, wie Rot den physischen Körper stärkt.

MUSIK: Lateinamerikanischer Tanz, ein Tanz, der die Sinne anspricht und Freude zum Ausdruck bringt.

SINN: Geschmack. In dieser Phase entwickelt das Baby die Bereitschaft, feste Nahrung zu sich zu nehmen, und der Prozess des Abstillens beginnt.

KÖRPERSYSTEM: Die Eierstöcke und die Gebärmutter, die Hoden und die Prostatadrüse sowie die Genitalien, die Nieren und die Blase.

ENDOKRINES SYSTEM: Eierstöcke/Hoden.

TOTEMTIER: Makara, ein Fabeltier vom Aussehen eines Alligators mit einem Fischschwanz.

Einleitung

In den zweiten 100 Tagen in seinem Leben ist ein Baby zwischen 14 Wochen oder dreieinhalb Monate und 28 Wochen oder sieben Monate alt. Das ist eine wunderbar aufregende und empfängliche Zeit, eine Zeit, in der das Entdecken der eigenen Körperlichkeit beginnt. Neue Erfahrungen mit dem Essen werden gemacht, das Baby beginnt Distanzen zu überwinden, indem es hin und her rollt und sich mit den Füßen abstößt, und es reagiert mit offensichtlichem Vergnügen auf bekannte Umgebungen, Situationen und Menschen.

In den ersten dreieinhalb Monaten nach der Geburt eines Babys fangen Eltern und Kind an, einander kennenzulernen. Die Eltern erfahren etwas über die verschiedenen Anzeichen für Müdigkeit, die Arten des Schreiens, wie und wann das Baby gefüttert werden muss und mit welchen Tricks man es beruhigen kann. In dieser Zeit lernen sie auch eine Menge über sich selbst, ihren Partner, ihre Eltern und Freunde, und während sie sich ganz real mit dem neuen Baby in ihrem Leben befassen, kommen Gefühle auf, die sie vielleicht noch nie zuvor erlebt haben.

Im Lauf der zweiten 100 Lebenstage beginnt das Baby unverwechselbar zu werden. Die Individuation ist der Prozess, in dessen Verlauf sich eine individuelle Existenz bildet, die sich von der einer anderen Person unterscheidet. Das Baby entwickelt eine *eigene* Identität, ein Selbstgefühl.

In dieser Zeit entfaltet sich auch seine Fähigkeit, Farben zu sehen. Seine Augen werden groß und klar und verführerisch. Seine Hände strecken sich aus, um Dinge anzufassen. Auch seine Geräusche sind erstaunlich: Lachen, Brabbeln und Kreischen – so laut, dass sich das Baby manchmal selbst erschreckt.

In dieser Phase beginnt das Baby durchzuschlafen, was seinen Eltern mehr Erholung ermöglicht und die Chance gibt, ihre vernachlässigten sozialen Kontakte wieder aufzufrischen. Der Körper der Mutter kehrt zum Zustand vor der Schwangerschaft zurück und sie gewinnt sowohl an Selbstvertrauen als auch an Vertrauen in ihre Fähigkeiten im Umgang mit dem Baby. Das ängstliche Bestreben, alles »richtig« zu machen, schwindet.

Dies ist eine Zeit der Erholung, der Verjüngung und der Freude, die ein Baby bringt. Es ist eine wirklich herrliche Zeit, die man genießen kann, bevor diese kleine Person so richtig in Bewegung kommt.

Das reine Glück!

Svadisthana – Süße

Die zweiten 100 Tage werden mit dem zweiten Energiezentrum in Verbindung gebracht, dem Sakralchakra oder Svadisthana. *Svadisthana* ist ein Sanskrit-Wort und bedeutet »Süße« beziehungsweise »mein eigener süßer Wohnsitz«.

Das Chakra namens Svadisthana wird von einem Lotos mit sechs Blütenblättern symbolisiert und liegt etwa fünf Zentimeter unter dem Nabel im Unterbauch vor dem Kreuzbein.

Die Erweckung dieses Energiezentrums beginnt in den zweiten 100 Tagen, also bis zum vollendeten sechsten Lebensmonat. Das Baby wächst über die Festigkeit der Erde und das Bilden eines Fundaments hinaus in eine Zeit der Veränderung. Es lässt die Zeit der reinen Befriedigung elementarer Überlebensbedürfnisse hinter sich und begibt sich in eine Phase des Wollens und Fühlens.

Das mit diesem Zentrum verbundene Element ist das Wasser. Der menschliche Körper besteht zu mehr als 70 Prozent aus Wasser. Und wie die Gezeiten auf der Erde vom Mond und seiner Beziehung zu den anderen Planeten im Kosmos beeinflusst werden, so werden es auch wir. Wir sind ständig auf der Suche nach dem Gleichgewicht zwischen den Höhen und den Tiefen – den Gegensätzen. Wir werden von den Rhythmen und Zyklen unserer Biologie beeinflusst. Viele Frauen menstruieren bei Vollmond, und wo Frauen zusammenleben, haben sie ihre Menstruation oder ihre fruchtbaren Phasen oft zu einer gemeinsamen Zeit. Wir sind durch unsere Zyklen verbunden, durch die tagesperiodischen Rhythmen, die über Wachen und Schlafen bestimmen, über Aktivität und Ruhe, über geistige Klarheit und Trägheit und über unsere emotionalen Extreme. Wasser ist immer im Zustand der Veränderung und findet immer seinen eigenen Pegel. In diesem Chakra geht es auch um Wünsche und Tränen. Und dies ist die Zeit, in der sich das Baby von der Mutter und von anderen zu trennen beginnt. Es ist nicht mehr »Teil von jemand anderem«, sondern vielmehr eine Person, die von anderen getrennt ist – ein Individuum. Deshalb ist es ein solches Vergnügen, ein Baby in den zweiten 100 Tagen zu beobachten. Mit großem Interesse studiert es Menschen und Dinge. Wenn es etwas haben möchte, greift es danach. Wenn es jemanden essen sieht, fängt es an zu sabbern und will auch etwas davon haben.

Svadisthana ist das Zentrum der Dualität, der Zustand der sich ergänzenden Gegensätze: Freude und Leid, gut und böse, schmackhaft und scheußlich, »ich will« und »ich mag nicht«. Es ist der Zustand der Freiheit, die mit der Bewegung und der Möglichkeit zu wählen beginnt.

In seinen zweiten 100 Tagen wird das Baby allmählich bereit für den Abstillprozess, der einsetzt, weil es nun feste Nahrung zu sich nehmen kann und auch möchte. Mit dem Abstillen beginnt seine eigentliche Reise als eigenständiges Erdenwesen.

Während vieles, was in Zusammenhang mit den ersten 100 Tagen beschrieben wurde, auch in den zweiten 100 Tagen noch gilt, gibt es einige neue Verhaltensweisen, die in das erdende Verhalten integriert werden oder dieses überlagern. Denn obwohl Ihr Baby schon enorme Fortschritte im Erden gemacht hat, öffnet sich sein Wurzelchakra noch weiter, während es sich immer neue Fähigkeiten zum Überleben auf diesem Planeten aneignet. Man könnte vielleicht sagen, dass es gewisse Grundkenntnisse des Überlebensalphabets erworben hat, die es nun nach und nach weiterentwickelt und verfeinert, um höhere Überlebensfähigkeiten zu erlangen.

Mit der Regung des zweiten Chakras in den zweiten 100 Tagen beginnt ein Baby die einfachen, mit diesem Energiezentrum verbundenen Aspekte zu entwickeln, während sich sein erstes Chakra weiterentwickelt. Es ist wichtig, sich dies klarzumachen, denn die Chakras eines Babys sind noch unterentwickelt und ungeschützt. Sie existieren in einer Form, die es dem Körper erlaubt zu funktionieren, besonders hinsichtlich der Hormonausschüttung, aber während sie sich allmählich öffnen, beginnen sich auch bestimmte Besonderheiten des Verhaltens zu manifestieren.

Auf der körperlichen Ebene ist dieses Chakra für die Entwicklung neuer Fähigkeiten zuständig. Sich auf den Rücken oder den Bauch rollen, die Hände sinnvoll einsetzen, mit Unterstützung eine Weile sitzen, Freude und Frust stimmlich zum Ausdruck bringen – das sind alles Fähigkeiten, die sich mit den wachsenden Wahlmöglichkeiten entwickeln.

Auf der emotionalen Ebene geht es in Svadisthana um Vergnügen und Freude, darum, sich gut zu fühlen, weil man bekommt, was man verdient hat. Es geht um etwas, wonach wir uns sehnen. Und wenn wir es nicht bekommen können, sind wir frustriert. Sehnsucht und Frustration – das ist eine Dualität. Und es hängt mit ihr zusammen, ob wir uns gut fühlen mit uns selbst. Unsere gesunde Einstellung zu Sexualität, Erfüllung und Freude sowie unsere Verbindung mit anderen entstehen in diesem Zentrum.

Auf der mentalen Ebene geht es hier um die Ansicht, genug zu haben und zu sein. Lebensfreude und Wohlbefinden haben hier ihre Wurzeln. Wenn unsere Einstellung in diesem Punkt positiv ist, sind wir frei. Im zweiten Energiezentrum beginnt sich die Wahlfreiheit zu entwickeln. Beobachten Sie, was ein Baby in diesem Alter mit seinen Spielzeugen macht, wie die Augen von einem zum anderen wandern, bevor es seine Wahl trifft und mit der Hand nach dem greift, was es haben möchte. Letztendlich steuert dieses Zentrum unsere Fähigkeit, Fortschritte im Leben zu erzielen. Wie wir es mit dem Leben und seinen Freuden halten, wie wir unsere sozialen Gepflogenheiten betrachten und unseren eigenen Sinn für ethisches Verhalten entwickeln, all das entsteht hier, in diesem Energiezentrum. Es ist auch das Zentrum unserer Vorstellungskraft und Kreativität.

Svadisthana ist die Süße des Lebens. Sie ist verbunden mit der Gemeinschaft, die durch enge Beziehungen entsteht und auch durch die Vereinigung der individuellen Seele mit einem universalen Bewusstsein. Diese Phase von der 14. bis zur 28. Woche kann eine der erfreulichsten für Sie und Ihr Baby sein. Es ist eine Zeit, in der ganz neue Beziehungen geschmiedet werden können.

Das Verhalten eines süßen Babys

»Ich fühle und ich will« Ein Bewusstsein der Empfindung und der Freude

Das zweite oder Sakralchakra ist der energetische Kern der sozialen und kreativen Instinkte eines Babys. Dieses Zentrum befähigt es, sich für Beziehungen mit anderen zu öffnen. Es identifiziert sich nun nicht mehr ausschließlich mit seiner Mutter und ist in der Lage, sowohl Beziehungen mit anderen aufzunehmen als auch ein Verhältnis zu sich selbst zu entwickeln. Für ein Baby im Alter von 14 bis 28 Wochen ist die Welt ein wunderbarer und sicherer Ort mit vielen Dingen, die man anschauen, anfassen, schmecken und erforschen kann. Wenn ein Baby in diesem Alter quengelt, hat es entweder Hunger, ist müde oder fühlt sich mitunter unwohl. In diesem Alter ist das Leben alles andere als langweilig!

Es ist das Alter, in dem es darum geht, nach Freude Ausschau zu halten, Freude zu empfangen und Freude zu schenken. Am Anfang dieser Phase ist Ihr Baby etwa 14 Wochen alt und wird am liebsten in einem Kinderbett liegen und viel Platz um sich herum haben wollen. Lassen Sie seine Arme frei (nicht mehr an den Körper geschmiegt einpacken), sodass es sie entweder seitlich am Körper oder nach oben, neben dem Kopf ablegen kann. Es wird jetzt gern nur auf dem Rücken schlafen, weil es sich mittlerweile sicherer fühlt. Schließlich fängt es sogar an, sich durch das ganze Bett zu bewegen. Der Versuch, es auf Dauer mollig warm einzupacken, erweist sich als nahezu vergeblich. Dieses Baby strampelt mit den Beinchen und kickt die Bettdecke einfach weg, wenn sie im Weg ist!

Es entwickelt eine Beziehung zu seinen Spielzeugen, zu seiner Lieblingsdecke und sogar zu seinem Daumen und lässt sich von ihnen trösten, wenn es müde ist oder Stress hat. Es beginnt Vorlieben zu entwickeln. Es gehört jetzt eher zu Ihnen, als ein Teil von Ihnen zu sein. Es möchte Ihre ganze Aufmerksamkeit, wenn es gefüttert wird, und wird fahrig, wenn Sie abgelenkt sind. Oft muss das Füttern eine Art stille Übereinkunft zwischen Ihnen und dem Baby sein, möglichst ohne Unterbrechungen oder Unterhaltungen mit irgendjemand anderem.

Äußerungen von Ärger oder Frustration, Aufregung oder Müdigkeit sind jetzt leichter aus seinem Verhalten abzulesen. Wenn es müde ist, verliert das Baby an Begeisterung und nimmt keinen Augenkontakt mehr mit Ihnen auf. Es bricht einfach den Kontakt zu Ihnen und seiner Umgebung ab. Es entwickelt auch Vorlieben für verschiedene Lebensmittel und hat auf jeden Fall eine Lieblingsbrust!

Das ist auch die Zeit, in der sich geschlechtsspezifische Unterschiede mit einer gewissen Eindeutigkeit zeigen. Kleine Jungen sind tendenziell eher wilder, während Mädchen in diesem Alter mehr auf emotionale Situationen reagieren, die sich im Gesichtsausdruck der Leute um sie herum widerspiegeln.

Die Sexualität des Babys, die von Geburt an vorhanden ist, wird deutlicher. Mit fortschreitender Arm-Hand-Kontrolle entwickelt das Baby nun die Fähigkeit, seine eigenen Genitalien zu berühren. Das ist eine gesunde und normale Aktivität, die nur deshalb von manchen Eltern als beunruhigend empfunden wird, weil wir in den westliche Gesellschaften darauf programmiert sind, ein solches Benehmen für unangemessen zu halten: Eine gute Zeit, um einen Blick auf Ihre eigene Einstellung zur Intimität zu werfen, zu prüfen, ob Sie sich damit wohlfühlen, und offen mit Ihrem Partner oder auch mit Ihrer Familie und Freunden darüber zu sprechen. Auf diese Weise lernen Sie, lockerer mit diesem Thema umzugehen, und das ist eine gute Vorbereitung für später, wenn Ihr Kind älter ist und Sie dann ungezwungener mit ihm über seine Sexualität sprechen können.

Männliche Babys haben schon im Mutterleib Erektionen, manche werden mit einer Erektion geboren und viele haben eine Erektion, wenn sie gefüttert werden. Von weiblichen Babys weiß man, dass sie schon in den ersten Lebenswochen Vaginalsekrete absondern und das wahrscheinlich auch schon im Mutterleib tun.

Beim Windelwechsel sollten der Gesichtsausdruck, die Reaktionen und die Sprache der Bezugsperson Verständnis und Akzeptanz zum Ausdruck bringen. Wenn ein Baby beim Windelwechseln oder beim Baden irgendein Zeichen der Missbilligung seiner Genitalien erlebt oder wahrnimmt, wird es mit der Erkenntnis aufwachsen, dass es nicht in Ordnung ist, und schon gar nicht unterhalb der Gürtellinie.

Ein Baby erfährt Freude über seinen Körper. Streicheleinheiten und Massagen nähren seinen Körper und seine Seele und ermöglichen es ihm, sich in seiner eigenen Haut wohlzufühlen. Schließlich lernt das Kind, andere in der gleichen Weise zu umhegen und wächst mit einer gesunden Einstellung zu seiner eigenen Sexualität auf, zu der es auch gehört, die Bedürfnisse und Grenzen anderer zu respektieren, einschließlich der eigenen Kinder.

Der Respekt vor und die Liebe zu sich selbst, beginnen hier im zweiten Chakra zu erblühen. Babys und Kinder sind sehr verwundbar und müssen mit liebender Umsicht gefördert und beschützt werden, vor allem in diesem Alter. Es ist wichtig, dass ein Kind nie ausgenutzt, unangemessen berührt oder so behandelt wird, als sei ein Teil seines Körpers schmutzig oder schämenswert. Der positive Gesichtsausdruck einer Bezugsperson beim Windelwechsel spielt eine sehr wichtige Rolle. Die Entwicklung dieses Energiezentrums verlangt in der Kindheit und im weiteren Leben eines Menschen äußersten Respekt.

Anzeichen von Müdigkeit

Die Anzeichen von Müdigkeit, die ein Baby im Alter von 14 bis 28 Wochen zeigt, sind viel leichter zu deuten als vorher, nicht nur, weil die Kommunikation jetzt besser funktioniert, sondern auch, weil Sie schon in den ersten 100 Tagen angefangen haben, die Zeichen Ihres Kindes zu erkennen, und sein Verhalten einschätzen können. Hier sind die Anzeichen von Müdigkeit, die ein Baby in den zweiten 100 Tagen zeigt:

Gähnen – In diesem Alter werden die Lungen des Babys weicher, flexibler und weiter aufblasbar. Deshalb kann es tiefer durchatmen und muss nicht so oft gähnen wie in den ersten drei Monaten. Wenn Sie Ihr Baby also gähnen sehen, ist dies wahrscheinlich ein echtes Zeichen dafür, dass es müde ist.

Aufgeregt fuchtelnde Armbewegungen – Eher als gemessene und koordinierte Bewegungen zu machen, wird ein Baby in den zweiten 100 Tagen, wenn es müde ist, anfangen, mit den Armen zu »rudern« oder zu »schlagen« wie ein Vogel mit den Flügeln, und zwar immer nur mit einem Arm und nicht mit beiden gleichzeitig. Derweil verliert es auch das Interesse an seinen Spielzeugen.

Verlust des Augenkontakts – Ein Prozess, der zunächst sehr subtil ist, sich aber immer deutlicher bemerkbar macht, bevor das Baby anfängt zu quengeln und sich steif zu machen.

Fersen aufstemmen – Das Baby stemmt die Fersen in die Unterlage, auf der es liegt, und macht eine Art Brücke. Wenn es entspannt und ausgeruht ist, hat ein Baby in dem Alter die Füße gern in der Luft, spielt mit den Zehen und versucht sich die Socken von den Füßen zu ziehen. Wird es müde, nimmt es ein Bein herunter und drückt es in die Unterlage, auf der es liegt, sodass es seinen Rücken nach oben wölben kann. Schließlich liegen beide Beine in dieser Position und Sie werden noch andere Anzeichen für Müdigkeit feststellen.

Quengeln – Dieses Zeichen für Müdigkeit ist uns mittlerweile schon vertraut. Selbst ältere Kinder und Eltern und Großmütter quengeln und werden unleidlich, wenn sie müde sind. Sie sind dann definitiv nicht mehr so süß, wie sie noch kurz zuvor waren.

Sich selbst trösten – Das Baby nimmt Zuflucht zu seinem Lieblingströster: Finger, Schmusedecke, Tuch oder Spielzeug.

Das Gesicht reiben – Das Baby reibt sein Gesicht an Ihrer Schulter oder an der weichen Unterlage, auf der es liegt.

An den Hinterkopf oder die Ohren schnipsen oder an den Ohren ziehen – Das ist ein sehr deutliches Zeichen für Müdigkeit.

Die Augen reiben – Das Baby reibt sich die Augen mit den Fäusten.

Lauter werden – Die Stimme des Babys wird immer lauter.

Sobald ein Müdigkeitszeichen auftaucht, ist es Zeit, das Baby ins Bett zu bringen. Je länger man das hinauszögert, desto schwieriger wird es für das Baby, sich zu beruhigen, was dann wiederum mehr Geschrei bedeutet, um den Stress abzubauen, und mehr Stress für diejenigen, die es sich anhören müssen.

Seit Beginn der zweiten 100 Tage schläft das Baby besser in der Freiheit eines Kinderbettchens als in der Enge eines Körbchens. Es ist auch sicherer, denn jetzt lernt das Baby, sich auf den Bauch oder auf den Rücken zu rollen, und wenn es auf einer sauberen, festen Matratze schläft, kann ihm nichts passieren. Es kommt vor, dass es sich in einer Ecke verhakt oder sich bis zum Kopfende des Bettchens stemmt, aber dann wird es Sie rufen, und Sie können kommen und ihm helfen, es sich wieder bequem zu machen.

Das Bettchen muss frei sein von schweren Decken oder Federbetten, großen Stofftieren und Gitterpolstern. Ein oder zwei kleine, weiche Stofftiere oder -puppen sind ideale Bettgefährten und wenn das Baby einigermaßen ruhig schläft, wird es unter einem Laken und einer Decke liegen bleiben, ohne sich freizustrampeln.

Wir haben in unseren Fußsohlen Zellen, die als Temperatursensoren fungieren. Sind unsere Füße kalt, fällt es uns ziemlich schwer einzuschlafen. Und das gilt auch für Babys. Wenn ein Baby nicht gut schläft, liegt das möglicherweise daran, dass seine Füße und Beine kalt sind. Das Tragen von Socken kann dieses Problem einfach lösen. Die Ursachen liegen in den klimatischen Gegebenheiten, dem Wärmegrad in der Umgebung des Babys und ob dieses die Kälte spürt. Das Temperaturmuster der Region in der die Familie lebt, kann den Eltern eine Erklärung für das Schlafmuster ihres Babys geben.

Oft friert das Baby gegen vier Uhr morgens und wacht davon auf, um mit wärmender Milch gefüttert zu werden, denn kurz vor

Sonnenaufgang ist die Nacht am kältesten. Es ist daher gut, das Baby im »Zwiebellook« anzuziehen und ihm im Bett eine Schicht mehr zu gönnen, als Sie selbst anhaben: Wenn Sie das Bett mit einer anderen Person teilen, die ihre Wärme abgibt, so gilt das als eine Schicht, und wenn Sie unter einem Federbett schlafen, sollten Sie einschätzen, wie vielen Lagen es entspricht.

Das Baby mit einer Decke zuzudecken, ist ein deutliches Signal, dass jetzt Zeit zum Einschlafen ist, aber in den zweiten 100 Tagen strampeln sich die meisten Babys frei, egal, womit sie zugedeckt sind. Besteht also die Möglichkeit, dass es Bekanntschaft mit der Kälte macht, stellen Sie sicher, dass es ein Unterhemd oder Body, Socken und einen Strampelanzug anhat und dass es in einem Baby-Schlafsack, möglichst mit Ärmeln, schläft, damit seine Bewegungen nicht dazu führen, dass es nachts plötzlich abgedeckt ist.

Babys schwitzen oft und fühlen sich heiß an, legt man sie abends zum Schlafen hin. Das kommt daher, weil ihr Körper die überschüssige Hitze abgibt, die sich im Laufe eines aufregenden Tages angesammelt hat. Es gibt zunächst keinen Grund, sich darüber Gedanken zu machen, aber beobachten Sie es und treffen Sie entsprechende Vorkehrungen, wenn die Körpertemperatur hoch bleibt.

Schreien

Babys schreien fast immer, wenn sie müde sind. Das Müdigkeitsweinen beginnt mit einem Quengeln, das immer lauter und intensiver wird, je müder und unwohler sich das Baby fühlt.

Auch wenn sie Hunger haben, weinen Babys, werden unleidlich und quengeln. In der Zeit zwischen der 14. und der 28. Lebenswoche entwickeln die meisten Babys aber auch eine klare Essensroutine und ein Schlafmuster, an das sie sich von da an halten. Folglich gibt es in dieser Phase weniger Geschrei. Auch ist ein Baby in diesem Alter sehr stimmorientiert und wird körperlich deutlich aktiver. Dieses Vokalisieren und die Bewegung erlauben es ihm, Dampf abzulassen, den es dann nicht durch Schreien loswerden muss. Es gibt allerdings Babys, die sich sozusagen routinemäßig durch Schreien, manchmal zwischen zehn und 15 Minuten lang, abregen, bevor sie einschlafen, und das kann vor jedem Einschlafen passieren.

Ein Baby schreit vielleicht auch, weil es sich plötzlich erschreckt oder verletzt hat. Dann muss es ein bisschen beschmust und getröstet werden, damit es sich wieder beruhigt.

Da die zweiten 100 Tage die Entwicklung des Sakralchakras einleiten – das Energiezentrum der Dualität und der Beziehungen zu anderen –, wird sich das Baby in diesem Stadium seiner Entwicklung allmählich des Unterschieds zwischen seinen Eltern und anderen bekannten Gesichtern bewusst. Ist es müde und seine Eltern sind nicht in Sicht, ist es oft auch beunruhigt. Da sich in diesem Alter viel verändert, setzt häufig ein Verhalten ein, das als »Fremdeln« bekannt ist und auf Verlustangst basiert. Auch das kann ein Grund für das Weinen sein, hält aber in diesem Alter nicht lange an.

Ein Baby ist deutlich unruhiger, wenn es chronisch müde ist. Diese Art von Müdigkeit baut sich über Tage oder Wochen auf, besonders wenn das Baby zu viel Stress hatte (weil es vielleicht auf Reisen mitgenommen wurde oder krank war), ein paar Tage lang nicht richtig geschlafen hat oder überreizt war (eventuell waren Gäste da oder das Baby blieb wach, bis ein Elternteil von der Arbeit nach Hause kam). Wird so ein Zustand chronisch, kann er dazu führen, dass das Baby sehr quengelig und angespannt ist und häufig schreit. Es gibt nur eine Möglichkeit, mit dieser Art von Müdigkeit umzugehen: das Baby schreien zu lassen, damit der Körper die Spannung loslassen kann.

Schlaf täuscht kurzfristig über diesen Zustand hinweg, aber im Allgemeinen schläft ein chronisch müdes Baby nicht gut. Es hat kurze Schlafzyklen und wacht nachts oft auf, was wiederum zur Folge hat, dass die ganze Familie nicht richtig schlafen kann. Diese Situation ist nur dadurch zu lindern, dass das Baby eine Woche lang »zu Hause bleibt«, wo möglichst wenig Reize auf es einwirken, und es unmittelbar nach dem Essen ins Bett gebracht wird. Dann gibt es zwar immer noch ein bisschen Geheule, aber die meisten Eltern, die diese Situation ein paar Tage lang zu ertragen hatten, waren der Ansicht, am Ende dieses Procedere ein viel glücklicheres und zufriedeneres Baby zu haben. Dafür lohnt es sich, das Geschrei eine Zeit lang auszuhalten.

Es gibt eine neue Tendenz, dem Baby nach dem Füttern noch eine oder anderthalb Stunden Zeit zum Spielen zu geben, doch das kann zu Einschlafschwierigkeiten führen. Wenn die Nahrung nämlich kurz nach Ende der Mahlzeit den oberen Teil des Verdauungsapparates erreicht, ergeht ein Nervensignal, das dem Gehirn den Befehl zum Einschlafen gibt. Kommt dieser neurochemische Prozess in Gang und das Baby hat keine Möglichkeit zu schlafen, dann führt der Schlafmangel auf Dauer zu chronischer Müdigkeit. Deswegen ist es besser, dem Kind *vor* der Mahlzeit die Möglichkeit zum Spielen zu geben.

Die Schlafroutine gehört in die den gleichen Bereich wie das Füttern, weil Schlafen und Füttern ein gutes Ruhemuster bilden, wenn sie gemeinsam berücksichtigt werden.

Ernährung

Irgendwann zwischen dem vierten und dem siebten Monat entwickelt das Baby die Bereitschaft, feste Nahrung zu sich zu nehmen. Für Babys, die bis dahin ausschließlich Muttermilch getrunken haben, ist dies der Beginn des Abstillprozesses.

Wegen des zunehmenden Auftretens von Asthma gibt es eine Tendenz, das Zufüttern fester Nahrung neben der Muttermilch hinauszuzögern, bis das Kind sechs Monate alt ist. Auch wenn das Kind schon die Bereitschaft für die Aufnahme fester Nahrung zeigt, bleibt es also eine Frage der persönlichen Entscheidung, wann mit dem Zufüttern begonnen wird. Diese Entscheidung kann abhängig sein von Allergien in der Familie des Babys und sollte nach Rücksprache mit dem Kinder- oder Hausarzt beziehungsweise der Hebamme getroffen werden.

Nachfolgend drei Anzeichen dafür, dass ein Baby für die Aufnahme fester Nahrung bereit ist:

- Das Baby nimmt nicht mehr oder nur noch sehr langsam an Körpergewicht zu. Normal ist allerdings, dass das Baby jetzt weniger dramatisch zunimmt als in den ersten 100 Tagen.
- Das Baby zeigt großes Interesse an dem, was die anderen essen, und fängt sogar an, sich in freudiger Erwartung seines »Anteils« vorzubeugen, wenn alle am Tisch sitzen.
- Das Baby wacht nachts auf, weil es Hunger hat. Dieses letzte Zeichen ist für seine Mutter nicht sehr lustig, vor allem, wenn das Baby eigentlich seit zwei bis vier Wochen durchschläft.

Diese drei Anzeichen deuten sich schon gegen Ende der ersten 100 Tage an. Deswegen ist es Sache der Eltern, wann sie beginnen, feste Nahrung zu geben. Diese Entscheidung ist abhängig von den wahrgenommenen Zeichen und auch von der Familiengeschichte, wird aber irgendwann zwischen dem vierten und dem sechsten Monat getroffen. Feste Nahrung aufzunehmen und zu schlucken ist eine neue Art des Essens, eine Aktion, durch die sich auch die Muskeln entwickeln, die später zum Sprechen gebraucht werden.

Die Einführung fester Nahrung

Es wird angenommen, dass die motorische Entwicklung oder Bewegungsentwicklung nicht von Geburt an im Gehirn einprogrammiert ist. Sie wird vielmehr stimuliert vom Erkundungsdrang des Babys und seinem Wunsch, neue Aufgaben zu bewältigen. Dieses Verhalten steht unter dem Einfluss eines sich entwickelnden Nervensystems und der zunehmenden Bewegungsfähigkeit des kleinen Körpers. In den zweiten 100 Tagen braucht das Baby besonders viel Unterstützung aus seinem Umfeld, um diese neuen Fertigkeiten auszubilden und einzusetzen.

Svadisthana ist das Energiezentrum der Bewegung und der Kreativität und auch das Zentrum, welches den Geschmackssinn repräsentiert. Daher ist dies ein höchst geeigneter Zeitraum, um an neue Nahrungsmittel zu denken und auch an Möglichkeiten, sie zu erkunden.

Wenn das Baby vier Monate alt ist, wird seine Bereitschaft, feste Nahrung zu sich zu nehmen, sehr deutlich. Der Zungenstreckreflex, der seit der Geburt beim Saugen zum Einsatz kam und auch dafür gesorgt hat, dass Brei oder feste Nahrung sofort wieder aus dem Mund herausgeschoben wurden, wird allmählich schwächer. Damals hing das Überleben des Babys noch ganz von seiner Fähigkeit ab, an der Brustwarze zu saugen. Jetzt fängt es an, alles in den Mund zu stecken. Diese Aktivität hat zum einen damit zu tun, dass es lernt feste Nahrung zu essen; zum anderen lernt es dadurch auch etwas über die Formen und Texturen von Dingen, zumal zu Beginn der zweiten 100 Tage seine Zunge viel empfindlicher ist als seine Finger. Das ändert sich in den nächsten drei oder vier Monaten, denn das Baby kann seine Finger allmählich besser koordinieren und mit ihnen Veränderungen wahrnehmen. Auch entwickelt sich seine Fähigkeit, visuelle Unterschiede zu erkennen.

Die Empfänglichkeit eines Babys für Geschmack kommt der eines Erwachsenen gleich, was vermuten lässt, dass Geschmacksvorlieben angeboren sind. Ihr Baby lässt Sie wissen, was es von bestimmten Geschmacksrichtungen hält – sein Gesichtsausdruck und seine Fähigkeit zu genießen oder abzulehnen, was ihm an Geschmacksproben und Konsistenzen angeboten wird, offenbaren es. Doch jetzt kommt das Erstaunliche. Ein Baby kann etwas zwei oder drei Wochen lang absolut lieben, aber dann eine Kehrtwendung vollziehen und dieses besondere Angebot im nächsten Monat strikt ablehnen. Darüber brauchen Sie sich keine Sorgen zu machen, denn das Sakralchakra kreiert einen Sinn für Dualität und Gegensätze und dieser plötzliche Wechsel der Vorlieben ist nicht von Dauer. Haben Sie Geduld und bieten Sie ihm diese Geschmacksrichtung in vier oder sechs Wochen noch einmal an.

Vorschläge für die systematische Einführung fester Nahrung

Milch ist das wichtigste Nahrungsmittel für ein Baby unter sechs Monaten. Feste Nahrung wird also unmittelbar nach dem Stillen angeboten oder wenn die Flasche mit der Babymilch zur Hälfte ausgetrunken ist. Für eine Baby von sechs Monaten und älter ist feste Nahrung wichtiger als Milch. Bieten Sie ihm die feste Nahrung also vor der Brust oder der Flasche an. Es trinkt dann vielleicht nur eine Brust oder nicht die ganze Flasche leer, aber etwas von der Flaschenmilch wurde vielleicht schon vorher verwendet, um den Haferbrei anzurühren.

Führen Sie nur alle drei oder vier Tage eine neue Frucht oder eine neue Gemüsesorte ein. Auf diese Weise können Sie feststellen, ob sich irgendwelche Nahrungsmittelunverträglichkeiten zeigen, und Sie bauen nach und nach ein ganzes Geschmacksspektrum der Obst- und Gemüsesorten auf. Lassen Sie Stachelbeeren, Zitrusfrüchte und Tomaten weg, bis das Baby ein Jahr alt ist, denn auf diese Nahrungsmittel reagieren viele jüngere Babys empfindlich. Kochen oder dämpfen Sie alle Steinfrüchte. Avocados oder Bananen können püriert und ungekocht verabreicht werden.

Es ist gut, in Zusammenhang mit einer Fütterroutine in Begriffen wie Frühstück, frühes Mittagessen, Teezeit am Nachmittag und Abendessen zu denken und unmittelbar auf jede Mahlzeit ein Schläfchen folgen zu lassen. Spielzeit ist vor den Mahlzeiten.

Mein Vorschlag für ein systematisches Ersetzen von Mahlzeiten ist, feste Nahrung ganz allmählich über drei Wochen nach der folgenden Tabelle einzuführen.

Woche 1	Abendessen (17.00 – 19.00 Uhr): Reisflocken (1 Teelöffel), angerührt mit etwas abgepumpter Muttermilch
Woche 2	Frühstück (6.30 – 8.00 Uhr): Reisflocken, angerührt mit Mutter- oder Babymilch, und pürierte Früchte Abendessen (17.00 – 19.00 Uhr): Reisflocken (1 Teelöffel), angerührt mit etwas abgepumpter Muttermilch, Babymilch oder lauwarmem, abgekochtem Wasser
Woche 3	Frühstück (wie in Woche 2) Mittagessen (11.00 – 11.30 Uhr): Gedünstetes Gemüse (kann nach dem Kochen im Eiswürfelbehälter portioniert und eingefroren werden). Versuchen Sie es zunächst mit Kürbis oder Süßkartoffel und wärmen Sie eine eiswürfelgroße Portion pro Mahlzeit auf.

Mit dieser Routine passt sich das Baby allmählich auch den Essenszeiten der Familie an. Allerdings sollte nicht vergessen werden, dass dies nur die Routine für feste Nahrung ist und dass die Brust oder die Flasche zu anderen Zeiten auch noch angeboten werden muss (früh am Morgen und spät am Abend). Das ergibt fünf oder sechs Milchmahlzeiten, wobei die Menge an fester Nahrung ständig erhöht wird.

Vorschläge für die regelmäßige Aufnahme fester Nahrung ab dem sechsten Monat

Ab dem sechsten Monat ist Milch nicht mehr so wichtig wie feste Nahrung und wird in den folgenden Monaten allmählich immer weniger benötigt und getrunken. Ab dem sechsten Monat braucht das Baby 600 bis 700 Milliliter Milchprodukte pro Tag. Zu den

Milchprodukten gehören Muttermilch, Babymilch, die Milch, die zum Kochen verwendet wird, Joghurt, Käse und Sojaprodukte wie Sojamilch und Quark, zum Beispiel Tofu. Wenn das Baby ein Jahr alt ist, braucht es nur noch 500 Milliliter Milchprodukte am Tag.

Speiseplanvorschlag für ein Kind ab sechs Monate:

5.00 – 6.30 Uhr	Brust oder Flasche (150 ml). Zurück ins Bett.
7.00 – 8.00 Uhr	Frühstück: Brei, Früchte, Joghurt; Brust oder Flasche, wenn vor 6.30 Uhr noch keine Milch gefüttert wurde.
8.30 – 9.00 Uhr	Zurück ins Bett. Erstaunlicherweise wird dies oft ein langes Nickerchen, selbst wenn das Baby in der Nacht gut geschlafen hat.
11.00 – 11.30 Uhr	Mittagessen, die Hauptmahlzeit des Tages: Huhn, Fleisch (und gegen Ende des ersten Jahres auch Fisch) und Gemüse. Bieten Sie zum Mittagessen auch schluckweise kühles abgekochtes Wasser aus einer Tasse an. Gemüse kann nämlich ziemlich faserig sein, und Babys hören oft auf zu essen, nicht weil sie satt sind, sondern weil sie einen trockenen Mund bekommen. Wenn das Baby sein Essen ganz aufisst, können Sie die Menge erhöhen. Bieten Sie die Brust oder die Flasche am Ende der Mahlzeit an. (Das ist oft die Nahrung, von der sich das Baby selbst als Erstes entwöhnt. Seien Sie also nicht beunruhigt, wenn es die Milch ablehnt.)
12.30 – 13.00 Uhr	Zum Mittagsschlaf zurück ins Bett.
14.30 – 15.30 Uhr	Teezeit am Nachmittag. Das ist eine Mahlzeit, die das Stillen oder die Flasche ersetzt – Joghurt oder Brei mit Früchten; schluckweise Wasser, wenn gewünscht.

16.00 – 16.30 Uhr	Für ein kleines Nickerchen zurück ins Bett, 20 bis 30 Minuten. Manche Babys brauchen dieses Nickerchen, um bis zum Abendessen durchzuhalten. Die meisten sind zu dieser Tageszeit ziemlich quengelig und müde. Einige Babys brauchen dieses Nickerchen nicht.
17.00 – 18.00 Uhr	Abendessen Dies kann eine kohlehydratreiche Mahlzeit sein, denn Kohlehydrate brauchen länger, bis sie verdaut sind und stellen genug Energie für die ganze Nacht zur Verfügung. Bieten Sie also Nudeln, Reis oder Couscous mit einer beliebigen Sauce und Lieblingszutaten an, vor allem mit Käse. Dies ist auch eine gute Gelegenheit, um hart gekochtes Eigelb anzubieten, das reich an Eisen und anderen Nährstoffen ist. Eiweiß sollten Sie einem Baby allerdings nicht füttern, bevor es ein Jahr alt ist, denn vorher besteht das Risiko eine Eiweißallergie zu entwickeln.

Weil Milch für ein Kind über sechs Monate nicht mehr ganz so wichtig ist, wird sie am Ende der Mahlzeit angeboten und zum Kochen des Essens verwendet.

Dieser Speiseplan eignet sich gut als Tageslösung für Mütter, die arbeiten, aber dennoch weiterhin stillen wollen. Für das Mittagsessen ist Milch nämlich nicht unbedingt nötig beziehungsweise kann in anderer Form verabreicht werden, etwa als Joghurt, Brei oder Käse. Allerdings dauert es ein paar Wochen, bis sich diese Routine eingespielt hat, denn zwischen der Einführung neuer Nahrungsmittel sollte immer ein Abstand von jeweils drei bis vier Tagen liegen. Auf diese Weise kann man eventuelle Nahrungsmittelintoleranzen eindeutig den jeweiligen Lebensmitteln zuordnen.

Im Laufe des Tages sollte das Baby immer wieder Wasser trinken, vor allem bei warmem und trockenem Wetter.

Ein Baby in Bewegung

Die Entwicklung von Svadisthana markiert den Beginn der koordinierten und absichtlichen Bewegungen, die aus dem Wunsch des Babys geboren werden, seine Umwelt und alle Dinge darin zu erforschen.

Wenn es mit etwa viereinhalb Monaten auf dem Rücken liegt, hebt es den Kopf von der Unterlage und bewegt das Kinn zur Brust. Es rudert energisch mit Armen und Beinen und streckt die Hände nach Spielzeugen aus.

Mit fünf Monaten hebt es die Beine senkrecht in die Höhe und mit fünfeinhalb Monaten fasst es seine Füße und untersucht sie eingehend – manchmal mit dem Mund. In dieser Zeit streckt es auch die Arme aus, weil es hochgenommen werden will. Und wenn es dann in eine sitzende Position gezogen wird, spannt es die Schultermuskeln an und hilft mit. Den Kopf hat es mittlerweile gut unter Kontrolle, der Rücken ist aufrechter, und es kann mit Unterstützung sitzen. Wird es in sitzender Position gehalten, wirft es sich manchmal energisch zurück.

Auf dem Bauch liegend, hebt es allmählich Kopf und Brust immer höher, bis es sich im Alter von sechs Monaten mit vor sich ausgestreckten Armen auf den Handflächen abstützen kann.

Wenn es zwischen vier und sechs Monate alt ist, rollt es sich vom Bauch auf den Rücken (das kann auch schon früher passieren), und mit etwa sechseinhalb Monaten rollt es sich auch vom Rücken auf den Bauch. Sobald es das beherrscht, kann das Baby durch den ganzen Raum rollen und wird dann auch anfangen, den Po zu heben und die ersten Krabbelversuche machen.

Ab dem siebten Monat drückt es sich im Kinderwagen selbst zum Sitzen hoch und sitzt von den eigenen Armen gestützt auf dem Boden.

Wir sehen also, dass das Baby durch das Erwachen seines Svadisthana-Chakras anfängt, die Bewegung zu erforschen, um seinen Wunsch nach etwas dadurch zu befriedigen, dass es danach greift. Manche Babys sind in dieser Zeit so frustriert, wenn sie etwas wollen und nicht bekommen können, dass sie aus Verärgerung laut brüllen. Dann brauchen sie Hilfe und Verständnis, bis ihre Grobmotorik aufgeholt hat. Es ist eine sehr emotionale Zeit für das Baby und seine Frustration kann ein paar Wochen lang anhalten. Ohne sein Verlangen, Dinge zu erforschen und etwas bekommen zu wollen, würden sich seine grobmotorischen Fähigkeiten nicht entwickeln. Es wird sozusagen vom Verlangen angetrieben.

Weil das Baby in den zweiten 100 Tagen anfängt, sich frei zu bewegen, muss seine Umgebung entsprechend gesichert werden, damit es sich nicht verletzen kann. Wenn es etwas möchte, was es nicht haben darf, muss es mit einer anderen Aktivität oder einem anderen Objekt abgelenkt werden. Wenn es etwas an sich gebracht hat, das nicht geeignet ist, bieten Sie ihm einfach einen Ersatz an, während Sie ihm den gefährlichen Gegenstand abnehmen. Man kann Babys sehr leicht ablenken, weil ihnen die ganze Welt so attraktiv erscheint.

Kinder in diesem Alter haben großes Vertrauen in ihre Umgebung. Als ihre Beschützer sind wir verpflichtet, diese Umgebung für sie sicher zu machen, und wir müssen dabei immer einen Schritt weiterdenken, den nächsten Entwicklungsschritt berücksichtigen. Treppen sollten oben und unten mit Babygittern versehen sein, Schränke brauchen kindersichere Riegel und Wertsachen sollten außer Reichweite aufbewahrt werden. Heiße Getränke, etwa Ihre Kaffee- oder Teetasse, sollten weit oben und außer Reichweite des Kindes abgestellt und offensichtlich gefährliche Gegenstände ganz weggeräumt werden. Was bisher ausschließlich Ihr Zuhause war, ist jetzt auch das Zuhause Ihres Babys.

Nehmen Sie die Gelegenheit wahr, Ihr Zuhause auf Sicherheit zu prüfen, solange Ihr Baby noch einigermaßen unbeweglich ist, denn wenn es erst in Bewegung kommt, ist es durch nichts mehr aufzuhalten. Bevor Sie etwas merken, ist es vielleicht schon von seiner Babydecke, durch das ganze Zimmer und den Flur entlang gekrabbelt. Die Welt liegt ihm zu Füßen.

Auf Reisen

Die zweiten 100 Tage sind eine gute Zeit, um mit dem Baby auf Reisen zu gehen. Manche Familien müssen in ein anderes Land oder nach Übersee reisen, um ihre Verwandten zu besuchen. Folglich sind lange Flugreisen notwendig, damit die ganze Familie den Neuzugang kennenlernen kann. Eventuell muss man Zeitzonen überbrücken und hat vielleicht keine Möglichkeit, das Essen wie gewohnt zuzubereiten oder das Kind zu baden. Einem Baby macht das nichts aus und wenn seine Eltern entsprechend flexibel und entspannt sind, ist eine solche Reise ein Leichtes. Ein Baby in diesem Alter ist sehr gesellig und neugierig. Es lächelt jeden an, von dem es angelächelt wird und der mit ihm spricht. Es ist nicht zu hundert Prozent in Bewegung, schläft nachts durch, und ist seine Familie bei ihm, ist es glücklich und flexibel. Es schläft überall, ist froh, wenn es auf einem gemütlichen Schoß sitzen kann, und spielt in jeder Situation.

Für ein Baby, das noch gestillt wird, und seine Mutter ist alles noch einfacher. Falls es schon angefangen hat, feste Nahrung zu sich zu nehmen, sollte es auch an Babynahrung aus dem Gläschen gewöhnt sein. Für ein Baby, das die Flasche bekommt, kann man das Reisen dadurch erleichtern, dass man Babyflaschen mit kaltem, abgekochtem Wasser mitnimmt. Diese können dann in Restaurants, Hotels, in Flugzeugen und Zügen aufgewärmt und mit Milchpulver vermischt werden. Reisen kann durstig machen. Man sollte also auf jeden Fall Babyflaschen mit kaltem, abgekochtem Wasser dabeihaben, um den Durst des Babys zwischen den Mahlzeiten zu stillen.

Reisen macht müde, und obwohl ein Baby während der Reise normalerweise recht gut schläft, wird es dennoch ein gewisses Maß an chronischer Müdigkeit aufbauen, weil es mehr herumtransportiert wird, mehr Reize verarbeiten muss und die Aufregung sowie die Spannungen seiner Angehörigen mitbekommt. Diese Müdigkeit lässt sich dadurch ausgleichen, dass das Baby am Tag nach seiner Ankunft ein bisschen mehr schreien und etwas mehr Zeit im Bett verbringen darf, um die Spannung und den Stress abzubauen, die es während der Reise aufgebaut hat. Wenn dies gelingt, findet es schnell wieder zu seinem gewohnten Rhythmus.

Dieser Prozess ist schneller abgeschlossen, wenn die Gastgeber wissen, dass das Schreien nicht von Dauer ist, sondern für das Baby ein Teil der Reise. Und sobald das Baby sich seine Spannungsmüdigkeit von der Seele geschrien hat, wird es glücklicher sein und empfänglicher für die neuen Menschen in seinem Leben.

Elternsein mit Vergnügen

Die zweiten 100 Tage mit dem Baby können für junge Eltern das reine Vergnügen sein. Die ganze Aufregung der ersten drei Monate scheint sich aufzulösen und sie gewinnen neue Kraft. In dieser Zeit kehrt der Körper der Mutter in seinen Zustand vor der Schwangerschaft zurück. Etwa vier bis fünf Monate nach der Entbindung verlangsamt sich das verstärkte Wachstum der Haare und der Nägel – die meisten Mütter stellen fest, dass ihnen die Haare ausfallen, was sehr alarmierend sein könnte, aber der Körper verliert nur die Haare, die während der Schwangerschaft zusätzlich gewachsen sind.

Obwohl die Brüste wieder so weich werden wie vor der Schwangerschaft, weil sie sich auf den verminderten Milchbedarf des Babys nach sechs Monaten einstellen, produzieren sie genügend Milch. In dieser Zeit, wenn das Baby auf feste Nahrung umgestellt und weniger Muttermilch gebraucht wird, kehrt auch der Menstruationszyklus zurück, und der Körper ist bereit für eine neue Schwangerschaft. Denn immerhin ist dies die Zeit von Svadisthana, dem Zentrum der Kreativität.

Statt zu versuchen, schlaflose Nächte zu überleben, können Eltern nun anfangen, zu dem Lebensstil zurückzukehren, den sie gepflegt haben, bevor das Baby kam. Die Verjüngung und Erneuerung der Partnerschaft von Eltern – zwei Menschen, die soeben eine erstaunliche Geburtsreise unternommen haben – kann mit Lust und Freude in Angriff genommen werden. Die reine Liebe eines Kindes, das zwei Menschen gemeinsam pflegen, kann bewirken, dass sich ein Paar auf ein neues Abenteuer zu bewegt, auf eine neue Erkundung und eine neue, reifere Liebe füreinander. Das Leben ist nicht statisch. Es entwickelt sich immer weiter. Das Jetzt bringt eine neue Sinnlichkeit, neue Sehnsüchte und neue Träume hervor. Und wenn Sie ein neues Kleid haben (vor allem wenn es orangefarben ist), dann ziehen Sie es an, buchen Sie den Babysitter und gehen Sie aus, um ein bisschen lateinamerikanisch zu tanzen.

Verlieben Sie sich neu ineinander. Schenken Sie sich Blumen und Schokolade und essen Sie bei Kerzenlicht. Es lohnt sich, und Ihre Liebe und Zufriedenheit wird auf Ihr Baby abfärben.

Das Sakralchakra bestimmt unsere physische Fähigkeit, uns im Leben vorwärts zu bewegen, und es wird beeinflusst von unserer Einstellung zum Genuss und unserem Sinn für die eigene Sinnlichkeit. Falls es nicht schon zurückgekehrt ist, werden Sie feststellen, dass Ihr sexuelles Verlangen wieder auflebt und dass dadurch emotionales Wachstum gewährleistet ist – durch neue Erfüllung, Freude und eine neue Verbundenheit miteinander, mit Freunden und mit der Familie.

Die ersten 100 Tage im Leben junger Eltern können eine große Herausforderung sein, weil die Emotionen in dieser Zeit die Oberhand gewinnen. Über allem stehen der starke Wunsch und die Notwendigkeit, »den Überblick zu behalten«. Die zweiten 100 Tage sind also auch die Zeit, in der es wieder darum geht, Spaß am Leben zu haben. Wenn Sie glauben, dass dies bei Ihnen nicht der Fall ist, sprechen Sie sich mit Ihrem Partner aus und suchen Sie sich zusätzlich einen Berater, der Ihnen helfen kann, die Freude, die Gesundheit und den Genuss wiederzufinden, auf die Sie in diesem Stadium der Elternschaft ein Recht haben.

Ein Baby bringt immer das zum Ausdruck, was einen Elternteil, besonders die Mutter innerlich bewegt. Wenn Ihr Baby also weinerlich, launisch und unruhig ist, werfen Sie vielleicht einmal einen Blick in Ihr eigenes Inneres, um den Teil von sich selbst aufzuspüren, der traurig und unglücklich ist. Ein Baby ist ein großartiges Gefühlsbarometer, denn es nimmt intuitiv alle möglichen Signale auf und gibt sie wieder.

Svadisthana bedeutet Süße. Es wird auch mit »mein eigener süßer Wohnsitz« übersetzt, was bedeutet, dass wir wahren Trost in unserem Innersten finden – an jenem Ort, wo es angenehm ist, nach Frieden und Zufriedenheit zu suchen und wo wir beides auch finden werden. Haben wir zeitweise unseren Weg zu diesem inneren Ort verloren, bauen sich Unzufriedenheit und Frustration auf, die, wenn sie nicht thematisiert werden, gären und ausbrechen und Schaden anrichten – nicht nur bei uns selbst, sondern auch bei unseren Lieben. Indem wir uns selbst lieben lernen und dankbar für das sind, was wir haben, lassen wir viel von diesen Gefühlen los.

Praktische Beratung und die Teilnahme an einer Elterngruppe können helfen, das Gleichgewicht im Leben wiederzuerlangen. Körperübungen, wie Yoga, Tanz oder andere Bewegungsübungen, machen den Beckenbereich locker und bauen Spannungen ab. Spazierengehen ist kostenlos und höchst befreiend und Sie können sogar Ihr Kind im Kinderwagen oder Tragetuch mitnehmen. Gehen Sie zusammen mit Ihrem Partner oder einer Freundin spazieren.

Meditation befreit den Geist und bringt inneren Frieden. Meditation kann Ihnen auch Einsichten bescheren und zu Mitgefühl und Selbstliebe führen – dazu, dass Sie ehrlich zu sich selbst sind und angemessen mit anderen umgehen.

In diesem Stadium der Elternschaft neigt man leicht dazu, die Rolle des Märtyrers anzunehmen, der nur für Familie und Kinder da ist und an sich selbst stets zuletzt denkt. Dadurch kann sich ein Groll aufbauen, der heimlich, still und leise hinter jeder Handlung hervorbricht und fragt: *»Und wo bleibe ich eigentlich?«* Das kann zu einem leidvollen Leben führen, in dem der Märtyrer auf jedes persönliche Glück verzichtet, selbst wenn dies zum Schaden seiner geistigen und emotionalen Gesundheit und seines körperlichen Wohlergehens ist. Das Leben wird zu einem einzigen Opfer, was in unseren modernen westlichen Kulturen oft immer noch als Tugend angesehen wird.

Doch was lernen unsere Kinder von uns, wenn wir die eigenen Bedürfnisse ständig verleugnen? Wenn wir unsere Bedürfnisse verleugnen, hören wir auf zu wachsen, uns auszudehnen und neue Ideen über die Welt und unser eigenes Leben zuzulassen. Und indem wir uns so verhalten, wird die Idee in die Welt gesetzt, dass sich andere ebenso verhalten sollen, vor allem unsere Kinder.

Indem wir ein Leben der Selbstaufopferung führen, schneiden wir uns auch in anderen Bereich von unserer Kreativität ab. Wir ermutigen unsere Kinder, kreativ zu sein, und sehen, wie sie an ihren Errungenschaften wachsen. Genau die gleiche Vision müssen wir auch für uns selbst haben. Wir müssen daran glauben, dass unsere Träume Wirklichkeit werden können. Und obwohl Kinder unter sieben oder acht Jahren keine eigentliche Vorstellung von den emotionalen Bedürfnissen anderer Menschen besitzen, können sie zu diesem Verständnis gelangen, wenn sie ihre Eltern als glückliche und kreative Menschen erleben, die Spaß an ihrem Leben haben.

In diesen zweiten 100 Tagen ist es Zeit, den Kaiser/die Kaiserin in uns wieder einzusetzen und für das Empfangen genauso bereit zu sein wie für das Geben. Versuchen Sie, jeden Tag in Ihrem Leben etwas wirklich Schönes für sich selbst zu tun, machen Sie es sich zum Geschenk.

Damit schaffen Sie die Grundlage für den Aufbau Ihres Selbstwertgefühls, das sich in den nächsten 100 Tagen noch weiter entwickeln wird.

Die dritten 100 Tage

MANIPURA
Das Solarplexus-Chakra

Das dritte Energiezentrum

MULADHARA
»Glänzendes Juwel«

Der Lotos mit zehn Blütenblättern

Die dritten 100 Tage
Selbstwert und persönliche Macht

FARBE: Gelb, eine dynamische Farbe, die Licht und Wärme ausstrahlt. Es ist die hellste Farbe im Spektrum. Sie fördert das Fokussieren der Aufmerksamkeit, das Anziehen neuer Ideen und macht flexibel und anpassungsfähig. Gelb steht für Selbstkontrolle, Stil und Raffinesse. Es vermittelt ein Gefühl des Wohlbefindens – die meisten Menschen fühlen sich wohl, wenn sie von einem hellen, sonnigen Gelb umgeben sind.

MUSIK: Der Marsch, ursprünglich entwickelt, um die Bewegungen größerer Gruppen von Menschen, vor allem Soldaten, zu stimulieren und zu organisieren. Marschieren gibt uns das Gefühl, stark zu sein. Es ist die Musik der Aktion und der Bewegung.

SINN: Sehen, vor allem das innere Sehen, das wir mit unserer Intuition entwickeln. Einsicht erwächst aus unserem Bauchgefühl und führt zu »richtigem« Handeln.

KÖRPERSYSTEM: Das Verdauungssystem mit Magen, Leber, Bauchspeicheldrüse, Dünndarm und Dickdarm.

ENDOKRINES SYSTEM: Bauchspeicheldrüse und Nebennierenmark.

TOTEMTIER: Widder, Leittier der Herde. Er ist es, der die Herde erschafft und erhält, aber auch fähig ist, Mauern und Tore einzureißen. Die durchdringende Kraft des Widders ist immer ambivalent – sie befruchtet und erschafft, aber sie verwundet und zerstört auch.

Einleitung

Manipura, das dritte Energiezentrum, liegt im Oberbauch im Bereich des Solarplexus und heißt daher auch Solarplexus-Chakra. Es wird durch einen Lotos mit zehn Blütenblättern repräsentiert und erwacht zwischen dem siebten und dem zehnten Lebensmonat eines Babys. Manipura ist ein Sanskrit-Wort und bedeutet »glänzendes Juwel«.

Dieses Chakra hat etwas mit Kraft und Bestätigung zu tun und mit der Durchsetzung des eigenen Willens.

In seinen ersten 100 Tagen wird das Baby geerdet. Es ist ziemlich träge und bewegt sich nicht sehr viel. In seinen zweiten 100 Tagen beginnen seine Emotionen zu fließen, und es wird viel anpassungsfähiger. Jetzt, in seinen dritten 100 Tagen, fängt es an, seine Macht, seinen Willen und seine Energie zu entwickeln und zum Ausdruck zu bringen. In dieser Zeit werden Sie merken, dass es zum Individuum wird. Es wirkt deutlich dynamischer und ist entschlossen, in die Richtung zu gehen, in die es will. Diese kleine Person ist nicht mehr annähernd so gefügig, wie sie einmal war!

Alchemie ist eine alte Kunst, die man im Mittelalter häufig praktizierte. Sie erwuchs aus dem Glauben, unedle Metalle in Gold verwandeln zu können. Die Grundidee der Alchemie geht auf eine Lehre des Philosophen Aristoteles zurück, nach der alle Dinge Perfektion anstreben. Ihr Konzept bietet eine wunderbare Möglichkeit, den Wandel und seine verschiedenen Entwicklungsstadien in allen Bereichen unseres Lebens zu verstehen.

Die dritten 100 Tage im Leben eines Babys kennzeichnen den Beginn einer Entwicklung über das Gefühl tiefer Verbundenheit mit der Mutter hinaus, um eine Beziehung zu sich selbst zu formen und das Bedürfnis zu befriedigen, seine Umwelt bis zu einem gewissen Grad unter Kontrolle zu haben. Es wird seine Hände oft nach Essen ausstrecken und andere Bedürfnisse signalisieren, indem es klare Gesten und sogar Worte einsetzt. Gesten bilden die Basis für motorische, verbale und soziale Fähigkeiten.

Dieses Energiezentrum – Manipura – macht uns zu Kriegern. Das Leben wird zur Mission. Das Selbst begibt sich auf eine Reise, auf der es viel zu erforschen und zu entdecken gilt. Dies ist das Zentrum des Selbstwertgefühls. Hier fühlen wir uns wohl mit uns selbst und mit unseren Ideen.

Manipura – Macht

Das dritte Energiezentrum, Manipura, wird durch einen Lotos mit zehn Blütenblättern symbolisiert und vom Element Feuer beherrscht. Feuer ist das unbeständigste aller Elemente. Es ist heiß und trocken, maskulin und aktiv. Das natürliche Feuer des Körpers, das Verdauungsfeuer, ist das Mittel, mit dem sich der Körper selbst nährt und aufbaut.

Manipura liegt im Bereich des Solarplexus, des Nervengeflechts direkt unter dem Zwerchfell. Sein Name (*Solar...)* macht deutlich, dass wir es hier mit der Sonne beziehungsweise dem Feuer des Körpers zu tun haben. Dieses Energiezentrum steuert den Stoffwechsel. Seine Aufgabe besteht darin, die für den Stoffwechsel notwendige Energie im ganzen Körper zu verteilen. Die Nerven des Solarplexus versorgen den Magen, die Leber, die Bauchspeicheldrüse, den Dünndarm und die Nieren. In diesen Organen findet der Prozess der Verdauung und des Ausfilterns der Abfallstoffe statt. Das ist auch die Körperregion, in der wir sensibel für Situationen sind – wo unser »Bauchgefühl« sitzt. Hier haben wir »Feuer im Bauch«, das Wissen, dass wir etwas erreichen können und den Mut es anzupacken. Im Solarplexus-Chakra treffen die Sehnsüchte des zweiten Energiezentrums und die Liebe des Herzzentrums auf die Tatkraft, die nötig ist, damit sich etwas manifestieren kann.

Die Drüse, die mit dem dritten Energiezentrum in Verbindung gebracht wird, ist die Bauchspeicheldrüse oder auch Pankreas. Der Pankreas ist ein langes, weiches Organ, das in der Nähe des Magens liegt und als Antwort auf Nerven- und Hormonmechanismen Säfte und Enzyme in den Darm abgibt, welche die Verdauung ebenso unterstützen wie die Aufnahme von Nährstoffen. Die Bauchspeicheldrüse schüttet Hormone auch direkt in die Blutbahn aus. Eines davon ist das Insulin, das den Blutzuckerspiegel senkt. Ein anderes, Glucagon, hebt den Blutzuckerspiegel. Diese Prozesse stehen in Verbindung mit der Umwandlung von Nahrung in jene Energie, die zur Erhaltung des Lebens und zum Wachstum nötig ist.

Lebendige Nahrung enthält *Prana* oder Lebenskraft. Diese Lebenskraft oder Energie nehmen wir in uns auf, wenn wir frische Nahrungsmittel essen. Sie wird über die Verdauungsorgane verteilt, und das Solarplexus-Chakra verteilt zusätzlich spirituelle Energie im ganzen Körper. Bereitet man das Essen mit positiver, liebender Energie zu, dann breitet sich diese Energie in jedem aus, der das Essen zu sich nimmt. Aber auch wenn das Essen mit negativer Energie verunreinigt ist, wird diese an alle weitergegeben, die es verzehren. In Laura Esquivels wunderschönem Buch *Bittersüße Schokolade* wird dies eindrücklich beschrieben.

Auf der emotionalen Ebene dreht sich in Manipura alles um Macht. Es ist die Macht, die wir in Anspruch nehmen, wenn wir nach unseren Vorstellungen und Wünschen handeln. Der unangemessene Gebrauch dieser Macht, um eine andere Person zu kontrollieren oder zu unterdrücken, ist ein Zeichen dafür, dass dieses Energiezentrum aus dem Gleichgewicht geraten oder überaktiv ist, und oft auch ein Indiz für ein niedriges Selbstwertgefühl.

Das Gefühl der Macht spiegelt unser Verhältnis zu unserer inneren Stärke und unserem Selbstwertgefühl, die es uns ermöglichen, für uns selbst einzustehen. Wenn wir uns mit unserer eigenen Macht wohlfühlen, können wir zuversichtlich handeln und haben in den meisten Fällen die absolute Wahlfreiheit. Wenn wir unser Recht auf unsere eigene Macht nur ungern in Anspruch nehmen, vermeiden wir Situationen, in denen ein klares und bestimmtes Auftreten erforderlich ist. Dann fällt es uns schwer, Nein zu sagen und uns für unsere eigenen Rechte stark zu machen. Die Kindheit ist eine schwierige Zeit, um das zu erreichen. Kleine Kinder sind von Autoritätspersonen umgeben, die ihr Leben bestimmen. Daher kann sich dieses Chakra erst in der Pubertät richtig entfalten und voll und ganz zum Ausdruck kommen.

Auf der mentalen Ebene geht es in Manipura um unsere Einstellung zu unserer persönlichen Macht, zu unserem Selbstvertrauen und zu unserer Wahlfreiheit. Wenn wir uns selbst nicht wertschätzen, neigen wir dazu, unsere Vorstellung von Macht anderen gegenüber unklar oder aber überdeutlich zum Ausdruck zu bringen. Wenn wir uns hingegen mit uns selbst wohlfühlen, achten wir darauf, wie wir unsere Macht einsetzen und von der Tatsache Gebrauch machen, dass wir frei wählen können, was richtig für uns ist und was nicht. In diesem Zentrum geht es um die rationalen, logischen und sachlichen Aspekte unseres Denkens. Es spiegelt unser persönliches Gespür für Kontrolle – oder den Mangel daran. Hier manifestiert sich auch unsere kreative Vorstellungskraft.

Auf der spirituellen Ebene bringt uns Manipura intuitives Wissen, unser »Bauchgefühl«, das tiefe, innere Wissen über Menschen und Situationen, in die wir geraten. Da die Energie, dic von hier kommt, so aktiv ist, besteht unsere Lebenslektion darin, zu lernen, unsere Macht friedlich und weise einzusetzen und dabei immer wir selbst zu bleiben. Wir lernen, unsere Gedanken zu transformieren und damit auch die Taten, die diesen Gedanken entsprechen. So können wir unser Verhalten ändern und unsere Kinder lehren, es uns gleichzutun.

Das gilt besonders für dieses Energiezentrum, denn hier reifen unsere Einstellungen und Werte und können sich in unseren Handlungen offenbaren. Hier finden wir die innere Festigkeit, um den Kräften von außen zu widerstehen, zum Beispiel dem Gruppenzwang oder dem Einfluss der Werbung in den Medien, die uns ständig das Gefühl geben, dass uns etwas fehlt. Wenn wir es nicht schaffen, uns selbst zu lieben, neigen wir dazu, uns diesen äußeren Mächten zu unterwerfen und zu denken, wir seien liebenswerter, glücklicher und zufriedener, wenn wir tun, was sie von uns erwarten. Von diesem Energiezentrum aus ein Gefühl für unseren eigenen Selbstwert aufzubauen und zu stärken, gibt uns Standfestigkeit und ermöglicht spirituelles Wachstum. Zu wissen, dass wir ein Recht auf ein gutes Leben haben, lässt den Überfluss zu uns kommen.

Indem wir unseren eigenen Wert gering schätzen, geben wir unsere Macht ab. Wir verlieren die Fähigkeit, Nein zu sagen, und werden am Ende zu Sklaven, die nicht in der Lage sind, sich für ihre Rechte einzusetzen. Das spiegelt sich auf der physischen Ebene in unserer Fähigkeit beziehungsweise Unfähigkeit wider, uns mit gutem Essen zu nähren, gut zu schlafen und einen aktiven Lebensstil zu pflegen, der auch unsere Seele nährt. Das ist der Kern des Selbstwertgefühls: das Aufbauen einer gesunden und starken Beziehung zu sich selbst.

In diesem Energiezentrum kämpfen wir mit unserem eigenen Charakter, genau wie Herkules, als er den Nemëischen Löwen besiegte, ein riesiges Tier, dessen besonderes Fell es vor Eisen, Bronze und Stein schützte. Bei seiner Ankunft in Nemea traf Herkules niemanden mehr, der ihn zum Löwen hätte führen können, da dieser bereits alle Einwohner getötet hatte. Also musste Herkules sich allein auf die Suche machen. Er fand das Untier, kämpfte mit ihm und besiegte es mit seinen bloßen Händen (ein symbolischer Kampf mit dem eigenen Spiegelbild oder Schatten). Dieser Mythos handelt vom Sieg der menschlichen Seele über ihre eigenen Schwächen, welche Teil des Egos sind.

So werden wir zu mächtigen Kriegern der Selbsttransformation. Wir lernen, uns mit uns selbst zu konfrontieren, nach innen zu schauen und Wesenszüge zu erkennen und anzunehmen, die wir sonst unterdrücken. Auf diese Weise würdigen wir sie. Und nur dann können wir das Gute in uns und die Talente, die wir besitzen, anerkennen und stärken.

Manipura öffnet sich erst wirklich während der Pubertät, aber im Kleinkindalter und in der frühen Kindheit beginnen sich jene Gefühle der Macht und der Ohnmacht bereits zu regen. Man braucht sich nur das Verhalten eines zweijährigen Kindes anzuschauen, um diese beiden entgegengesetzten Kräfte in Aktion zu sehen. Mit zehn Monaten hat ein Baby eine Vorstellung von dem Wort »nein« und probiert vor diesem Hintergrund seine Macht aus. Und wenn es erst in Bewegung ist, beginnt es auch sein Recht auf freie Wahl in Anspruch zu nehmen.

Das Verhalten eines willensstarken Babys

»Ich kann« und »Ich will«

Das dritte Energiezentrum, das Solarplexus-Chakra, ist der energetische Kern des Handlungswillens eines Kleinkindes. Dieses Chakra befähigt das Baby, sich auf seine Kindheit zuzubewegen und ein Individuum zu werden, das frei ist, seine eigenen Entscheidungen zu treffen und entsprechend zu handeln. Wenn es sorgsam und liebevoll angeleitet wird, ein starkes und eindrucksvolles Individuum zu sein, kann es sich zu einem ausgeglichenen und starken Erwachsenen entwickeln, der die volle Verantwortung für sich selbst und seine Taten übernimmt.

Biologisch ist dies für ein Baby die Zeit des Wandels, vor allem im Hinblick auf die Entwicklung seiner Feinmotorik (etwa präzise Fingerbewegungen), seiner grobmotorischen Fähigkeiten (Gehen) sowie der sozialen Kompetenzen, die eng mit der Entwicklung und dem Verstehen von Sprache zusammenhängen.

Emotional ist es die Zeit, in der sich das Baby über Entfernung und Trennung bewusst wird, weil es sich physisch von den Eltern wegzubewegen beginnt, obwohl es immer noch einen Elternteil in der Nähe und oft in Sichtweite braucht.

Ein Kind in diesem Alter möchte mehr Kontrolle über sein Umfeld haben. In dieser Phase passiert es häufig, dass sich das Baby plötzlich allein abstillt und selbst bestimmen will, wie es sein Essen einnimmt. Es möchte selbst für seine Handlungen zuständig sein, möchte den Löffel und seinen Inhalt selbst dirigieren! Diese Autonomiebestrebungen können eine ziemliche Herausforderung für Eltern sein, vor allem, weil das Essen oft auf dem Boden landet. Andererseits entwickelt das Baby in dieser Zeit auch sehr herzliche Seiten und geizt nicht mit Küssen und liebevollen Umarmungen.

Auf der körperlichen Ebene zeigen sich in diesen dritten 100 Tagen Veränderungen in den Körperproportionen und in der Figur, die das Baby darauf vorbereiten, ein Kleinkind zu werden. Neurologisch gesehen verändert es sich vom Kopf hin zu den Gliedmaßen. Die Weiterentwicklung der Hände und Arme findet zwischen dem vierten und dem siebten Monat statt, Beine und Füße wachsen und entwickeln sich ab dem siebten Monat. Im Alter von sieben Monaten kann ein Kind mit Unterstützung der eigenen Arme sitzen und kurzfristig sogar ohne Unterstützung. Wenn es acht Monate alt ist, kann es mit aufrechtem Rücken und ohne Unterstützung sitzen, sich zu beiden Seiten drehen und nach vorn beugen, um sich ein Spielzeug zu angeln, ohne dabei die Balance zu verlieren.

Mit acht oder neun Monaten werden die feinmotorischen Fähigkeiten, beispielsweise der Finger und der Daumen, immer ausgefeilter. Jetzt ist das Kind in der Lage, mit Daumen und Zeigefinger eine feine Fussel vom Teppich zu pflücken.

Auf der mentalen Ebene entwickelt ein Baby von etwa neun Monaten das Konzept der »Objektpermanenz«: die kognitive Fähigkeit zu wissen, dass ein Objekt auch dann weiterexistiert, wenn es sich außerhalb des eigenen Gesichtsfeldes befindet. Das Leben besteht nun vor allem aus Experimentieren und Beobachten. Ein Objekt aus einer gewissen Höhe, etwa beim Füttern vom Hochstuhl fallen zu lassen und zu beobachten, wie es fällt und irgendwann unten aufschlägt, macht viel Spaß. Auf diese Weise lernt das Baby etwas über seine Umwelt und den Platz, den es darin einnimmt.

Bei den Mahlzeiten erforscht und kontrolliert das Baby auch, was ihm gefüttert wird. Oft weist es alles zurück, was auf einem Löffel kommt, der von jemand anderem »gelenkt« wird. Dann gibt es nur eine Möglichkeit, das Baby zum Essen zu animieren: Fingerfood, also Essen, für das man kein Besteck braucht.

Im sozialen Bereich ist jetzt Zurückhaltung gegenüber Fremden angesagt. Das Baby kann sich nämlich durchaus bedrängt fühlen, wenn jemand auf es »zustürzt«, bei dem es sich nicht so sicher ist. Es muss erst eine Weile beobachten, bevor es Kontakt mit einem Fremden aufnimmt oder mit einem Familienmitglied, das nicht zu seinem unmittelbaren und bekannten Kreis gehört. Das ist als »Personenpermanenz« bekannt und hilft dem Kleinkind, Bekannte von Fremden zu unterscheiden und sich zu schützen. Die Kommunikation läuft gewöhnlich über Gesten, manche Babys sprechen in dieser Phase auch schon das eine oder andere Wort.

Silben aus einem Vokal und einem Konsonanten werden gebraucht und häufig wiederholt, meistens jedoch ohne jede Bedeutung. Es ist ein repetierendes »Sprechen« und bereitet vielen Vätern große Freude, denn die ersten Silben sind meistens ba-ba oder da-da, mam-ma oder mam-mam kommen erst ein bisschen später.

Spirituell ist dies die Zeit, in der sich der einzigartige Charakter des Babys auszuprägen beginnt und mehr von seiner Persönlichkeit offenbar wird. Es ist auch die Zeit, in der sich das Handeln, der eigene Wille und das Selbstbewusstsein entwickeln.

Anzeichen von Müdigkeit

Quengeln – Das Quengeln bleibt uns noch die nächsten sieben oder acht Jahre erhalten und fällt vermutlich in dieselbe Kategorie wie »schlechtes« Benehmen (siehe unten).

Lauter werden – Wenn das Geplapper des Babys immer lauter, immer hartnäckiger und immer kehliger wird und nichts mehr mit süßem Sprechen zu tun hat, so ist das ein Zeichen dafür, dass das Kind bettreif ist.

Gähnen – Gähnen als ein Zeichen von Müdigkeit tritt in diesem Alter immer seltener auf und kann auch ganz wegfallen. Wenn es auftritt, dann meist zusammen mit anderen Anzeichen von Müdigkeit.

Luft durch die lockeren Lippen blasen – Dieses sanfte Schnauben erinnert an das entsprechende Geräusch, das Pferde machen. Dies ist eher ein Müdigkeitszeichen zum Hören als zum Beobachten.

Beißen – Der menschliche Körper verkrampft sich, wenn er müde ist. Ein Bereich, in dem besonders viele Spannungen auftreten, ist der Kiefer. Weil Frauen dazu neigen, Spannungen durch Sprechen abzubauen, ist bei ihnen zu viel Kieferspannung kein so offenkundiges Problem. Bei Männern hingegen, die Spannungen weniger über die Stimme ablassen, baut sich viel Spannung rund um die Kiefergelenke auf. Auch Babys bauen solche Spannungen auf, und um sie abzulassen, graben sie den Kopf in die Schulter von demjenigen, der sie hält, öffnen den Mund und beißen kräftig in ebendiese Schulter. Das tut weh. (Es kann passieren, dass ein blauer Fleck auf der Schulter zurückbleibt, aber es verschafft dem Baby Erleichterung.) Das ist keine Ungezogenheit, Schimpfen ist also nicht unbedingt angebracht. Es ist vielmehr ein Zeichen von Müdigkeit und drückt aus, dass das Baby Schlaf braucht.

Den Rücken durchdrücken und die Beine steif machen – Dies ist ein anderes Zeichen dafür, dass das Baby angespannt ist, vor allem, wenn es sich noch nicht viel bewegt. Ein Baby, das schon krabbelt oder sonst unterwegs ist, wird, wenn es müde ist, unkoordinierter und neigt zu Unfällen. Dann gibt es oft Prellungen und blaue Flecke.

Augenreiben – Das ist in diesem Alter ein sehr deutliches Anzeichen von Müdigkeit. Manche Babys bekommen auch rote Augen oder Ringe unter den Augen. Die Eltern brauchen ihrem Baby nur ins Gesicht zu schauen, um die Müdigkeit zu sehen.

An den Hinterkopf oder die Ohren schnipsen oder an den Ohren ziehen – Das ist ein sehr gutes Müdigkeitszeichen. Das zeitweilig sehr müde Baby mit empfindlicher Haut kann Rötungen und raue Stellen bekommen, wenn dieses Zeichen nicht als solches erkannt wird. Die Tatsache, dass der Hinterkopf rau und rot ist und deshalb juckt, kann über die eigentliche Bedeutung hinwegtäuschen.

Trost suchen bei den Fingern, dem Daumen, einer Decke oder einem Spielzeug – Normalerweise ist die Suche nach Trost das erste Anzeichen von Müdigkeit und außerdem eine Geste der Kommunikation.

»Schlechtes« Benehmen – Jedes kindliche Benehmen, das für den Rest der Familie zur Belastung wird, ist entweder auf Müdigkeit oder auf Krankheit zurückzuführen. Dieses Zeichen verschwindet eigentlich nie ganz und bleibt uns auch als Erwachsene erhalten. Selbst Großeltern benehmen sich manchmal unmöglich, wenn sie müde oder krank sind. Wir können einfach schlechter mit bestimmten Lebenssituationen umgehen, wenn wir müde sind oder uns nicht wohlfühlen.

Schreien

Ein Kind schreit in den dritten 100 Tagen, weil es müde ist. Es quengelt und schreit aber auch, wenn es sich nicht wohlfühlt. Die Bezugsperson muss in der Lage sein, den Unterschied zu erkennen, der zunächst nicht immer offensichtlich ist. Ist ein sattes Baby quengelig und unglücklich, ist es müde. Manche Babys in diesem Alter müssen bis zu zehn Minuten schreien, um sich zu entspannen, bevor sie einschlafen. Dieses Muster wird spätestens dann deutlich erkennbar, wenn das Kind den ganzen Rest des Tages glücklich ist.

Die Zeit zwischen dem siebten und der Mitte des elften Monats ist eine Zeit des Wandels, der sich sowohl in den Essgewohnheiten des Babys bemerkbar macht als auch in seinem Schlaf- und Wachrhythmus und im Erreichen gewisser Meilensteine. In diesem Alter wird das Baby keine schmutzige Windel mehr dulden, geschweige denn, damit einschlafen. Folglich liegt es in seinem Bettchen und spielt vielleicht ganz glücklich, beruhigt sich aber nicht wie üblich, sondern schreit, wenn es müde wird, nach einem Windelwechsel, damit es endlich zur Ruhe kommen und einschlafen kann.

Schreien, Quengeln und ganz allgemein schwieriges Benehmen kommen auch vom Hunger und dem dadurch verursachten niedrigen Blutzuckerspiegel. Ein zuckerhaltiges Nahrungsangebot kann das noch verschärfen. Es sorgt nämlich nur für einen schnellen Anstieg des Blutzuckerspiegels, auf den ein plötzlicher Abfall folgt – und wieder sind wir beim Quengeln, beim Schreien und beim schwierigen Benehmen.

Schlafen

Ein sieben Monate altes Baby kann außer dem längeren Nachtschlaf noch zwei oder drei Nickerchen am Tag machen. Ein zehn Monate altes Baby schläft tagsüber oft nur noch ein- oder zweimal. Das Schlafmuster in dieser Zeit kann sich also erheblich verändern.

Ein Baby zwischen sieben und zehn Monaten braucht durchschnittlich 14 Stunden Schlaf pro 24-Stundentag. Dabei wird der Nachtschlaf immer länger und die Schlafphasen am Tag werden immer kürzer. Manche Babys lassen diese alle zwei oder drei Tage sogar ganz ausfallen. Das hängt von dem jeweiligen Kind ab und auch davon, wie gut seine Müdigkeitszeichen von der jeweiligen Bezugsperson wahrgenommen werden.

Es macht wenig Sinn, ein Baby nicht schlafen zu legen, wenn es sich die ganze Zeit elend fühlt und quengelt. Schläft es tagsüber, gemessen an *seinem* Bedarf, zu wenig, wird es einen unruhigen Nachtschlaf haben (und folglich werden auch seine Eltern schlecht schlafen). Irgendwann ist die ganze Familie gereizt und grollt im Stillen, was sich wiederum auf das Baby überträgt. Ein Baby bringt immer zum Ausdruck, was ein Elternteil, besonders die Mutter in sich trägt und nicht nach außen dringen lässt. Und so entsteht ein

Teufelskreis der Schlaflosigkeit und der dürftigen Kommunikation innerhalb der Familie.

Fast immer ist in diesem Alter der beste Tagesschlaf der, welcher direkt auf das Frühstück folgt. Das ist erstaunlich, wenn man bedenkt, dass das Baby doch gerade die ganze Nacht geschlafen hat. Ist es zehn Monate alt, wird dieser Morgenschlaf immer kürzer und der Nachmittagsschlaf dafür vielleicht länger, weil sich das Baby bereit macht, ein neues Schlafmuster zu entwickeln mit einem Tagesschlaf am Nachmittag und einem etwas längeren Nachtschlaf. Dieses Muster etabliert sich im Laufe des zweiten Lebensjahres, aber es gibt immer wieder Kinder, die es schon gegen Ende ihres ersten Lebensjahres entwickeln.

Soll ein Baby ein glückliches Baby sein, müssen wir verstehen, dass es, wenn es tagsüber für seinen Bedarf genügend Schlaf bekommt (und außerdem angemessen gefüttert wird und gelernt hat, selbst einzuschlafen, also ohne Hilfsmittel wie Wiegen, Tätscheln, Füttern oder den Schnuller), die ganze Nacht durchschlafen wird, und zwar etwa elf Stunden. Schlaf erzeugt Schlaf.

Das Baby muss außerdem warme Beine und Füße haben, denn mit kalten Füßen wird es weder einschlafen noch unter seiner Decke bleiben. Ziehen Sie es also so an, dass es auch unbedeckt schlafen kann.

Ein Baby in diesem Alter braucht auch zwei oder drei kleine, weiche Kuscheltiere im Bett sowie ein paar weiche Babybücher. In denen »liest« es oder unterhält sich damit, bis es einschläft, und auch gleich nachdem es morgens aufwacht. Wenn es diese Möglichkeit nicht hat, weckt es Sie vermutlich früh am Morgen auf – und was glauben Sie, was Sie dann alle für einen Spaß haben!

Ernährung

In den dritten 100 Tagen lernt das Baby, ein selbstständiger Esser zu sein. Es möchte die alleinige Kontrolle über sein Essen haben. Also fängt es mit acht oder neun Monaten vielleicht an, Essen abzulehnen, das ihm von jemand anderem auf dem Löffel angeboten wird. So ein Baby braucht einen eigenen Löffel, viel Fingerfood und viel Ablenkung. Ein Spielzeug als Tischgenosse ist eine gute Ablenkung und ermöglicht es demjenigen, der das Kind füttert, das eine oder andere Löffelchen in den Mund des Babys zu befördern.

Das Baby braucht auch einen Schnabelbecher mit kühlem, abgekochtem Wasser, der in Reichweite steht, damit es mit etwas Hilfe während der Mahlzeit immer wieder einen Schluck trinken kann. Bieten Sie ihm immer dann einen Schluck Wasser an, wenn es das Interesse an seinem Essen verliert. Das führt normalerweise dazu, dass es mehr isst. Wenn ein Baby in diesem Alter »genug hat«, wird es sich weigern, weiter zu essen und das auch ganz klar kommunizieren. Das ist das normale Verhalten eines Babys, das lernt, über sich selbst zu bestimmen und seine eigene Lebensweise in seinem Umfeld festzulegen. Es wird chaotisch werden. Das Essen ist überall verteilt – in den Haaren des Babys, in Ihren Haaren, einfach überall!

Die Essensroutine für dieses Alter ist die Gleiche, wie sie für ein Baby in seinen zweiten 100 Tagen – ab dem sechsten Monat – vorgeschlagen wurde. Sie ist allerdings auch von seiner Schlafroutine abhängig. Wenn ein Baby auf seinen Morgenschlaf verzichtet, wird es vermutlich von einem kleinen Snack am Morgen und einem etwas späteren Mittagessen profitieren. Dadurch wird sich der Nachmittagsimbiss hinauszögern und das Abendessen kann vermutlich nicht vor 18.00 Uhr beginnen. Alles ist von der

Schlafroutine, der Familienroutine und oft auch von der Jahreszeit abhängig, aber auch davon, wann der Tag des Babys beginnt. Die Mahlzeiten richten sich also nach den Schlafenszeiten des Babys und nach den Bedürfnissen seiner Familie.

Ein Baby braucht gegen Ende des ersten Lebensjahres für gewöhnlich ähnlich viele und große Mahlzeiten wie vorher und zusätzlich eine weitere Mahlzeit (einen Morgensnack). Das liegt daran, dass das Fassungsvermögen seines Magens nicht mit dem Wachstum des restlichen Körpers mithält. Das Baby wächst in die Höhe, aber das Wachstum beginnt mehr in den Gliedmaßen, vor allem in den Beinen.

Milch (Brust oder Flasche) wird am Ende der Mahlzeit angeboten. Der Milchbedarf in diesem Alter beträgt 500 bis 600 Milliliter, und zwar als Milch, Käse, Joghurt, Brei oder Saucen auf Milchbasis. Bei der Milch selbst handelt es sich um Muttermilch oder Babymilch. Es gibt die Tendenz, Babys mit Unmengen von Milch abzufüllen, sodass überhaupt keine ausgewogene Ernährung mit festen Nahrungsmitteln mehr möglich ist. Bei einem Baby, das mehr Milch trinkt als es braucht, besteht das Risiko, Eisenmangel zu entwickeln, weil es auch später zu viel reine Kuhmilch zu sich nehmen wird, die sehr wenig Eisen enthält, anstatt sich ausgeglichen zu ernähren.

Durchschnittliche Portionen
1 Tasse (250 ml) Milch = 1 Becher Joghurt (200 g) =
1 Scheibe Käse (35 g)

Neuerdings hat es sich auch eingebürgert, dem Baby zu erlauben, eine Flasche mit in sein Kinderbett zu nehmen, mit der es sich dann dort allein trösten kann. Eine Babyflasche ist ein Ersatz für die Brust und sollte auf dieselbe Weise gegeben werden: wenn das Baby in den Armen einer es liebenden Person gewiegt wird.

Lässt man das Baby allein, damit es sich in seinem Bettchen selbst füttert, verpasst es wunderbar liebevolle Momente. Es läuft außerdem Gefahr, aufgrund der Milchansammlung im Mund »Flaschen-Karies« oder Zahnfäule zu entwickeln. Dann müssen schon die wertvollen Milchzähne plombiert oder gar gezogen werden, was nicht nur zu einem wenig schönen Lächeln führen kann, sondern auch zu Problemen beim Sprechenlernen.

Außerdem besteht die Gefahr des Verschluckens. Wenn ein Kind mit einer Milchflasche ins Bett gelegt wird, die entweder dort befestigt ist oder die das Kind selbst in der Hand hält und mit der es einschläft, kann Milch durch die Eustachische Röhre ins Mittelohr fließen und sich dort sammeln. Das erhöht das Risiko von Mittelohrentzündungen und Leimohr, in deren Folge Hörstörungen und eine Beeinträchtigung der Sprachentwicklung entstehen, was wiederum eine Entwicklungsverzögerung im Bereich der sozialen Interaktion nach sich zieht.

Die Flasche mit der Babymilch sollte mit Freude und Liebe zubereitet werden und das Baby sollte sie trinken, während es in liebenden Armen gewiegt wird, sodass es die wunderbare Nähe zu einem anderen Menschen erfahren kann. Auf diese Weise nimmt das Baby auch nur genau so viel Milch auf, wie es braucht, statt zu trinken und zu trinken, nur um sich selbst zu beruhigen und schließlich einzuschlafen.

Getränke für ein Baby in diesem Alter sind Muttermilch, Babymilch aus der Flasche oder Wasser. Fruchtsaft kann ab zwei Jahren gegeben werden, immer mit Wasser verdünnt und nur aus einer Tasse. Bei Fruchtsaft in der Babyflasche besteht ein erhöhtes Kariesrisiko, und das stellt nicht nur ein Problem für die Milchzähne dar, sondern auch für die bleibenden Zähne, die im Zahnfleisch bereits angelegt sind. Ein Baby braucht Früchte, denn das Fruchtfleisch liefert Fasern beziehungsweise Ballaststoffe für den Darm, neue Geschmackserlebnisse und gute Möglichkeiten, selbst zu essen, was wiederum die Entwicklung der Feinmotorik fördert und außerdem gut für ein gesundes Selbstbewusstsein ist.

Der Schnuller

Braucht ein Baby in diesem Alter den Schnuller immer noch als Tröster, sollte es ihn nur bekommen, wenn es im Bett liegt. Ein Baby verlangt oder braucht den Schnuller normalerweise, weil es gestresst oder müde ist, und in dem Moment ist das Bett der beste Ort. Ist das Bett der einzige Ort, an dem das Baby einen Schnuller vorfindet, lernt es bald, sich davon zu entwöhnen. Abgesehen von der Tatsache, dass der Schnuller nächtliche Schlafprobleme verursachen kann (siehe »Die ersten 100 Tage«), kann sein Gebrauch auch zur Gewohnheit werden und, falls die nicht gezügelt wird, zu übermäßigem Sabbern und einer Beeinträchtigung in der Sprachentwicklung führen.

Wenn das Baby in Ihrer Obhut immer noch vom Schnuller abhängig ist, sollten Sie sich fragen: »Warum gebe ich ihm den Schnuller?« Tun Sie es für sich oder für das Baby?

Oft ist ein weiches Musselintuch oder ein Lieblingskuscheltier ein großartiger Ersatz für den Schnuller. Beschließen Sie also, die Verfügbarkeit des Schnullers zu beschneiden, dann sollten Sie einen anderen, davon unabhängigen Tröster zur Verfügung stellen. Es wird einem Baby sehr schwerfallen, sich vom Schnuller zu entwöhnen, wenn es chronisch müde ist und schon längst im Bett liegen sollte.

Transformierende Momente

Die Entwicklung des Babys wird in dieser Phase bestimmt von seiner Entschlossenheit und seinem Willen, etwas zu erreichen und nach seiner Intuition zu handeln, nach jenem »Wissen« also, das über den Verstand hinausgeht. Ohne Sprache, die das Baby in diesem Stadium ja noch nicht entwickelt hat, kann es keine Vernunft beziehungsweise keine Fähigkeit zum strukturieren Handeln geben. Ein Baby in diesem Alter handelt rein intuitiv. Es verlässt sich bei allem, was sein noch nicht ausgebildeter Geist nicht auszuloten vermag, ganz auf sein »Bauchgefühl« oder seinen Instinkt.

In den dritten 100 Tagen, im Alter zwischen sieben und etwa zehneinhalb Monaten, nimmt das Sehvermögen eines Babys – Nah- und Fernsicht – sehr schnell zu. Die Verbesserung der Nahsicht führt zu erhöhten feinmotorischen Fähigkeiten, die beim Spielen beobachtet werden könne oder wenn ein Baby kleine Fusseln auf dem Teppich entdeckt und aufhebt. Die Fähigkeit, Daumen und Zeigefinger zusammenzuführen, ist auch Teil dieser Errungenschaft.

Mit etwa neun Monaten kann das Kind einen rollenden Ball mit den Augen verfolgen und fallenden Spielzeugen nachschauen, die es gern selbst hat fallen lassen – vorzugsweise von seinem Hochstuhl. Oft werden die Spielzeuge durch Essen ersetzt, wobei das Baby Essensreste absichtlich auf den Boden fallen lässt, um sie beim Fallen zu beobachten. Es ist nicht ungezogen, es lernt.

Wenn es ein Spielzeug nicht mehr sehen kann, sucht es danach. Diese Entwicklung geht mit dem Verständnis der Objektpermanenz einher: dass man ein Objekt nicht sehen kann, bedeutet nicht, dass es nicht existiert.

Mit zehn Monaten reagiert das Baby auf seinen eigenen Namen und vielleicht auch auf ein paar andere. Es kann Geräusche imitieren, die man ihm wiederholt vormacht, vor allem Tiergeräusche, es kann mit der Zunge schnalzen und in langen, sich wiederholenden Silbenketten brabbeln, zum Beispiel: »dad-dad« oder »ababa« und später »mam-mam«. Spielt es allein, brabbelt das Baby mit sich selbst, aber zunehmend brabbelt es auch mit anderen. Oft wird das Gebrabbel von der Fähigkeit begleitet, auf etwas zu zeigen und zu gestikulieren, um eigene Bedürfnisse deutlich zu machen. Wenn das Baby die Arme hebt, möchte es beispielsweise klarmachen, dass es hoch und auf den Arm genommen werden will.

Wenn es krabbeln kann, begibt es sich selbst an einen geschützten Ort, um sein Geschäft dort zu verrichten. Das Vollmachen der Windel wird zur Privatsache – ein offenbar instinktives menschliches Verhalten.

Wachstum und körperliche Entwicklung

Das gesteigerte Wachstum (vor allem Längenwachstum) der Gliedmaßen bringt größere Fertigkeiten mit sich. Irgendwann in diesen dritten 100 Tagen lernt das Kind, ungestützt mit gerade aufgerichtetem Rücken zu sitzen, zu krabbeln oder zu robben, zu stehen, sich an den Möbeln entlangzuhangeln und schließlich zu gehen.

Sich zum Stehen hochzuziehen lernt das Baby früher, als sich aus dem Stand zum Sitzen abzusenken. Das kann für Eltern zu einer ziemlichen Herausforderung werden, weil sich das Baby oft hochzieht und dann nicht mehr in der Lage ist, sich wieder hinzusetzen. Es braucht Hilfe! Wenn das nachts in seinem Bettchen passiert, bedeutet es eine empfindliche Störung der Nachtruhe für alle. Eine Hilfe für das Baby, bis es sich selbst niederlassen kann, wäre, es von der Taille an fest einzupacken, bevor man es ins Bett legt, und die Arme dabei frei zu lassen. Damit kann man aufhören, sobald es gelernt hat, sich aus dem Stand auch wieder nach unten in eine liegende oder sitzende Position zu bewegen. Es passiert auch, dass es mit den Beinen zwischen den Stäben des Kinderbettes hängen bleibt und dann erst mühsam herausfinden muss, wie es sich wieder befreien kann. Um diese missliche Lage zu verhindern, faltet man ein Baumwolllaken zu einem langen Streifen und webt ihn so durch die Gitterstäbe, dass es dem Baby nicht mehr möglich ist, seine Beinchen dazwischen durchzustecken. Es ist normal, dass ein Kind in diesem Alter zwei- oder dreimal pro Nacht aufwacht und mit den Feen spricht, bevor es wieder einschläft. Das ist oft auch die Zeit, in der es sich hochzieht und dann in seinem Bettchen steht.

Das Gehirnwachstum des Babys setzt sich fort. Nervenverschaltungen entstehen und werden bereinigt, was zur Ausprägung zusätzlicher Fähigkeiten führt. Die Handdominanz kann deutlich werden, ist aber bis Ende des zweiten Lebensjahres noch nicht dauerhaft festgelegt. Erst dann zeigt ein Kleinkind eine bleibende Rechts- oder Linkshändigkeit. Die Hirnrinde (der Teil des Gehirns, der unter anderem die Sprachentwicklung, die intellektuellen Kapazitäten und die sozialen Fähigkeiten kontrolliert) entwickelt sich in diesem Stadium am meisten.

Auch im Gesicht, besonders am Kiefer beginnen sich Veränderungen bemerkbar zu machen, die uns Menschen letztlich ein hoch entwickeltes Sprechen ermöglichen.

Wenn die zupackende Manipulation von Objekten (die in diesem Stadium das Erforschen mit dem Mund zu ersetzen beginnt) mit der Entwicklung des Sehvermögens und des Tastsinns einhergeht und die Entwicklung der kognitiven Fähigkeiten oder des Denkvermögens in den Vordergrund tritt, wird deutlich, dass das

Baby jetzt mit Absicht handelt. Auch die Tatsache, dass es seinen Namen wiedererkennt und Worte wie »nein« und »Heia« benutzt, ist ein Beweis für die Entwicklung seiner kognitiven Fähigkeiten.

Ein neun Monate altes Baby mit gutem Hörvermögen achtet genau auf jedes Geräusch und besonders auf Stimmen. Es schreit, um Aufmerksamkeit zu bekommen, wartet auf eine Reaktion und schreit dann noch einmal. Es kann Geräusche nachahmen, die es von Erwachsenen hört (zum Beispiel Schmatzen oder Husten) und imitiert sogar wortähnliche Klänge mit Vokalen und einer Art Melodie. Wenn ein Baby in diesem Alter nur ein paar monotone Laute von sich gibt, sollte sein Gehör untersucht werden.

Kognitives Erwachen

In den dritten 100 Tagen lernt ein Baby etwas über Leistung und darüber, wie man seine Umgebung verändert. Es freut sich an einfachen Manipulationen wie dem Umblättern von Buchseiten, dem Vergleichen von zwei Objekten, dem Weiterreichen eines Objekts von einer Hand zur anderen. Es übernimmt die Regie, wenn es um sein Essen geht. Es erkennt seine Familie als zu ihm gehörig und lacht und freut sich mit anderen. Es kann einfache Spiele spielen, zum Beispiel das »Kuckuck-Spiel«, und in die Hände klatschen. Es ist eine Zeit, in der das Baby viel Freude hat. Es ist auch die Zeit, in der es seine kognitiven (Denk-)Fähigkeiten erstmals zum Lösen von Problemen einsetzt, etwa zum Suchen und Finden von Objekten, die vor ihm versteckt wurden.

Dies ist auch die Zeit, in der das Kleinkind seine ersten eigenen Schritte macht – seinen eigenen Weg zu gehen beginnt. Dazu ist zunächst noch viel Unterstützung durch die Arme nötig, aber die Füße stehen schon fest auf dem Boden.

Sehvermögen

Neugeborene sehen Objekte, die sechs Meter von ihnen entfernt sind, etwa so, wie Erwachsene Objekte in einer Entfernung von 180 Metern sehen. In diesem Stadium nimmt das Baby alles im Umkreis von sechs Metern gleich scharf wahr. Mit anderen Worten, es kann Objekte nicht »schärfer stellen«, indem es seinen Fokus verändert, dennoch erforscht es seine verschwommene Welt und lässt die Augen über seine Umgebung wandern. Das visuelle System entwickelt sich in den ersten Lebensmonaten rasch, und mit drei Monaten ist das Baby fähig, in der Nähe befindliche Objekte gut scharf zu sehen.

Die Farbsichtigkeit wird im Lauf der ersten sechs Monate noch präziser, bis das Kind die einzelnen Farben in den Grundfarbengruppen unterscheiden kann: verschiedene rote, blaue, grüne Farbtöne und so weiter.

Tiefenwahrnehmung ist die Fähigkeit, räumliche Beziehungen wahrzunehmen, also die Entfernung eines Objekts von einem anderen und von sich selbst einzuschätzen. Auf diese Weise verstehen wir unsere unmittelbare Umgebung und setzen unsere Aktionen in Beziehung dazu. Wenn ein Baby anfängt, nach einem Objekt zu greifen, zeigt es eine gewisse Fähigkeit zur Tiefenwahrnehmung. Aber erst wenn es krabbeln kann, wird diese Fähigkeit offensichtlich, denn ein krabbelndes Baby ist im Allgemeinen sehr zurückhaltend, wenn es darum geht, einen plötzlichen Höhenunterschied, etwa eine Treppenstufe zu bewältigen.

Bewegung liefert sehr viele Informationen über Tiefe, und kinetische Tiefenhinweise sind die ersten, die ein Kleinkind erkennt. Die anderen Tiefenhinweise sind binokular (man bekommt sie durch den Gebrauch beider Augen) und piktorial (durch dreidimensionale Wahrnehmung). Man sieht also, dass das Sehvermögen ein Vorbote der Aktion ist, und ein Baby in seinen dritten 100 Tagen ist die reine Aktion: ein Dynamo, ein Energiebündel.

Eine vergnügliche Aktivität mit einem Baby in diesem Alter ist das gemeinsame Anschauen eines Bilderbuchs. Babys sitzen gern auf dem Schoß einer liebenden Person, die ein einfaches, farbenfrohes Bilderbuch mit ihnen anschaut und ihnen die Texte vorliest. Zu Beginn dieser dritten 100 Tage ist seine Aufmerksamkeitsspanne ziemlich kurz, und es wird Sie bald wissen lassen, dass es genug hat, aber diese Aktivität beschert ihm die Zweisamkeit mit Ihnen und macht es mit der Welt der Sprache und der Liebe zu Büchern vertraut. Es ist jetzt alt genug, um Mitglied seiner örtlichen Bücherei zu werden!

Elternsein mit Vision

Manipura ist das Energiezentrum, das uns mit unserem »Aufstehen und Losgehen« in Verbindung bringt. Es ist körperlich sehr anstrengend, Eltern eines Kindes in diesem Alter zu sein, fordert aber auch auf der mentalen und der emotionalen Ebene. Man braucht Selbstbeherrschung und muss die nötigen Grenzen setzen, nicht nur für das Kind, sondern auch für sich selbst. Es ist eine Zeit der Herausforderung, denn wir müssen unser eigenes Ego von dem des Kindes trennen, sodass es als Individuum weiterwachsen kann. Zum elterlichen Wachstum gehört, zu verstehen, dass Erwachsene die Lektionen der Kinder nicht für sie lernen können. Kinder müssen das Leben erforschen, etwas erreichen und auch einmal stolpern, denn nur so lernen sie.

Es gibt einen feinen Unterschied zwischen dem, wie wir unsere eigene Macht wahrnehmen und wie wir sie gebrauchen. Wir müssen uns fragen: Habe ich ein gesundes Selbstwertgefühl? Bin ich selbstsicher, aber nicht übermächtig im Umgang mit anderen und in Situationen, in die ich gerate? Kann ich von meiner eigenen Substanz zehren? Oder bin ich »mäusemächtig« und drücke mich immer vor den Herausforderungen, mit denen das Leben mich konfrontiert?

Und dann ist da noch die Sache mit der *Inanspruchnahme* der eigenen Macht. Sind Sie in der Lage, sich einen Konflikt anzuschauen und sich zu fragen: »Welche Rolle habe ich bei der Schaffung dieser Situation gespielt? Wie habe ich dazu beigetragen?« Oder geben Sie Ihre Macht ab, indem Sie anderen die Schuld zuweisen?

Die ersten drei Energiezentren – Muladhara, Svadisthana und Manipura – haben mit unserer physischen Natur zu tun, mit der Entwicklung des Egos und damit, wie wohl wir uns mit uns selbst fühlen und mit unserer Einzigartigkeit. Denken Sie daran, wenn Sie mit Babys und Kindern interagieren, dass sie erst seit sehr kurzer Zeit auf ihrer Reise sind und noch nicht über das Wissen, die Lebenserfahrung und die Art von Weisheit verfügen, die mit den reiferen Jahren kommt. Ihr Charakter beginnt sich gerade erst zu formen. Sie haben ihr physisches Wachstum noch nicht vollendet.

Die Möglichkeiten, durch Elternschaft Erfahrungen zu machen und zu wachsen, sind enorm. Unser Ego und unser Selbstwertgefühl werden täglich aufs Neue herausgefordert. Wir brauchen nur in den Spiegel unseres Selbst zu schauen, in die Augen unseres Kindes, um die Züge an uns (oder unseres inneren Kindes) zu erkennen, die der Pflege und der Transformation bedürfen.

Es ist auch eine sehr gute Zeit, um über die Erziehung nachzudenken, die wir als Kinder selbst erhalten haben, und zu verstehen und zu akzeptieren, dass unsere Eltern in Anbetracht der Fähigkeiten und Möglichkeiten, die sie damals besaßen, das Beste für uns getan haben. Wenn wir ihre Erziehung als mangelhaft empfinden, sollten wir wissen, dass die Spiritualität im Unvollkommenen liegt. Denn wir wachsen an den Herausforderungen, vor die das Leben uns stellt.

Die positive Solarplexus-Energie ist die des spirituellen Kriegers. Wenn wir positive und vitale Energie erfahren, haben wir das Gefühl, alles erreichen zu können, was wir uns vornehmen – mit Entschlossenheit und Selbstvertrauen. Indem wir eine Vision haben und andere inspirieren, können wir etwas verändern. Wir werden inspiriert von großen Persönlichkeiten wie Martin Luther King und Mahatma Gandhi, die den Mut besaßen, ihre Visionen wahr werden zu lassen. Sie hatten »Feuer im Bauch« und inspirierten ihre Anhänger, sich auf ihr eigenes Feuer zu besinnen. Sie riefen Bewegungen ins Leben, die den sozialen Wandel inspirierten. Der spirituelle Krieger zehrt von der inneren Stärke, die von einer göttlichen Macht kommt. Mit dieser inneren Stärke können äußere Herausforderungen angenommen und gemeistert werden.

Wenn uns diese Art von Antrieb fehlt und wir ein geringes Selbstwertgefühl aufweisen, werden wir abhängig von der Bestätigung und vom Beifall anderer. Tief in unserem Inneren glauben wir, »nicht gut genug« zu sein. Das ist die Einstellung eines Dieners oder Sklaven, einer Person, die nie Anerkennung für etwas bekommt, was sie gut gemacht hat. Das ist ein Teil unseres geringen Selbstwertgefühls, des mangelnden Glaubens an unseren eigenen Wert. Wenn »der Diener« anfängt, an sich selbst und seine Fähigkeiten zu glauben, werden sie auch von anderen wahrgenommen. Selbstannahme und das Anerkennen der eigenen Fähigkeiten ziehen Anerkennung und Wertschätzung durch andere nach sich.

Alle Eltern möchten »gute« Eltern sein, und am meisten wünschen wir uns für unser Kind, es möge glücklich sein. Wie alt ein Kind auch immer sein mag, ist es unglücklich, tut dies Eltern in der Seele weh.

Die vierten 100 Tage

ANAHATA
Das Herzchakra

Einleitung

Anahata – Bedingungslose Liebe

Das Verhalten eines liebenden Kindes

Anzeichen von Müdigkeit

Schreien

Schlafen

Ernährung

Inspirierende Momente

Elternsein mit bedingungsloser Liebe

Das vierte Energiezentrum

ANAHATA
»Ungeschlagen, ungebrochen«

Der Lotos mit zwölf Blütenblättern

Die vierten 100 Tage
Bedingungslose Liebe

FARBE: Grün, die Farbe der Harmonie und des neuen Wachstums. In ihm mischt sich das strahlende Gelb des dritten Energiezentrums mit dem rezeptiven Blau des fünften Energiezentrums. Anahata wird auch mit der Farbe Pink assoziiert, der Farbe der bedingungslosen Liebe.

MUSIK: Der Choral, erhebende Musik, welche die Seele erreicht und anspricht und Harmonie in unser Leben bringt. Choräle, Chorgesang, das ist erbauliche Musik, von vielen Stimmen auf harmonische Weise dargebracht zur Ehre Gottes. Diese Musik ist in der Regel kontemplativ und spricht von der Liebe aller Geschöpfe.

SINN: Tasten, Berühren. Von allen Sinnen stellt der Tastsinn die intimste Verbindung zwischen zwei Individuen her.

KÖRPERSYSTEM: Das Herz und die Lunge.

ENDOKRINES SYSTEM: Die Thymusdrüse.

TOTEMTIER: Die Gazelle, eine mittelgroße Antilope. »Gazelle« leitet sich von einem arabischen Wort ab, das »zärtlich sein« bedeutet und in der islamischen Symbolik einen spirituellen Zustand bezeichnet. Im jüdischen Glauben symbolisiert die Gazelle die Liebe zu Gott.

Einleitung

Die vierten 100 Tage im Leben eines Kindes markieren das Ende der Babyzeit.

Die ersten drei Ebenen des Bewusstseins hängen mit unseren grundlegendsten menschlichen Bedürfnissen zusammen.

Anahata ist die Brücke zwischen den emotionalen menschlichen Bedürfnissen der elementaren Lebenszentren und dem rationalen Geist, den die drei höheren Energiezentren repräsentieren. Im Herzen findet die Integration von Körper und Geist durch bedingungslose Liebe statt.

Dies ist das Zentrum, in dem Liebe *geteilt* wird und wo sich Mitgefühl für die anderen zu entwickeln beginnt. Hier können wir gleichzeitig uns selbst und alle anderen bedingungslos lieben.

Kommt ein Baby auf die Welt, ist sein Herzzentrum offen und verwundbar. Und sein angeborenes Bedürfnis, sein Herzzentrum *physisch* zu schützen, fängt erst an sich abzuschwächen, wenn der Geburtsprozess nach den ersten 40 Lebenstagen abgeschlossen ist. Nach diesen 40 Tagen beginnen diejenigen Bereiche seines Gehirns zu arbeiten, die das Herz auf zwei andere Arten zu schützen lernen – auf die emotionale und die mentale Art.

Wächst ein Baby ohne liebende Berührung und engen menschlichen Kontakt auf (wie man es in Waisenhäusern in Osteuropa beobachten konnte), wird es in keinem Bereich seines Lebens wirklich wachsen und aufblühen. Es zieht sich emotional zurück und ist unfähig, sein volles Potenzial auszuschöpfen. In unseren westlichen Gesellschaften, wo der rationale Verstand als das höchste Bewusstsein angesehen und das *Fühlen* unterbewertet wird, leben wir in einer vom Kopf dominierten Kultur. Nicht so ein Baby in seinen vierten 100 Tagen. Es hat noch nicht gelernt, seine Gedanken vernünftig zu begründen, und ist deshalb so großzügig mit seiner Liebe.

Von unseren Kindern können wir viel über die Liebe lernen.

Anahata – Bedingungslose Liebe

Das Energiezentrum Anahata liegt in der Herzregion. Es regt sich in den vierten 100 Lebenstagen des Kindes, das dann zwischen zehneinhalb und vierzehn Monate alt ist – eine Zeitspanne des Überganges vom Baby zum Kleinkind.

In diesem Chakra geht es um jene bedingungslose Liebe, die über die irdische Liebe hinausgeht. Es ist die Art von Liebe, die mehr mit einer bestimmten Art *zu sein* zu tun hat als mit »Haben« oder Besitzen. Es ist die Liebe, die kommt, wenn wir eins mit uns selbst und den anderen sind. Wenn wir diese Art von Liebe erleben, sind wir in einem Zustand der Gnade, der ein Zustand des Einverstandenseins ist.

Bedingungslose Liebe bedeutet, andere als die anzunehmen, die sie sind, und zwar genau so, wie sie sind. Hier gibt es keine Urteile und keine Bedingungen. In Anahata kommen wir aus einem Raum, in dem wir unseren persönlichen Schmerz oder unseren Kummer loslassen und anderen vergeben können, was immer sie falsch gemacht haben mögen. Das Lotossymbol dieses Chakras hat 12 Blütenblätter, sie stehen für die ersten 12 Lebensmonate. Die Ehe, die intime Verbindung, ist das Sakrament, welches mit diesem Energiezentrum assoziiert wird.

Das Element des Herzzentrums ist die Luft. Luft gibt uns Leben, und sie gibt uns den Sauerstoff, nach dem sich jede einzelne Zelle unseres Körpers sehnt. Der Vorgang des Atmens ist auch als Inhalation und auf Englisch als *inspiration* bekannt. Das Wort *inspiration* leitet sich vom lateinischen *in spirito* ab, was so viel heißt wie »Geist hereinziehen«. (Im Deutschen kommt dies in dem Fremdwort *Inspiration* zum Ausdruck; Anm. d. Übers.). Das englische Wort *inspiration* bedeutet also nicht nur »Luft einatmen«, sondern bringt auch das Bedürfnis des Körpers zum Ausdruck, vom universalen Geist erfüllt zu werden oder zumindest mit ihm in Kontakt zu sein.

Atemluft ist die Hauptenergiequelle unseres Körpers und unsere wichtigste Verbindung mit der Lebenskraft (oder Chi), aus der unsere Lebensenergie kommt. Die Art, wie wir atmen, hat einen Einfluss darauf, wie viel Energie wir zur Verfügung haben und wie wir mit ihr umgehen, und ganz allgemein auf unsere Lebendigkeit. Wenn wir nicht richtig atmen, haben wir nicht genug Energie und fühlen uns niedergeschlagen und mutlos.

Inhalation (»Atmen«), *inhalere* – darin klingen auch die lateinischen Worte *in halo* an, »im Hof um die Sonne oder den Mond, im Heiligenschein, in der Aura« –, das Einatmen ist die einzige Möglichkeit, wie unser energetischer Körper, unsere Aura, in unserem physischen Körper integriert bleiben kann.

Anahata bedeutet »ungeschlagen, ungebrochen«. Es ist der Klang einer klatschenden Hand, der Klang, der im Moment unserer Inspiration zu hören ist. Es ist der Klang der Liebe. Es ist Poesie ohne Klang, und Poesie kommt vom Herzen.

Der Sinn des Herzens ist der Tastsinn. Von allen Sinnen stellt er die intimste Verbindung zwischen zwei Individuen her. Der Tastsinn ist der erste menschliche Sinn, der sich entwickelt und einige unserer wichtigsten Funktionen möglich macht. Berührung gibt uns ein Gefühl der Zugehörigkeit. Berührung beruhigt und erdet uns. Berührung ist auch eines unserer instinktivsten Bedürfnisse – nicht nur der Wunsch berührt zu werden, sondern auch der Wunsch zu berühren. Wir berühren einander aus vielen Gründen: um Liebe zu zeigen, um Wohlbefinden und Sicherheit anzubieten, aber auch, damit wir uns selbst besser fühlen. Als Spezies können wir ohne Körperkontakt nicht existieren.

Wenn sich ein menschlicher Embryo im Mutterleib entwickelt, beginnt sein Herz am 22. Tag zu schlagen. Am 26. Tag werden die Armknospen sichtbar, und der Kopf neigt sich allmählich nach vorn auf das zu, was später die Brust wird. In der Folge wandert das schlagende Herz tief in die entstehende Brust, wo es sich weiterentwickelt und Blut zirkulieren lässt. Am 33. Tag des Embryos zeigen sich winzige Hände. Wenn sich die Arme an den Ellbogen beugen und winzige Finger erscheinen, wachsen die Hände auf das Herz zu und scheinen es zu umarmen. Es ist erst 40 Tage nach der Zeugung – wie früh wir doch lernen, unser Herz wertzuschätzen und zu schützen und es mit unseren Händen liebevoll zu berühren.

Auf der körperlichen Ebene steht das Herzzentrum in Bezug zu dem Herzen und der Lunge. Die endrokrine Drüse, die mit ihm in Verbindung gebracht wird, ist die Thymusdrüse, eine kleine Drüse, die vor dem Herzen in der Brust sitzt, und zwar hinter dem Brustbein und zwischen den Lungen.

Die Thymusdrüse ist das zentrale Kontrollorgan für das Immunsystem des Körpers. Wenn sie richtig arbeitet, wirkt sie wie ein Thermostat, der für das richtige Immungleichgewicht sorgt. Sie erhöht ihre Aktivität, um den Körper im Kampf gegen Infektionen und Tumorwachstum zu unterstützen, und fährt sie herunter, wenn es Autoimmunerkrankungen zu verhindern gilt, bei denen der Körper gegen sich selbst kämpft.

Bei Kleinkindern und Kindern ist der Thymus relativ groß, wird aber während der Pubertät allmählich kleiner, und im späteren Leben, mit schwächerem Immunsystem und größerer Krankheitsanfälligkeit, ist er fast wirkungslos. Die Thymusdrüse schüttet ein Hormon namens Thymosin ins Blut aus, wo es den weißen Blutkörperchen, den Lymphozyten, bei der Produktion von T-Zellen hilft, die eine sehr wichtige Rolle für unser Immunsystem spielen. Die Thymusdrüse kontrolliert unser schützendes lymphatisches System.

Die Thymusdrüse reagiert auch auf unsere Emotionen. Wenn wir glücklich sind und die Liebe in unserem Leben zum Ausdruck bringen, arbeitet diese Drüse gut und schüttet Hormone aus, die das Herz stärken und die Lungen aktiv erhalten. Stehen wir hingegen unter Stress, wird der Thymus träge. Das passiert oft in Zeiten, in denen wir »ausgebrannt« wirken und unser Körper dies in Krankheiten und Infektionen zum Ausdruck bringt.

Auf der emotionalen Ebene ist das Herz-Energiezentrum das Zentrum der Liebe, und zwar nicht nur der Liebe zu anderen, sondern auch zu sich selbst. Es hat allerdings nichts mit der Liebe zu materiellem Besitz zu tun und auch nichts mit sexueller Liebe, denn beide basieren auf Bedürfnissen, die mit den ersten drei Energiezentren verknüpft werden.

Wenn unser Herz-Energiezentrum im Gleichgewicht ist, sind wir in der Lage, uns für die Welt und all ihre Geschöpfe zu öffnen und uns dabei sicher zu fühlen. Sind wir in das Leben »verliebt«, sind wir innerlich ausgeglichen und fähig, unsere Freude zum Ausdruck zu bringen und mit anderen zu teilen.

Wenn wir Angst haben, ist es uns unmöglich, tief durchzuatmen, denn unsere Brust zieht sich zusammen, und wir verschließen uns emotional. Geben wir uns dem Neid anheim, sind wir sprichwörtlich »grün vor Neid«. Grün ist die Farbe des Herzchakras und bedeutet hier, dass wir unsere liebende Energie von anderen auf uns selbst umleiten, unser Herzchakra verschließen, uns von seiner Fähigkeit, andere zu lieben, abschneiden und unsere Leidenschaft für unsere Gier verschwenden.

Auf der mentalen Ebene ist das Herzzentrum das Zentrum der Harmonie. Wenn wir fähig sind, uns selbst und andere mit sämtlichen Schwächen zu akzeptieren, die nun einmal zum Menschseins gehören, kann unser Geist ausgeglichen und friedvoll sein. Sondern wir uns hingegen von der Welt und anderen Menschen ab, nagt etwas an unserem innersten Kern und beginnt uns auszuhöhlen. Lieben und akzeptieren wir uns, wie wir hier und jetzt sind, können wir andere auf gleiche Weise lieben. Das ist Altruismus.

Wenn unser Leben täglich gelebte Liebe ist, hat es einen Sinn und schenkt uns Inspiration.

Das Verhalten eines liebenden Kindes

»Ich liebe«

Anahata, das Herzzentrum, ist der energetische Kern der Fähigkeit eines Babys, bedingungslos zu lieben. Bedingungslose Liebe ist die Liebe, die wir empfinden, wenn wir uns selbst und anderen die Kratzer und die blauen Flecken vergeben können, die Teil unserer Lebenserfahrung und unseres Wachstums sind. Es ist die Liebe, die kommt, wenn wir uns selbst und andere so annehmen, wie wir sind.

Ein Baby in diesem Alter hat kein Gefühl für Zeit und Entfernungen. Das Leben dieser kleinen Person ist nicht linear. Es findet jetzt statt, in genau diesem Moment: Da bin ich, da ist Mama, da Papa, Oma kommt zur Tür herein, das Hündchen bellt. Das Leben ist das Spielzeug in meiner Hand oder mein Bett. Es gibt keine Zukunft und keine Vergangenheit. Es gibt nur jetzt. Die einzige Zeit ist das Jetzt.

Das heißt nicht, dass das Baby sich nicht erinnert, sondern nur, dass es seine Erinnerungen nicht misst oder kategorisiert. Es erinnert sich also nicht, dass Mama Suppe statt Soufflé zum Mittagessen aufgetischt hat. Was ist das überhaupt, »Mittagessen«? Und was »Abendessen«? Da ist nur das Gefühl – hungrig oder satt und Spaß dazwischen – essen, trinken, schlafen und spielen und dann nichts mehr essen wollen, danke!

Ein Kind zwischen zehneinhalb und vierzehn Monaten bringt sein Babyjahr zum Abschluss – das Jahr, in dem es eins mit seinen

Bedürfnissen war. In diesem ersten Jahr geht es um Bedürfnisbefriedigung, darum, in Bewegung zu kommen, und um den Triumph der Tat. Im ersten Lebensjahr eines Kindes regen sich die ersten drei Energiezentren, die körperlichen Zentren einer enormen Entwicklung, sowohl auf der körperlichen als auch auf der emotionalen Ebene. Es ist das Jahr, in dem das Leben aufgenommen und absorbiert wird.

Gegen Ende dieses Jahres beginnt das Kind Herzensbindungen zu seiner Familie und anderen Bezugspersonen aufzubauen – Bindungen jenseits von »Bedürfnissen«. Wenn es diese Bindungen aufgebaut hat, kann es sich auch nach außen öffnen und etwas von sich geben, statt nur immer in sich aufzunehmen. Es geht Beziehungen mit anderen Kindern ein.

Hier ist ein Baby, das erst ein Jahr auf dieser Erde lebt. Es lernt täglich dazu und bündelt in sich Liebe, Müdigkeit, Schreien, Schlafen, Essen und Wachsen.

Anzeichen von Müdigkeit

Wenn ein Baby in diesem Alter ausreichend gegessen hat und dennoch quengelt, ist es müde oder krank und sollte im Bett liegen. Schlaf ist ein großer Heiler und Regenerierer. Die Müdigkeit wandelt sich von einem Tag zum nächsten. Ein Baby ist vielleicht eine ganze Woche lang müde, wenn es Schlaf »nachholen« muss. Doch in der folgenden Woche kann es wieder lebendig und aktiv sein und braucht weniger Schlaf.

Das Wetter kann einen beachtlichen Einfluss darauf haben, wie müde wir sind. Windiges Wetter wirkt austrocknend, auch wenn wir dem Wind selbst nicht lange ausgesetzt sind. Weht der Wind sehr stürmisch, verstärkt sich die elektromagnetische Energie der

Atmosphäre, was zur Folge hat, dass wir uns ein wenig »daneben« fühlen. Fallender Luftdruck (vor einem Sturm) und heiße saisonale Winde sorgen für einen Überschuss an positiven Ionen in der Atmosphäre. Dann leiden viele ältere Menschen unter Atembeschwerden und schmerzenden Gelenken, Asthmatiker haben ein Engegefühl in der Brust, Kinder können launisch und bockig werden, sogar eine Steigerung der Kriminalitätsrate lässt sich beobachten.

Jedes Mal wenn wir einatmen, füllen sich unsere Lungen mit positiven und negativen Ionen, die dann über die Blutbahnen in unsere Körperzellen transportiert werden. Auf eine Zunahme der positiven Ionen in der Atemluft, was bei trockenem Wind der Fall ist, reagiert der Körper, indem er vermehrt Serotonin und Histamin freisetzt, die das gesamte System aus dem Gleichgewicht bringen können. Serotonin findet sich an vielen Stellen des Körpers. Im Gehirn fungiert es als Botenstoff oder Neurotransmitter. Haben wir zu viel Serotonin in den Körperzellen, erleben wir außer körperlichen Beschwerden möglicherweise auch Stimmungsschwankungen wie Reizbarkeit, Angespanntheit, Depressionen und Schlaflosigkeit. Alles ist eine Frage der Balance.

Nachdem ein Sturm sich legt, bringt der einsetzende Regen Erleichterung in Form von negativen Ionen, welche die Atmosphäre mit Sauerstoff aufladen; wir nehmen dann nicht nur eine Veränderung in unserer Art zu fühlen wahr, sondern auch eine gesteigerte Klarheit im Denken. Wir erleben ein allgemeines Gefühl des Wohlbefindens. Dasselbe passiert, wenn wir uns am Meer oder in der Nähe eines Wasserfalles aufhalten, wo sich eine Unmenge von negativen Ionen mit dem fallenden Wasser und dem feinen Sprühwasser verbinden. Vielleicht ist das der Grund, weshalb wir unter der Dusche singen und Babys so gern in der Badewanne plantschen!

Ist Ihr Baby gereizt und müde, sollten Sie die Möglichkeit in Erwägung ziehen, dass es wetterfühlig ist und eventuell einfach etwas mehr Schlaf braucht.

Schreien

Im Verlauf der vierten 100 Tage wird das Baby anfangen, vom Herzen her zu weinen. Es schreit zwar immer noch, aber wenn das Geschrei vom Herzen kommt, kommt es mit einem Schluchzen – einem unwillkürlichen Schniefen – und einem leiseren Schreien. Weil auch Erwachsene mit einem solchen Schluchzen weinen, ist dies eher eine Art des Weinens, die wir verstehen. Wir wissen aber auch, dass Weinen unglaublich befreiend wirken kann und wir anschließend das Gefühl haben, wir hätten eine schwere Last an Traurigkeit abgelegt. Auch Wut und Ärger können wir auf diese Weise loswerden und uns damit Erleichterung verschaffen. Dann geht es uns wieder gut, und wir machen unseren Frieden mit der Welt.

In diesem Alter wird ein Baby auch anfangen, aus Protest zu weinen, wenn es ins Bett gelegt wird. Das tut es oft, weil es lieber außerhalb des Bettes einschlafen würde, aber auch, weil das Weinen eine Möglichkeit ist, sich zu entspannen, Stress abzubauen und schließlich einzuschlafen. Wenn ein Baby mit seinem »Zu-Bett-geh-Schreien« durch ist, legt es oft eine Pause ein und fängt an, sich mit sich selbst zu unterhalten, als sei soeben ein magischer Glücksknopf gedrückt worden. Und wenn es mit seinen Selbstgesprächen fertig ist, schläft es ein. Sollte es nicht einschlafen, hat es vermutlich eine volle Windel. Babys in diesem Alter sind in dem Punkt eigen und schlafen nicht ein, solange ihre Windel schmutzig ist.

Ein einjähriges Kind ist furchtlos und viel in Bewegung. Es stolpert und stößt sich und weint, vor allem, weil es sich erschreckt hat. In so einem Fall braucht es Trost und liebende Zuwendung. Wenn ein Baby überaktiv und laut wird und dann hinfällt, ist das oft ein Zeichen dafür, dass es sehr müde ist und ins Bett muss. Bekommt es dann keine Möglichkeit zu schlafen, wird es noch öfter stolpern und sich am Ende sogar verletzen.

Schlafen

Ein zwölf Monate altes Kind schläft durchschnittlich 13 bis 14 Stunden an einem 24-Stundentag. Dies verteilt sich auf eine lange Nachtschlafphase von 11 bis 12 Stunden und ein oder zwei Schläfchen tagsüber. Das sind durchschnittliche Zeitangaben. Manche Kinder kommen sehr gut mit weniger Schlaf aus. Andere brauchen mehr. Im Allgemeinen hat ein Kleinkind, das nachts gut durchschläft, also ohne dazwischen aufzuwachen und Aufmerksamkeit zu verlangen, genug Schlaf. Wenn ein Kind in diesem Alter nachts nicht durchschlafen kann, könnte dies entweder ein Zeichen dafür sein, dass es tagsüber nicht ausreichend Schlaf bekommt oder dass es noch nicht gelernt hat, allein einzuschlafen und daher jedes Mal, wenn es nachts aufwacht, irgendeine Art von elterlicher Hilfe braucht.

Muss ein Kind in diesem Alter immer noch gewiegt und in den Schlaf »begleitet« werden oder eine Milchflasche mit ins Bett nehmen, dann hat es noch nicht gelernt, allein und ohne Hilfsmittel einzuschlafen. Die einzige Möglichkeit, das Kind zum Durchschlafen zu bringen, besteht darin, die Bedingungen dafür *tagsüber* zu korrigieren. Geben Sie dem Kind tagsüber mehr Gelegenheit zu schlafen und legen Sie es ins Bett, bevor es völlig übermüdet ist. Mit anderen Worten: Das Kind ist noch wach, wenn Sie es ins Bett legen, und es bekommt keine »Einschlafhilfen« mit.

Bei Babys, die zehn Monate oder älter sind, kann man beobachten, dass sie schlafen, aber plötzlich wach zu sein scheinen, sich aufsetzen, manchmal sogar einen Schrei von sich geben, um sich dann wieder hinzulegen und weiterzuschlafen. Ein Baby, das sich so verhält, ist nicht bewusst wach. Es befindet sich in einer Zone der unvollständigen Wachheit im tiefen, *traumlosen* Schlaf. Dieses Phänomen ist als Schlafterror bekannt. Bei Kleinkindern liegt oft Schlafterror vor, wenn sich das Kind in seinem Bett hin und her wirft und um sich schlägt.

Auf das anfängliche Einsetzen des Nachtschlafes folgt ein schnelles Absinken in die tiefste Phase des Nicht-REM-Schlafs. Das Ende des ersten Schlafzyklus, der 60 bis 90 Minuten dauert, ist gekennzeichnet durch ein kurzes Aufsteigen in eine leichtere Schlafphase, in der das Kind sogar kurzzeitig aufwachen kann. Dann sinkt es ziemlich schnell in einen neuen Zyklus des tiefen Nicht-REM-Schlafs. Auch dieser zweite 60- bis 90-minütige Zyklus endet mit einem kurzen Aufstieg in eine leichtere Schlafphase und möglicherweise einer ganz kurzen Wachphase. Der Rest der Nacht besteht abwechselnd aus leichteren Nicht-REM-Phasen und längeren REM-Phasen, in denen geträumt wird. Dann, kurz vor dem Aufwachen am Morgen, fällt das Kind noch einmal in einen tieferen Nicht-REM-Schlaf.

Während des REM(Traum)-Schlafs verhindert eine Art Lähmung die Bewegung und das körperliche Ausagieren der Träume. In den Nicht-REM(traumlosen)-Schlafphasen ist Bewegung möglich, vor allem in den Übergangsphasen zwischen den Schlafzyklen. Dann setzt sich das Baby in seinem Bettchen auf oder das Kleinkind erlebt Schlafterror, und zwar oft unmittelbar am Ende der Tiefschlafphase. All das geschieht am häufigsten in den ersten vier Stunden des Nachtschlafes. Eltern registrieren diese Aktivitäten zu einem so frühen Zeitpunkt oft gar nicht, weil sie am späteren Abend selbst noch zu sehr mit eigenen Dingen beschäftigt und von allen möglichen »Hintergrundgeräuschen« umgeben sind. Eltern, die von den Schlafzyklen ihres Kindes gestört werden, haben dem Kind in der Regel erlaubt, über eine sinnvolle Einschlafzeit hinaus aufzubleiben.

Ernährung

Ein Kind von elf oder zwölf Monaten ist jetzt insofern ein vollwertiges Mitglied der Familie, als es anfängt, am Tisch alles mitzuessen, was die anderen auch essen. Kein Kochen und Pürieren von Babymahlzeiten ist mehr nötig. Dieses Kind kann jetzt all die feinen Sachen probieren, die »die Großen« essen, auch wenn ein indisches Currygericht oder ein Teller Austern nicht unbedingt eine angemessene Einführung in die Welt der Erwachsenenmahlzeiten sind. Lassen Sie es langsam angehen – Babymilch kann jetzt durch Vollmilch (Kuhmilch) ersetzt werden. Wenn Sie noch stillen, können Sie das auch weiterhin tun.

Kleinkinder entwickeln sich oft zu regelrechten »Weidetieren«, die mal hier, mal da kleine Mengen Essbares aufnehmen, doch wenn die Snacks vollwertig und ausgewogen sind, geht das trotzdem als ausgewogene Ernährung durch. Eisenhaltige Nahrungsmittel sind jetzt wichtig, denn Eisen wird für eine gesunde Entwicklung des Nervensystems und damit für die intellektuelle Entwicklung gebraucht.

Der Milchbedarf von Kindern ab diesem Alter bis zur Pubertät beträgt durchschnittlich 500 ml pro Tag. Dieser Bedarf kann mit

Milchprodukten gedeckt werden: Käse, Joghurt und Milch zum Kochen oder als Getränk.

1 Tasse (250 ml) Milch = 1 Becher Joghurt (200 g) = 1 Scheibe Käse (35 g)

Kuh-, Ziegen- und Sojamilch enthalten nicht genug Eisen. Wenn ein Kind also sehr große Mengen Milch oder Milchprodukte zu sich nimmt, besteht das Risiko des Eisenmangels und eines Mangels an anderen Nährstoffen, die nicht in der Milch enthalten sind. Dieser Mangel führt zu einem Ungleichgewicht im gesamten Körper, vor allem im Nerven- und Immunsystem, mit dem Ergebnis, dass der Körper Infektionen nicht mehr abwehren kann.

Täglicher Nahrungsmittelbedarf eines Kleinkindes

Für die ausgewogene Entwicklung und das Wachstum eines Kleinkindes gibt es eine als notwendig erachtete und *empfohlene* tägliche Nahrungsmittelmenge. Dieser empfohlene Bedarf bezieht sich auf das durchschnittliche Kind.

Was jedoch für das eine Kind als durchschnittlich oder normal angesehen wird, ist für das andere vielleicht keineswegs durchschnittlich oder normal. Manche Kinder haben einen großen »Appetit« und einen Mund, der stets weit offen steht für das nächste Nahrungsangebot. Andere essen wie die Spatzen: mal hier was aufpicken, mal da was aufpicken. Aber irgendwie kommen alle mit ihrem eigenen Appetit dorthin, wo sie hinwollen, und wenn das, was sie essen, ernährungsphysiologisch ausgewogen ist und das Kind gut gedeiht, reicht die Nahrungsmenge für das jeweilige Individuum aus.

Eine Mutter hat Einfluss darauf, was ihr Kind isst – und wann. Und das Kind ebenfalls. An diesem Punkt kann sich ein regelrechter Machtkampf entspinnen. Wenn das Kind erst einmal erkannt hat, wie viel Macht mit dem Prozess der Aufnahme oder Nichtaufnahme von Nahrung verbunden ist, kann sich ein destruktives Essmuster entwickeln, das ein Leben lang bestehen bleibt.

Wir leben im Zeitalter der Essenslaunen und reagieren entsprechend. Kaum bekommen wir Informationen über die neuesten wissenschaftlichen Erkenntnisse oder Warnungen zum Thema Essen, nehmen wir sie bereitwillig an. Doch oft sind diese Informationen alles andere als ausgewogen und vollständig. Wir wissen beispielsweise, dass eine eisenreiche Ernährung ideal ist, aber wir müssen auch verstehen, dass der Körper genügend Vitamin C braucht, um das Eisen überhaupt aufnehmen zu können. Und damit das Eisen im Körper richtig verwendet werden kann, braucht es genügend Zink und sogar essenzielle Fettsäuren, die das Eisen binden helfen. Es kommt also eher auf *Ausgewogenheit* an als auf die Menge dieses oder jenes Nährstoffes.

Befindet sich der physische Körper in einem ausgeglichenen und gesunden Zustand, haben wir eine gute Grundlage für mentale, emotionale und spirituelle Ausgeglichenheit.

Auch unsere kulturelle und soziale Konditionierung spielt beim Essen eine wichtige Rolle. In manchen Kulturen, etwa der italienischen oder der jüdischen, ist Essen eine leidenschaftliche Angelegenheit. Die Franzosen betrachten es als eine Kunstform, und in anderen Kulturen ist das Essen ein Mittel, um den ganzen Clan an einen Tisch zu bekommen. Für die Menschen auf Bali ist Essen eine sehr private Angelegenheit. Sie essen, wenn sie Hunger haben, und sie essen in Stille. Daneben gibt es auf Bali auch noch das Essen im Rahmen eines Rituals und religiöser Feste, für die wunderbare Festessen zubereitet werden. Wenn die balinesischen Kinder Hunger haben, holen sie sich etwas von dem verfügbaren Essen, das auf Vorrat gekocht wurde. Es gibt keine festen Essenszeiten.

In unseren westlichen Überflussgesellschaften leiden Kinder an Unterernährung, nicht etwa, weil es zu wenig zu essen gibt, sondern wegen der Menge an Junkfood und schlechter Ernährungsgewohnheiten. Wir haben Hinweise darauf, dass schon manche Zehnjährige, die ständig »minderwertige« Nahrung zu sich nehmen, erste Anzeichen von Arterienverkalkung zeigen. Bei Mädchen im Teenageralter, die sehr salzhaltige und kaliumarme Nahrung (Junkfood) zu sich nehmen, können erste Anzeichen von Osteoporose festgestellt werden. Das kann übrigens auch eine Folge des hohen Phosphatanteils kohlensäurehaltiger Getränke sein, die so viele Kinder ständig konsumieren.

Ein zwei bis drei Jahre altes Kleinkind ist ein Gelegenheitsesser. Welchen Sinn sollten feste Essenszeiten auch haben für ein Kind, das noch kein richtiges Zeitverständnis hat? Warum hat man uns Vorstellungen wie: »Wenn du jetzt etwas isst, verdirbst du dir den Appetit aufs Abendessen« anerzogen? Wie absurd ist das, wenn der Magen vor Hunger knurrt! Und welchen Sinn soll es haben, alles aufzuessen, was auf dem Teller liegt, weil die Kinder in anderen Ländern hungern, während der eigene Magen zum Platzen voll ist?

Wo ist da die Ausgewogenheit?

Die Ausgewogenheit besteht in der Art und Vielfalt der Nahrungsmittel, die einer Familie zur Verfügung stehen. Das Muster und die Wahl des eigenen Speiseplans beginnen mit dem, was Sie im Supermarkt in den Einkaufswagen legen, mit den Mahlzeiten, die Sie für Ihr Kleinkind liebevoll zubereiten, und mit den Essgewohnheiten, die es in der Familie kennenlernt.

Die (nach Nahrungsmitteln) ideale Diät für ein Kind sollte bestehen aus:

- 70 Prozent Gemüse, Früchte, Getreide, Hülsenfrüchte und Saaten
- 30 Prozent Fisch, Fleisch, Milchprodukte (oder vegetarische/vegane Entsprechungen) und zusätzliche Fette

Die Weltgesundheitsorganisation empfiehlt, täglich fünf Portionen Früchte und Gemüse zu essen. Wenn Sie sich Gedanken um die Nährstoffaufnahme Ihres Kindes machen, sollten Sie darüber nachdenken, selbst Hülsenfrüchte, Saaten und Getreide keimen zu lassen. In frischen Sprossen sind mehr als 200 Prozent mehr Nährstoffe enthalten als in den Samen. Das Keimen macht sie besser verdaulich, befreit sie von den unerwünschten und bitteren Eigenschaften der ungekeimten Samen und ist leicht zu bewerkstelligen. Schütten Sie einfach so viel chlorfreies Wasser über die gewaschenen Samen, zum Beispiel Bohnen, dass sie ganz bedeckt sind, und lassen Sie das Ganze über Nacht an einem warmen, dunklen Ort einweichen. Sie können natürlich auch fertige Sprossen im Supermarkt kaufen.

Bohnensprossen kann man gut mit den Fingern essen und in der Regel mögen Kleinkinder ihren süßen Geschmack. Sprossen können über jedes Essen gestreut oder damit vermischt werden und machen die Mahlzeiten nahrhafter.

Kräuter sind ebenfalls eine sehr gute Quelle für wichtige Nährstoffe. Streuen Sie sie fein gehackt über das Lieblingsessen Ihres Kindes.

Inspirierende Momente

Nach zwölf Monaten wird aus dem Baby ein Kleinkind. Schauen Sie nur, welche Fortschritte gemacht wurden, seit dieses winzige, hilflose Wunder das Licht der Welt erblickt hat. Erstaunlich ist vor allem sein körperliches Wachstum. Im Durchschnitt ist ein fünf Monate altes Kind um etwa 30 Prozent in die Länge gewachsen, ein zwölf Monate altes schon um mehr als 50 Prozent. Die Tatsache, dass die Gliedmaßen schneller wachsen als der Rumpf, führt zu einer allmählichen Veränderung der Körperproportionen. Das Längenverhältnis von Scheitel-Schambein zu Schambein-Ferse beträgt bei der Geburt 1,0 : 0,5 und mit einem Jahr 1,0 : 0,7. Die Beine (von den Hüften zu den Zehen) wachsen also schneller als der Rest.

In ähnlicher Weise verändern sich die Gewichtsverhältnisse. In den ersten fünf Monaten verdoppelt das Baby sein Geburtsgewicht, mit zwölf Monaten bringt es das Dreifache auf die Waage.

Das Wachstum des Kopfes variiert aufgrund genetischer Faktoren, aber im Allgemeinen sind Kopf und Gehirn zwölf Monate nach der Geburt um die Hälfte gewachsen und haben 75 Prozent ihrer letztendlichen Größe erreicht. Das ist ein phänomenales Wachstum!

Das Lymphgewebe, zu dem die Thymusdrüse gehört, hat bereits zu etwa 25 Prozent die Größe und den Zustand erreicht, die es haben wird, wenn das Kind 20 Jahre alt ist. Darauf werden wir in Zusammenhang mit dem Erwachen des sechsten Energiezentrums im Alter von etwa 96 Monaten oder acht Jahren noch näher eingehen.

Bei der Geburt beträgt der Fettanteil im Körper eines Babys etwa zwölf Prozent des Körpergewichts. Dieser Anteil erhöht sich schnell auf 25 Prozent im Alter von sechs Monaten und dann langsamer auf 30 Prozent mit einem Jahr. Der relativ hohe Fettanteil ist die Ursache für das pummelige Aussehen von Babys.

Nur wenige Kinder zahnen schon als Embryos im Mutterleib. Normalerweise kommen die Zähne erst ab dem fünften Monat nach der Geburt. Bei manchen Babys dauert es bis zu einem Jahr, bis die ersten Zähne hervorbrechen. Im Alter von einem Jahr ist die Fähigkeit zu kauen schon gut entwickelt.

Bei einem neugeborenen Baby sind die Knochen noch nicht ausgereift. Das Reifen der Knochen ist ein Prozess, der sich durch die gesamte Kindheit zieht. Bei der Geburt ist beispielsweise das Handgelenk des Babys nur eine Ansammlung von Knorpelgewebe. Feiert das Baby seinen ersten Geburtstag, hat der Ossifizierungs- oder Knochenhärtungsprozess dieses Gewebes bereits begonnen und drei separate, winzige Handwurzelknochen haben sich ausgebildet (ein Erwachsener besitzt neun Handwurzelknochen). Mit dieser Entwicklung wächst die Fähigkeit, das Handgelenk zu bewegen, und erlaubt es dem Kind, Gegenstände auf unterschiedliche Weise zu handhaben. Es kann jetzt beispielsweise einen Löffel in die Hand nehmen und zum Mund führen. Dennoch, die Fähigkeit, Essen auf dem Löffel zu halten, ohne dass etwas überläuft oder herunterfällt, erreicht es erst im Alter von etwa 18 Monaten. Ein gewisser Grad der Befähigung hängt ganz von der Knochenentwicklung ab. Dies sollte man sich vor Augen führen, wenn man Geschicklichkeit von einem Kind erwartet oder sie ihm beibringen will. Die Handwurzelknochen differenzieren sich noch einige Jahre lang bis zur Pubertät.

Der Prozess der Knochenhärtung bildet auch die Voraussetzung, damit ein Kind stehen und die ersten Schritte machen kann, um dann anzufangen, die Möbel zu umrunden. Manche Babys können das früher als andere, aber wenn wir diese Entwicklung verstehen, sehen wir auch ein, dass es nicht sinnvoll ist, diese Meilensteine herbeizuzwingen, solange die Knochen des Babys noch nicht genügend entwickelt sind.

Die Fähigkeit, diese Meilensteine der grobmotorischen Entwicklung zu erreichen, wird oft von genetischen Faktoren bestimmt. Wenn ein Elternteil des Babys früh gelaufen ist, beginnt es meist ebenfalls früh mit dem Laufen. Gleiches gilt für Kinder, die erst spät anfangen zu laufen.

Mit etwa zwölf Monaten sitzt ein Kleinkind beliebig lange gut auf dem Fußboden. Es kann sich aus dem Liegen in eine sitzende Haltung erheben. Es krabbelt auf Händen und Knien oder schiebt sich auf dem Po vorwärts, und vielleicht läuft es sogar allein. Es zieht sich an den Möbeln zum Stehen hoch und senkt sich wieder nach unten. Es umrundet die Möbel, indem es jeweils einen Fuß hebt und einen Schritt seitwärts macht. Es kann vielleicht ein paar Sekunden lang allein und ohne Hilfe stehen. Mit 13 oder 14 Monaten klettert es Treppenstufen hinauf.

Es sieht alles in drei Meter Entfernung klar und deutlich und kann bekannte Gesichter aus sechs bis sieben Meter Entfernung erkennen. Es weiß, wo es nach Spielsachen suchen muss, die außer Sichtweite gerollt sind, und es liebt Bilderbücher. Was immer draußen los ist, wird mit großem Interesse verfolgt: Busse, Autos, Menschen, Tiere und ihre Aktivitäten.

Auch die Feinmotorik entwickelt sich, besonders die Fähigkeit, Spielzeuge zu handhaben oder mit den Fingern zu essen.

Es versteht einfache Anweisungen: »Komm zu Papa«, »Gib es Mama«, »Winke, winke.« Es kann bekannte Objekte mit ihrem Gebrauch in Verbindung bringen. Zum Beispiel führt es eine Bürste oder einen Kamm zu den Haaren.

Es kennt seinen Namen und reagiert darauf, und es kann die meisten Vokale und viele Konsonanten aussprechen.

Sein Spiel und sein Sozialverhalten ist eine Quelle der Verwunderung für jeden Beobachter. Dieses Baby liebt das Leben. Und es bringt diese Liebe mit Begeisterung zum Ausdruck. Seine Versuche, diejenigen, die es liebt, zu küssen und zu umarmen, sind herzerweichend. Die Momente, in denen man einen dieser großen, nassen Küsse bekommt, sind etwas ganz Besonderes und ein wunderbares Privileg.

In seinen vierten 100 Tagen bringt ein Baby nur die positiven Aspekte der Liebe zum Ausdruck – die nämlich, die von Herzen kommen.

Elternsein mit bedingungsloser Liebe

Die englische Sprache lässt uns im Stich, wenn es um die verschiedenen Bedeutungen des Wortes *love* geht. Können wir die Art und Weise, wie wir unser Kind lieben, mit unserer Liebe für Schokolade vergleichen? Die englische Sprache gibt uns nur ein einziges Wort – *love* –, um die vielen Bedeutungen einer Emotion zum Ausdruck zu bringen. (Im Deutschen wird das Wort *Liebe* nicht ganz so allgemein gebraucht. Wir haben durchaus Möglichkeiten, unsere Liebe zu einem Kind sprachlich von der »Liebe« zu Schokolade abzugrenzen, indem wir beispielsweise sagen: »Ich esse für mein Leben gern Schokolade.« Allerdings hat eine allgemeine Anglisierung der deutschen Sprache dazu geführt, dass auch bei uns immer öfter behauptet wird, man »liebe es«, Schokolade zu essen, stundenlang zu telefonieren, einkaufen zu gehen oder was auch immer. Anm. d. Übers.)

Die altpersische Sprache besitzt viele Worte für Liebe: ein eigenes Wort für die Liebe zu einem Kamel, ein anderes Wort für die Liebe zu einer Ehefrau, noch ein anderes Wort für die Liebe zu einem Kind, wieder eines für die Liebe zu Süßigkeiten und so weiter, eine lange Liste.

Uns, die wir Englisch sprechen oder auch Deutsch, mangelt es an solchen Worten. Was also ist das, *Liebe*? Und was hat die Liebe mit dem *Leben* zu tun? Liebe ist das, was wir tief in uns spüren, wenn wir positive Gefühle dem Leben, einer Person oder einer Sache gegenüber haben, mit dem oder der wir uns verbunden fühlen. Die Liebe zur Natur bezieht sich auf unsere Verbindung mit der Welt, in der wir leben. Die Liebe zu unserem Heim bezieht sich auf die Sicherheit der vertrauten Grenzen, die unser Heim uns bietet. Als menschliche Wesen müssen wir uns in unserer Welt sicher fühlen, wie eng oder weit sie auch sein mag. Liebe ist ein guter Überlebensratgeber. Hierin liegt ihre Verbindung zu unserem ersten Energiezentrum – unserer Wurzel.

Unsere Liebesverbindung zeigt sich auch in unserem zweiten Energiezentrum, dann, wenn die Liebe erblüht, die mit Leidenschaft und Verlangen einhergeht – die sexuelle Liebe. Das ist die Liebe, die für den Fortbestand der menschlichen Art sorgt.

Unsere Liebe des Erfolgs und die brennende Liebe, die wir für unsere Interessen hegen – unsere Visionen für unsere eigene Welt –, manifestieren sich im dritten Energiezentrum, im Solarplexus-Chakra.

Aber wenn es um die Liebe geht, die von Herzen kommt, sprechen wir von jener Liebe, die kommt, wenn wir in der Lage sind, andere zu lieben, ohne von ihnen zu erwarten, dass sie sich so verhalten, wie wir es gern hätten. Unseren Gedanken und Worten lauschend, können wir hören, wann wir lieben und wann nicht. Wir lieben nicht, wenn wir negativ oder kritisch über andere denken. Wenn wir engstirnig und gemein sind und wenn wir Dinge tun, auf die wir nicht stolz sein können, lieben wir nicht.

Das große Geschenk, das wir unseren Kindern machen können, ist, sie die Liebe sehen und hören zu lassen, die wir in uns tragen und die aus uns herauskommt. Dafür müssen wir ständig auf unsere Gedanken und unsere Worte achten. Wenn wir merken, dass wir kritische Gedanken haben, müssen wir sie ändern. Wir sollten uns immer daran erinnern, dass wir einfach durch das Verändern unserer Gedanken unser ganzes Leben verändern können – von einem Leben des Mangels und des sinnlosen Kämpfens in ein sinnvolles Leben der Fülle und des Wohlstands.

Gleichzeitig können wir uns fragen: Warum habe ich diesen kritischen Gedanken? Woher kommt dieser negative Gedanke? Was mache ich damit? Wie kann ich diesen Gedanken verändern? Wen verurteile ich? Ist dieser Gedanke ein Urteil über mich selbst oder über jemand anderen?

Wenn wir mit dem Finger auf jemanden zeigen, weisen die anderen Finger in die andere Richtung und zeigen auf uns selbst.

Die einzige Möglichkeit, unser Herz zu schützen, besteht darin, sich selbst lieben zu lernen. Das Herz wird unschuldig und rein geboren und in der Kindheit ist es weit offen. Und während wir uns in unsere Welt hinausbewegen – die ein Teil unserer Familie und unserer Kultur ist –, wird das Herz manchmal verwundet. Also fangen wir an, Mauern um die Verwundungen herum aufzurichten, um sie vor weiteren Verletzungen zu schützen. Weil trotzdem immer mehr Wunden hinzukommen, müssen die Schutzwände immer höher und dicker gebaut werden, wodurch aber leider auch die Liebe, die wir zu geben haben, daran gehindert wird, nach außen zu dringen. Die einzige Möglichkeit, diese weggesperrten Teile unseres Herzens wieder freizulegen, heißt Vergebung. Wir vergeben uns selbst alles, was wir glauben, falsch gemacht zu haben, und anderen vergeben wir, was immer sie in unseren Augen falsch gemacht haben.

Mahatma Gandhis Glaube an dieses Gesetz der Vergebung und Liebe hat der praktischen Gewaltlosigkeit eine Stimme gegeben. Wenn wir als Eltern in der Lage sind, in uns selbst an diesem Thema zu arbeiten, sehen unsere Kinder, dass Liebe und Vergebung möglich sind, und lernen, sich selbst zu vergeben und zu lieben. Dann können sie mitfühlende Erwachsene werden, die fähig sind, Heilung in sich selbst zu finden, statt im Außen danach zu suchen und sich an andere Menschen und materielle Dinge zu klammern. Einer anderen Person zu vergeben heißt nicht, dass man ihr sämtliche Untaten verzeiht, noch bedeutet es, dass man diese Person *mögen* muss. Einem anderen Menschen zu vergeben bedeutet nur, sich von dem Groll und der Feindseligkeit zu verabschieden, die man gegen ihn hegt. Wenn wir dazu fähig sind, werfen wir eine Last ab und schaffen in uns Platz für die Liebe. Doch zunächst müssen wir *willens* sein zu vergeben. Bis dahin bleiben wir, in Bezug auf diese andere Person, Opfer unserer eigenen Situation und es besteht die Gefahr, dass wir im erbärmlichen Beklagen unserer misslichen Umstände stecken bleiben. Das macht uns nicht gerade zu machtvollen menschlichen Wesen, die selbst über ihr Schicksal bestimmen. Liebevoll und mitfühlend zu sein und fähig, das eigene Kind bedingungslos zu lieben, beginnt damit, sich selbst bedingungslos zu lieben. Das wird möglich, wenn wir unsere eigenen Schwächen akzeptieren können.

Freude und Spaß sind die besten Möglichkeiten, den Brunnen der Liebe, der in uns sprudelt, immer wieder zu füllen, dafür zu sorgen, dass er nie versiegt, und echtes Mitgefühl in unser Leben zu bringen. Wenn wir Spaß haben und voller Freude sind, durchtränken wir jede einzelne unserer Körperzellen mit positiver Energie, weil wir dann tief atmen und Leben spendenden Sauerstoff aufnehmen. In der Folge arbeiten alle unsere Körpersysteme besser. Manche medizinischen Einrichtungen setzen das Lachen sogar als Therapieform ein. »Clown-Doktoren« besuchen die kranken Kinder und bringen ihnen Spaß und Glückseligkeit, um ihren Heilungsprozess anzukurbeln. Die Thymusdrüse – sie gehört zum Immunsystem und regiert das Herzzentrum – funktioniert besser, wenn das Herz vor Freude ganz leicht ist. Auch unsere geistige und emotionale Gesundheit verbessert sich, wenn wir uns buchstäblich des Lebens freuen.

Wenn Ihr Leben eher freudlos ist, finden Sie Möglichkeiten, Freude hineinzubringen – treffen Sie sich mit Freunden, treiben

Sie Sport, gründen Sie eine Gruppe Gleichgesinnter, feiern Sie ein Fest, gehen Sie tanzen und vergessen Sie das Singen nicht.

Wir leben in einer Welt, in der alle so eifrig damit beschäftigt sind, nach materiellem Gewinn, Ruhm und Ehre zu streben, dass der Spaß darüber einfach in Vergessenheit gerät. Bei diesem neuen Lebensstil laufen Kinder Gefahr, in einer herzlosen und gefühllosen Umgebung aufzuwachsen. Wenn die Leidenschaft des Herzens in ihrer unmittelbaren Umgebung nicht gepflegt wird und die Kinder keine Nächstenliebe erleben, wie sollen sie dann fähig sein, auf die Bedürfnisse anderer zu reagieren, wenn sie selbst erwachsen sind? Kinder lernen durch Vorbilder, und sie müssen sehen, wie ihre Familien als Teil ihrer örtlichen Gemeinschaft denen helfen, die in Not sind. Geld zu geben ist zwar eine lobenswerte Geste, aber kein Ersatz für gute *Taten*. Gute Taten erfordern es, unsere Zeit und unsere Herzen zu schenken.

Wenn unser Herzzentrum offen und im Gleichgewicht ist, führen wir ein Leben der Liebe, der Freude und der Fülle. Dann stehen wir nicht mehr unter dem Einfluss jenes ständigen Geplappers im Kopf, das uns zu einer Art Schauspieler machen kann, dessen Liebe an Bedingungen geknüpft ist.

Das positive, zentrierte Herz schließt alles ein. Es lässt alle an seiner Energie teilhaben. Es erzeugt Güte, es ist umfassend, es ist freundlich und es hat die Fähigkeit, andere mit seiner Energie zusammenzuführen. Dieses Herz hat heilende Fähigkeiten. Und diese Heilung betrifft nicht nur uns selbst, sondern auch unsere Beziehungen, unsere Arbeit, unsere Glaubenssätze, unser Lernen und die Art, wie wir unsere Kinder erziehen. Dies ist das Herz, das zu singen weiß. Es ist der innere Liebhaber. Die Gelehrsamkeit des Herzens besteht darin, aus diesem Gefühl eine Lebensweise zu machen.

Kinder brauchen die Sicherheit, dass ihre Eltern und die von ihnen geliebten Personen Freude an ihrem Leben haben und dass sie mit anderen verbunden sind, denn das gibt ihnen eine Art Vorlage für das Leben, das sie selbst als Erwachsene führen werden. Erinnerungen an die glücklichen, freudvollen Zeiten der Kindheit sind die, die am hellsten brennen und am längsten nachklingen.

Teil II

Selbstkontrolle

Die fünften 100 Tage

VISUDDHA
Das Halschakra

Einleitung

Visuddha – Kommunikation

Das Verhalten eines kommunikativen, kreativen Kindes

Begriffliches Denken

Schlafen

Ernährung

Kreative Momente

Elternsein mit Kommunikation und Kreativität

Das fünfte Energiezentrum

VISUDDHA
»Klärung«

Der Lotos mit sechzehn Blütenblättern

Die fünften 100 Tage
Kommunikation, Selbstausdruck und Kreativität

FARBE: Blau – die Schattierungen von Blau, die den Taghimmel färben, von Blassblau bis zu intensivem Türkisblau. Blau ist der Geist der Wahrheit, des Friedens, der Kontemplation, der Besonnenheit und der Treue. Blau ist eine beruhigende Farbe.

MUSIK: Oper, die emotionalste und dramatischste aller Musikformen. In der Oper können wir uns über uns selbst erheben und weinen, denn hier haben wir die Möglichkeit, unsere eigenen, nicht zum Ausdruck gebrachten und nicht artikulierten Emotionen zu fühlen und zu erkennen. Die Oper offenbart uns unsere eigene Wahrheit.

SINN: Hören. Durch das Hören entwickelt sich unsere Sprache, das Mittel, mit dem wir kommunizieren und uns selbst zum Ausdruck bringen können. Deshalb bringen wir dieses Chakra mit dem Bekenntnis in Verbindung, das uns die Möglichkeit gibt, unsere Wahrheit zu enthüllen und damit eher der zu sein, der wir wirklich sind. Es ist bekannt, dass Klang und Hören eine tief greifende Wirkung auf die Fähigkeit des Körpers haben, sich selbst zu heilen und zu beruhigen. Klangschwingungen beeinflussen und erschaffen die physische Form (siehe Anhang 1).

KÖRPERSYSTEM: Ohren, Hals, Mund, Zähne und Kiefer.

ENDOKRINES SYSTEM: Die Schilddrüse und die Nebenschilddrüsen.

TOTEMTIERE: Der weiße Elefant und der Stier. Der weiße Elefant repräsentiert sowohl das Gesetz als auch Fruchtbarkeit und Wachstum. Der Stier steht für Stärke und Fruchtbarkeit und ist Symbol der Schöpfung, wie es beispielsweise der Mythos vom kretischen Stier verdeutlicht.

Einleitung

Die fünfte 100-Tage-Periode markiert das Ende des Säuglingsalters und den Beginn eines wunderbaren Lebens als Zweijähriges zwischen 14 Monaten und drei Jahren. Es ist die Schwelle zu höheren Ebenen des Bewusstseins und kann sowohl für das Kind als auch für seine Eltern eine Zeit großer Herausforderungen sein.

In den nächsten sechs bis sieben Jahren wird sich das kleine Kind grundlegende begriffliche Fähigkeiten aneignen, die es auf das Verstehen abstrakter Konzepte vorbereiten. Diese treten auf einer höheren Stufe des Lernens auf und gehören in den Bereich der höheren Energiezentren.

Das Kind lernt, Silben und Worte deutlich auszusprechen, um Gefühle, Gedanken, Wünsche und Nöte mitzuteilen. Aber weil es eben noch lernt, kommt es zwangsläufig immer wieder zu Fehlern und Frustration. Das bleibt zeitlebens so. Wenn wir uns nicht verständlich machen können, vermag uns unsere Frustration in die Tiefen unserer Wut zu stürzen. Und dieser Ort kann ein sehr beängstigender sein.

Dies ist das Leben eines zweijährigen Kindes, das seine Unabhängigkeit auszuloten versucht. Es ist eine Zeit des Lernens und der Kreativität, in der das Kind sein Verhandlungsgeschick einzusetzen beginnt, um mit Worten Grenzen zu setzen und zu erweitern.

Die Worte auf dieser Seite sind zweidimensional und selbstdefinierend. Sie haben Ränder und Zwischenräume und sind Symbole der Kommunikation. Worte machen es uns nicht nur möglich, die Gefühle auszudrücken, die in den unteren Energiezentren aufkommen, sondern auch, die Gedanken und Ideen zu artikulieren, die wir über unsere höheren Energiezentren empfangen. Mithilfe dieser geschriebenen Worte bin ich in der Lage, meine Ideen mit Ihnen zu teilen, und Sie haben Zugang dazu. Die Worte stellen also eine kommunikative Verbindung zwischen uns her. Wenn Sie physisch anwesend sind, sprechen meine Worte zu Ihnen, und Sie können sie hören und mir antworten, indem Sie Ihre Worte sagen. Auf diese Weise knüpfen wir ein Band der Freundschaft und des Respekts und lernen in einer dreidimensionalen Welt voneinander. Sprache ist die Fähigkeit, die uns von unseren Affenvettern unterscheidet. Wir Menschen sind mit den körperlichen Strukturen gesegnet, die für das Sprechen gebraucht werden: Kehlkopf und Kehlkopfdeckel sitzen tief im Hals, dort, wo sich Trachea (Luftröhre) und Ösophagus (Speiseröhre) verzweigen. Im Alter von 18 Monaten entwickeln sich bei einem Kind die kognitiven Fähigkeiten (Erkenntnisprozesse), und seine Wahrnehmungsfähigkeiten werden ebenso erkennbar wie die Frustration, die durch den Prozess des Lernens verursacht wird. Dies ist eine sehr wichtige Zeit für ein kleines Kind. Durch die Sprache entwickelt es seine Kreativität und mittels der Sprache kann es seine Gedanken klären.

Da seine Aufmerksamkeit zunimmt, ist das Kleinkind im Alter von etwa elf bis 14 Monaten in der Lage, seine ersten paar Worte zu sagen, meistens Substantive. Manches Baby kann es vielleicht schon mit acht Monaten. So wie sich seine Aufmerksamkeit durch Hören und Lauschen weiterentwickelt, entwickelt sich auch sein Wortschatz, bis es mit 18 Monaten, am Ende dieser fünften 100 Tage, zwanzig bis hundert Worte zur Verfügung hat – und ein einfaches, kleines Wort ist unmissverständlich: Nein. In diesem Wort und der ganzen Energie, die darin mitschwingt, liegt die Herausforderung, doch wenn wir es zulassen, kann aus dieser Herausforderung eine erstaunliche Kreativität erwachsen. Kleine Kinder schränken ihren Selbstausdruck nicht ein. Sie sind absolut offen und ehrlich und sprechen ihre Wahrheit aus.

Lasst die Herzen, den Geist und die Stimmen singen!

Visuddha – Kommunikation

Visuddha, das fünfte der sieben Hauptchakras, ist das Energiezentrum, das direkt am Hals liegt. Es meldet sich in der fünften 100-Tage-Phase im Leben eines Kindes – vom 14. Lebensmonat bis zum Alter von 17 oder 18 Monaten. Visuddha ist die Brücke, die unser physisches mit unserem mentalen Bewusstsein verbindet.

Visuddha wird durch einen Lotos mit 16 Blütenblättern symbolisiert und markiert den Beginn der Verhaltensentwicklung eines zweijährigen Kindes. Jetzt ist die Zeit gekommen, in der sich dieses Energiezentrum über die Sprache zum Ausdruck zu bringen beginnt. Den Höhepunkt seiner Macht erreicht es allerdings erst, wenn der betreffende Mensch 30 bis 40 Jahre alt ist.

Das fünfte Chakra ist das Tor zu den höheren Bereichen der Spiritualität und des Lernens, in esoterischen Lehren als »der Mund Gottes« bekannt.

Weil es im Hals liegt, der Verbindung zwischen Kopf und Körper, ist es sehr verwundbar durch alles, was dort hindurchgeht – alles, was wir in unseren Körper aufnehmen, über den Atem und über das Schlucken. Es ist das Zentrum, das darüber bestimmt, ob wir Entscheidungen mit dem Kopf oder mit dem Herzen treffen.

Dieses Energiezentrum hat mit unserem Selbstsausdruck zu tun und mit unserer Teilnahme an allem, was außerhalb von uns selbst vor sich geht. Unser Selbstausdruck macht uns kreativ und durch Teilnahme können wir unsere Gedanken und Handlungen klären und korrigieren. Wenn das nicht funktioniert, stecken wir im Perfektionismus fest und können weder unsere Emotionen angemessen zum Ausdruck bringen noch kann unsere Kreativität frei fließen.

Das Halschakra macht es uns möglich, Wege zu gehen, auf denen wir die Gaben des Lebens sowohl annehmen als auch weitergeben können. Ein einziges Wort kann die Richtung verändern, in die unser Leben geht. Es hat sehr viel Macht. Ob wir es hören oder sagen oder lesen – ein einziges Wort kann unsere persönliche Geschichte bestimmen.

Physische Ebene: Visuddha liegt vor der Halswirbelsäule und im inneren und äußeren Halsbereich. Es umfasst den Rachen, den Larynx (den Kehlkopf), Mund, Zähne, Kiefer und Ohren, also all die Körperteile, die uns das Sprechen, Singen und Hören ermöglichen. Dies ist auch der Körperbereich, über den wir Nahrung aufnehmen, die dort auf die Verdauung und die Aufnahme in den Körper vorbereitet wird, zu dessen Wachstum sie dann beiträgt.

Die endokrinen Drüsen dieses Energiezentrums sind die Schilddrüse und die Nebenschilddrüsen, die direkt unter dem Kehlkopf liegen. Die Schilddrüse reguliert unseren Grundumsatz und hat Einfluss auf Wachstum und Entwicklung des Körpers und des Gehirns. Die Nebenschilddrüsen regulieren den Calcium- und Phosphatspiegel im Blut und sorgen so für eine geschmeidige und kontrollierte Muskeltätigkeit.

Die Schilddrüse ist die erste endokrine Drüse, die sich beim Embryo entwickelt, am 24. Tag nach der Befruchtung – nur zwei Tage nachdem das Herz angefangen hat zu schlagen. Sie zeigt sich zunächst in der Mitte des Mundbodens, einer kleinen Schwellung im entstehenden Rachen, die schließlich zur Zunge wird. In diesem Stadium der embryonalen Entwicklung ist die Schilddrüse ein Teil der Zunge, bis sie ihre Schmetterlingsform annimmt und in ihre endgültige Position sinkt: unmittelbar vor der Luftröhre. Diese Position im unteren Teil des Halses erreicht sie in der Regel in der siebten Woche der embryonalen Entwicklung.

Das Hormon Thyroxin ist ab der 11. Embryonalwoche in der Schilddrüse vorhanden, also dann, wenn der Embryo zum Fötus wird. Ausgeschüttet wird es etwa ab der 17. Woche nach Empfängnis. Dieses Hormon ist von essenzieller Bedeutung für die Proteinsynthese im Gehirn von Föten und sehr kleinen Kindern sowie für die Entwicklung der Nervenzellen. Thyroxinmangel bei Föten kann deren geistige Entwicklung beeinträchtigen, nach der Geburt ist er eine Ursache für verlangsamtes körperliches Wachstum.

Emotionale Ebene: Visuddha gibt unseren Gefühlen eine Stimme. Die Fähigkeit, unsere Gefühle offen zu kommunizieren, ist wichtig für unsere Entwicklung und wichtig ist auch, dass wir uns dabei sicher fühlen. Wenn wir Angst haben zu sagen, was wir denken, verschließen wir uns, und unsere Kehle fühlt sich eng und wie abgeschnürt an.

Mentale Ebene: Visuddha kontrolliert den denkenden Geist und seine Stimme. Es macht unsere innere Reflektion, unseren inneren Dialog möglich. Wenn dieses Energiezentrum wahr und ausgewogen ist, ist auch unsere äußere Kommunikation klar und elegant. Es ist auch die Quelle der Stille, die lauter sprechen kann als Worte. Zu wissen, wann und wie man kommunizieren soll, ist seine Stärke. Wenn wir einen stillen und offenen Geist haben, sind wir in der Lage, auf unsere eigene Intuition zu hören.

Dieses Zentrum ist der Schlüssel zu unserer Individualität durch Aussprechen unserer Wahrheit. Das Element dieses Zentrums ist der Äther. Äther ist eine unsichtbare, elastische »Substanz«, von der man annimmt, dass sie im gesamten Weltraum verteilt sei. Es ist der Äther, der jene Partikel trägt oder enthält, aus denen unsere Welt besteht: die Luftpartikel und die Materie. Äther ist unsere Essenz. Es ist der Teil von uns, der unseren spirituellen Teil, den wir als unsere »Essenz« bezeichnen, wiedergibt oder übersetzt. Die Erzählung unseres Lebens, unsere persönliche Geschichte, erzählt von unserer Existenz, aber es ist diese unsere Essenz, die unser eigenes, außerordentliches und einzigartiges Wesen offenbart.

Die Quintessenz (vom Lateinischen *quinta essentia*, was fünfte Essenz bedeutet) ist die reinste konzentrierte Essenz von allem oder jedem. Sie ist das Element der Wahrheit. Seine Essenz macht ein Ding zu dem, was es wirklich ist. Sie ist das, was für die Definition seiner Existenz unerlässlich ist. Sie ist auch die einzigartige Eigenschaft, die einem Individuum zugeordnet wird.

Unsere Essenz ist in unserem ätherischen Teil enthalten, im Äther, der aus unserem Inneren nach außen und über unseren physischen Körper hinaus dringt, um ein Teil jenes Äthers zu werden, der den ganzen Planeten umgibt. Es ist dieser Äther, der es uns möglich macht, unsere Energie mit der Energie anderer zu verbinden. Auf einer platonischen Ebene ermöglicht uns der »Äther«, elektronisch zu kommunizieren, nämlich über das Ethernet (deutsch: »Äthernetz«), das wir auch als Internet kennen.

Visuddha bedeutet »Klärung« oder »Reinigung«, und es ist das, wodurch sich der Körper selbst regeneriert. Mithilfe von Sauerstoff und Nährstoffen reinigen sich Zellen permanent selbst, und wenn sie absterben, werden sie durch neue Zellen ersetzt. In seinem Bemühen um den Erhalt der Homöostase, jenes Zustands des Gleichgewichts und der Gesundheit, befindet sich der Körper in ständiger Erneuerung. Auch unsere mentalen, emotionalen und spirituellen Anteile sind in Bewegung und streben nach Reinheit und danach, weiterzuwachsen und sich zu entwickeln.

Wenn ein Teil von uns stagniert, geraten die anderen Teile aus dem Gleichgewicht. Wir leben im Rhythmus verschiedener Zyklen – Tag und Nacht, die Mondphasen, Ebbe und Flut, die Jahreszeiten –, auf die wir mit eigenen inneren Zyklen reagieren: Schlaf-Wachzyklus, Menstruationszyklus, Wintermüdigkeit. Visuddha ist der Rhythmus und der Puls des Lebens.

Neben dem Elefanten wird Visuddha auch durch den Stier symbolisiert, ein starkes, entschlossenes Tier, Symbol der Schöpfung und der Fruchtbarkeit.

Aber der Stier kann auch Sturheit repräsentieren und unkontrollierte Schöpfertätigkeit, die im Chaos endet. In der griechischen Mythologie bestand die siebente Aufgabe des Helden Herkules darin, den wilden, alles verwüstenden, feuerspeienden kretischen Stier zu fangen und ihn lebend zurück auf den Peloponnes zu bringen. Der Stier sollte eigentlich dem Gott Poseidon geopfert werden, aber König Minos war so sehr von seiner Stärke und Schönheit beeindruckt, dass er ihn versteckte und ein anderes Tier opferte. Aus Rache ließ Poseidon den Stier rasend werden, der dann auf Kreta Verwüstung und Chaos anrichtete. Herkules musste seine ganze Kraft einsetzen, um den Stier bewegungsunfähig zu machen, indem er ihn buchstäblich bei den Hörnern packte. Er besiegte den kretischen Stier und ließ sich von ihm über das Meer zurück auf den Peloponnes tragen.

Diese Sage lehrt uns, dass wir, wenn wir eine neue Gelegenheit ergreifen wollen, manche alten Gepflogenheiten und Besitztümer, die nicht mehr zu diesem neuen Weg passen, loslassen oder opfern müssen, wie schön und stark sie auch sein mögen. Der Stier ist unsere kreative Energie, die zur destruktiven und unkontrollierbaren Macht werden kann. Andererseits verfügen wir, wenn sich dieses Energiezentrum gesund entwickelt, über ein großes kreatives Potenzial. Durch das fünfte Energiezentrum können wir unseren Willen zügeln, uns selbst treu bleiben und ein kreatives Leben führen.

Das Verhalten eines kommunikativen, kreativen Kindes

»Ich spreche«

Am Anfang war das Wort und das Wort war bei Gott und das Wort war Gott.

Dieser erste Satz des Johannesevangeliums (1, 1) beschreibt, wie die Schöpfung des Universums durch Klangschwingung zustande kam. Wir sind Wesen, die sich artikulieren können, und mit jedem Ton, den wir äußern, erschaffen wir unsere Lebensrealität, so wie Materie durch Klang erschaffen wurde. Kommunikation mithilfe einer Sprache, die aus einzelnen Worten besteht, ist eine Fähigkeit ausschließlich der Menschen. Geschriebene Sprache ist die Anordnung von Symbolen auf einer zweidimensionalen Ebene zur Übermittlung eines Sinngehalts. Erst durch die gesprochene Sprache sind wir in der Lage, in einer dritten Dimension zu existieren.

Wenn ein kleines Kind allmählich Sprachkompetenz entwickelt, beginnt es in einer dreidimensionalen Welt zu existieren, wo sein Leben aus verschiedenen Schichten und Bedeutungen und Entwürfen besteht, die über die zweidimensionale Welt des prinzipiellen Lebens hinausgehen.

Von Geburt an beginnt das Kind, die unterschiedlichen Sinne miteinander zu verknüpfen. Was es sehen kann, bringt es in Verbindung damit, wie es sich anfühlt oder wie es schmeckt. Es hat auch etwas über Ursache und Wirkung und die wechselseitige Verbundenheit aller Dinge gelernt. Jetzt fängt es an, all dieses Gelernte in eine Form der Kommunikation mit den Mitteln der Sprache zu bringen.

In der frühen Kindheit entwickelt sich die Sprache sehr schnell. Das Tempo, in dem sich die Kinder einen enormen Wortschatz und ein kompliziertes Grammatiksystem aneignen, macht deutlich, in welch rasanter Geschwindigkeit sich die kognitiven Fähigkeiten eines kleinen Kindes entwickeln.

Der Spracherwerb ist eine der erstaunlichsten und gleichzeitig notwendigsten Lebensleistungen. Er ermöglicht phänomenales Lernen, soziale Entwicklung und Interaktion und gibt dem Kind Gelegenheit, sein ganzes Potenzial auszuleben und schließlich seine wahre Bestimmung im Leben zu finden. Wenn ein Baby hörgeschädigt ist, stellt der Spracherwerb eine viel größere Herausforderung dar, ist aber keineswegs unmöglich. Helen Keller, die als sehr kleines Kind durch eine schwere Krankheit ihr Augenlicht, ihre Hörfähigkeit und auch ihre Fähigkeit zu sprechen verloren hatte, fand trotzdem eine Reihe von Möglichkeiten, mit den Menschen in ihrem Umfeld zu kommunizieren und in Verbindung zu treten, und zwar ohne den Einsatz all dieser Sinne. Ihre Geschichte zeigt unter anderen, dass das fünfte Chakra schwingen und die Interaktion herbeiführen kann, die wir als menschliche Wesen brauchen, selbst wenn seine üblichen Instrumente beeinträchtigt oder verlorengegangen sind.

Die Sprachentwicklung wird in Anhang 2 noch ausführlicher beschrieben.

Begriffliches Denken

Unter begrifflichem Denken versteht man den Prozess des Ersinnens einer allgemeinen Vorstellung oder Idee. Dazu ist sowohl Kognition erforderlich als auch die Fähigkeit, die Idee auf praktische und sinnvolle Weise anzuwenden oder umzusetzen. Begriffliches Denken ist die Fähigkeit, eine Idee oder ein Bild zu durchdenken.

Kognition ist der Akt oder Prozess der Wahrnehmung und der Erwerb von Wissen. Das Wort »Kognition« kommt vom lateinischen *cognitus* und bedeutet »bekannt« oder »aus eigener Erfahrung«. Die Kognition ist das Ergebnis geistiger Aktivität wie erinnern, erschaffen, Probleme lösen, in Symbole fassen, fantasieren und sogar träumen. Sie beginnt mit unserer Fähigkeit, rational zu denken. Kognition entwickelt sich, wenn ein Kind anfängt, mit seiner Welt und den Menschen darin zu interagieren. Es ist schwer zu sagen, wie der Erwerb oder das Verständnis von Sprache unsere Kognition potenzieren kann.

Ein zum normalen Geburtstermin geborenes Baby ist im ersten Lebensmonat ganz empfänglich. Es ist ein kleines »Bündel« aus Reflexen, die physische Reaktionen auf seine Umwelt sind. Wenn es ein bis vier Monate alt ist, beziehen sich seine einfachen Bewegungen auf den eigenen Körper. Es fängt an, seine Hände zu beobachten und reagiert mit einem Lächeln auf das, was ihm Freude macht. Etwa im vierten Monat macht es allmählich sinnvollere Bewegungen und streckt beispielsweise die Hände nach einem Objekt wie einem Spielzeug aus.

Vom vierten bis zum achten Monat, also in der zweiten 100-Tage-Phase, lernt ein Baby, Verhalten nachzuahmen, um einen bestimmten Effekt wiederherzustellen, und fängt auch an, vertraute Verhaltensweisen zu imitieren, beispielsweise Lachen oder bestimmte Geräusche wie das »Pferdeschnauben« durch die locker aufeinandergelegten Lippen. Von da an bis zum Alter von etwa zwölf Monaten werden seine Handlungen immer bewusster. Es entwickelt ein besseres Vorgefühl für Ereignisse, etwa dafür, was passieren wird, wenn man eine Spieluhr aufzieht, und es erkennt, dass ein Spielzeug, das versteckt war, immer noch existiert (Objektpermanenz).

Zu Beginn seines zweiten Lebensjahres entwickelt ein Baby Möglichkeiten, auf ganz neue Weise mit Objekten »zu experimentieren«. Es stapelt beispielsweise Bauklötze zu einem Turm aufeinander oder fängt an, eine Haarbürste zu benutzen, und fährt sich mit ihr über den Kopf. Es sucht an mehr als einem Ort nach einem versteckten Objekt. Es beginnt eine einfach formulierte Anweisung oder einen Vorschlag zu verstehen und darauf zu reagieren, zum Beispiel: »Komm, wir suchen jetzt mal deine Jacke« oder »Wo sind deine Schuhe?« oder »Hol mal das Buch, dann lesen wir eine Geschichte«.

Ein Kind, das etwa 18 Monate bis zwei Jahre alt ist, zeigt allmählich, dass es seine Gedanken verarbeitet. Es beginnt Probleme zu lösen. Wenn ein Objekt feststeckt, versucht es dieses durch Manipulation von verschiedenen Seiten zu befreien, statt nur an der Stelle zu ziehen, die sich gerade anbietet. Es fängt also an, andere Möglichkeiten in Betracht zu ziehen.

Das Baby fängt jetzt auch an, die Handlungen anderer Menschen zu imitieren, auch wenn diese gerade nicht anwesend sind. Es spielt vielleicht und tut dabei plötzlich etwas, das es ein paar Tage zuvor seinem Vater abgeschaut hat. Es nutzt eher die Erinnerung an etwas, das jemand anderer getan hat, als die Erinnerung an etwas, was es selbst zuvor getan hat.

Die Verhaltensentwicklung von Kleinkindern bis zu zwei Jahren wurde von dem Kinderpsychologen Jean Piaget beobachtet und als sensomotorisches Stadium der kognitiven Entwicklung beschrieben.

Die Entwicklung der Kognition ist schwer zu verstehen, wenn einem nicht auch zumindest annähernd klar ist, wie sich das menschliche Gehirn und seine Teile im Säuglingsalter und in der Kindheit entwickeln. Diese Entwicklung läuft in Phasen und nach einem wohl organisierten Plan ab.

Die Entwicklung des Gehirns

Das Gehirn ist wie ein Garten. Dort gibt es Zeiten des Pflanzens, des üppigen Wachstums, des Beschneidens, der Bewegung und des Absterbens. Doch zunächst wird alles erstaunlich gut geplant und angelegt. Dies beginnt schon beim Embryo in den ersten zehn Wochen nach der Empfängnis.

Das Wachstum des Gehirns setzt sich durch das gesamte fötale Stadium fort und geht auch nach der Geburt noch weiter, das ganze Leben lang. Wie Pflanzen in einem Garten, die je nach Art unterschiedlich stark wachsen, wachsen und entwickeln (spezialisieren) sich auch die Teile des Gehirns in unterschiedlichem Maße.

Wir wissen heute sehr viel mehr über die Strukturen des Gehirns als darüber, *wie* dieses erstaunliche und komplexe Organ arbeitet. Die Größenwachstumsrate des Gehirns erreicht beim Fötus etwa 30 Wochen nach der Empfängnis ihren Höhepunkt. Danach sinkt sie wieder. Dennoch ist die Wachstumsrate des Gehirns in den ersten zwei Jahren nach der Geburt immer noch phänomenal. Bei der Geburt entspricht das Gewicht des Gehirns eines zum normalen Zeitpunkt geborenen Babys durchschnittlich 25 Prozent eines Erwachsenengehirns, mit sechs Monaten sind es schon fast 50 Prozent, mit zwei Jahren etwa 75 Prozent seines letztendlichen Gewichts. Wenn ein Kind fünf Jahre alt ist, wiegt sein Gehirn 90 Prozent und mit zehn Jahren 95 Prozent eines ausgewachsenen Gehirns. Vergleicht man diese Gewichte mit dem Gewicht des ganzen Körpers, das bei der Geburt etwa fünf Prozent des Gewichts eines jungen Erwachsenen beträgt und im Alter von zehn Jahren etwa 50 Prozent, wird deutlich, dass das Gehirn im Vergleich zum Rest des Körpers erstaunlich schnell wächst und sich entwickelt. Die Entwicklung der kognitiven Fähigkeiten eines Kindes, also der Prozess, in dem Wissen und Fertigkeiten erworben werden, entspricht dem Gehirnwachstum.

Das Gehirn besteht aus drei Hauptteilen: Vorderhirn, Mittelhirn und Kleinhirn. Mit dem Rückenmark ist es über das Stammhirn verbunden. Das Gehirn eines zum normalen Termin geborenen Säuglings wiegt etwa 400 Gramm. In der Medulla oblongata, dem Teil des Stammhirns, der mit dem oberen Teil des Rückenmarks verbunden ist, und auch im Mittelhirn, das genau über der Schädelbasis liegt, ist es recht weit entwickelt. Diese beiden Hirnbereiche steuern die Vitalfunktionen zur Erhaltung des Lebens, etwa unseren Herzschlag, unsere Atmung und unseren Blutdruck. Auch Funktionen wie Schlucken, Husten, Erbrechen, Niesen und Schluckauf – was Babys alles sehr gut können – werden vom Stammhirn aus gesteuert.

Das Mittelhirn beeinflusst unsere angenehmen Empfindungen, unsere Stimmung, unseren Realitätssinn und unsere motorischen (Bewegungs-)Funktionen. Es geht reichlich Verbindungen mit der Hirnrinde und dem limbischen System ein, während und nachdem der Prozess der Myelinisierung oder Isolierung von Nervenverbindungen dort abgeschlossen ist.

Bei der Geburt ist das Gehirn eines Neugeborenen nahezu vollständig mit Zellen – Neuronen und Gliazellen (Neuroglia) – ausgestattet. Neuronen sind die Gehirnzellen, die Informationen speichern und aussenden. Sie werden von den Gliazellen unterstützt, die eine schützende Umhüllung um die Neuronen bilden und sie mit Nährstoffen versorgen. Gliazellen errichten ein wichtiges Stützgerüst für die wachsenden und sich entwickelnden Neuronen und sie vermehren sich im Laufe des Lebens kontinuierlich.

Nach der Geburt gehen das Wachstum und die Entwicklung des Gehirns auch einher mit der Bildung von Synapsen, den Verbindungen zwischen den Neuronen. Dieser Prozess läuft in der Hirnrinde ab, und zwar so schnell, dass er in den ersten beiden Jahren nach der Geburt zu einer Verdreifachung des Gehirngewichts beiträgt.

Die Hirnrinde (graue Zellen), besonders die des Vorderhirns, scheint das Zentrum des Intellekts zu sein. Sie hat eine gewisse Kontrolle über unsere Emotionen und Instinkte und eine stärkere Kontrolle über fortgeschrittenere Funktionen der Motorik oder Bewegung, über Gedächtnis, Wahrnehmung, visuelle Prozesse und Sprache. Die Frontallappen des Vorderhirns sind beteiligt an der Bewegung, an komplexen Einschätzungen, an der emotionalen Steuerung, an Problemlösungen, Entscheidungen, Planungen und kreativen Prozessen.

In den zwei Jahren nach der Geburt kann man zwei deutliche Entwicklungsverläufe beobachten. Im ersten geht es um die Reihenfolge, in der sich allgemeine Funktionsareale des Gehirns entwickeln. Das erste Areal, das sich entwickelt, ist das motorische. Als Nächstes entwickelt sich das sensorische Areal, in dem die Nervenfasern enden, die für Berührungsempfindungen zuständig sind. Das primäre visuelle Areal im Hinterhauptlappen, wo die Nervenbahnen aus der Netzhaut im Auge enden, kommt als Nächstes. Dann folgt das primäre Hörareal im Schläfenlappen.

Der zweite Verlauf zeigt die Reihenfolge, in der sich körperliche Lokalisierungen in den Arealen ausbilden. Im motorischen und sensorischen Areal entwickeln sich jeweils zuerst der Mund, gefolgt von der Zunge, den Lippen, den Händen, den Armen und schließlich den Beinen. Das erste bedeutungsvolle Lächeln, das ein Baby uns schenkt, ist nicht nur wegen seiner Schönheit so bestaunenswert und weil es überhaupt so ein Wunder ist, sondern auch, weil es zeigt, dass sich jener Teil des motorischen Areals zu entwickeln begonnen hat, der die Muskeln um die Lippen steuert. Bis dahin hatte sich vor allem der Teil des motorischen Areals entwickelt, der mit der Koordinierung des Saugens zu tun hat: der Mund und die Zunge. Und das aus gutem Grund. Ein Baby muss zuerst in der Lage sein, die für sein Überleben wichtige Nahrung effizient aufzunehmen. Sein nächstes Bedürfnis ist die Interaktion mit und das Einbeziehen von anderen, die diese kontinuierliche Pflege sicherstellen. Das tut es mit einem Lächeln – und ist der Gewinner.

Das Gehirn entwickelt sich jedoch nicht immer reibungslos und kontinuierlich. Im ersten Jahr findet ein schnelles Wachstum von Nervenverbindungen statt. Dann folgt eine »Beschneidung« von Verbindungen in jedem Bereich des Gehirns, weil die Verkabelung insgesamt effizienter wird und alle redundanten Bahnen und Verbindungen eliminiert werden. Das Kappen einzelner Verbindungen findet statt, wenn das Kind 18 Monate alt ist, und zwar, wie man annimmt als Antwort auf die Erfahrungen, die das Kind in seinem bisherigen Leben gemacht hat. Die Verbindungen, die übrig bleiben, haben sich als die effizientesten erwiesen. Weil wir immer wieder neue Erfahrungen im Leben machen, bilden sich auch immer neue Verbindungen, und diejenigen, die nicht gebraucht werden, werden gelöscht. Das ist ein lebenslanger Prozess, der so lange abläuft, wie wir neue Fertigkeiten erlernen. Das Beschneiden findet nicht in allen Hirnarealen gleichzeitig statt. In dem Areal, das mit Sprachverstehen und Spracherzeugung zu tun hat, erreichen die Verbindungen ihre maximale Dichte nicht bevor ein Kind etwa drei Jahre alt ist. Erst dann beginnt das Beschneiden oder Bereinigen in diesem Bereich. Das Bereinigen sämtlicher Gehirnareale setzt nicht vor vier Jahren ein. Dann zieht es sich allerdings schubweise durch die ganze Kindheit, die Pubertät und bis ins Erwachsenenalter.

Das Gehirn besitzt die bemerkenswerte Fähigkeit, sich selbst bis zur optimalen Effizienz zu reorganisieren. Dies bezeichnet man als *Gehirnplastizität*. Sie ist auch dafür verantwortlich, dass sich das Gehirn nach einer Verletzung wieder reorganisieren kann. Es gilt als anerkannt, dass das Gehirn ausreichend Stimulation braucht, um sich zu organisieren, und da das Gehirn einen Höhepunkt seiner Plastizität in der frühen Kindheit erreicht, ist klar, weshalb ein kleines Kind so viel seiner aktiven Zeit damit verbringt, seine Umgebung zu erforschen und warum es so lern- und wissbegierig ist.

Wenn diese Anregung zum Lernen und Entdecken in der frühen Phase des Gehirnwachstums und der Gehirnplastizität fehlt, erreicht das Gehirn nicht sein volles Potenzial. Bis ins frühe Erwachsenenalter und auch im weiteren Verlauf des Lebens gibt es noch Wachstumsschübe, neue Verbindungen entstehen, Myelinisierung oder Isolierung dieser Verbindungen finden statt und die alten Verbindungen sterben ab. Es gibt außerdem aktuelle Hinweise darauf, dass das Gehirn ein ganzes Leben lang neue Neuronen produziert.

Das limbische System liegt tief im unteren Teil des Großhirns, über und angrenzend an das Stammhirn, und gilt als der emotionale Teil des Gehirns. Es kommt bei allen Säugetieren vor und wird mit dem Geruchssinn, dem Gedächtnis, den autonomen (willkürlichen) Funktionen des sympathischen Nervensystems und bestimmten Aspekten des Fühlens und Verhaltens assoziiert. Es ist der Bereich des Gehirns, der am meisten mit dem Erleben und Ausdrücken von Gefühlen zu tun hat, und ist der Hauptverarbeitungsbereich für Gefühle wie Angst, Wut und Lust. Hier liegt das Schwergewicht auf Selbsterhaltung, Fortpflanzung und der Entstehung von Erinnerungen.

Obwohl das limbische System schon bei der Geburt recht gut entwickelt ist, sind einige seiner Funktionen bei einem zweijährigen Kind noch immer recht unreif. Daran sollte man sich erinnern, bevor man zu hohe Erwartungen an das emotionale Verhalten eines kleinen Kindes hat. Alle *emotionalen* Erfahrungen sind das Ergebnis einer Aktivierung des limbischen Systems. Eine Emotion kann in uns ausgelöst werden, auch ohne dass der denkende Teil unseres Gehirns weiß, warum oder was es ist. Das gilt vor allem für Besorgnis und Stress, und wir reagieren alle verschieden auf diesen emotionalen Druck. Kleinkinder in den ersten Lebensmonaten reagieren unterschiedlich auf neue Situationen. Manche machen fahrige Bewegungen mit ihren Gliedmaßen, biegen den Rücken nach hinten durch, ärgern sich und schreien, während andere kaum eine Reaktion zeigen. Das ist alles eine Frage des genetischen Make-ups (Veranlagung) und davon, wie die Familienmitglieder auf ähnliche Situationen reagieren (Vorbild/Erziehung). Man glaubt mittlerweile, dass verschiedene Emotionen in unterschiedlichen Teilen des Gehirns verarbeitet werden, und zwar von einem System aus Rezeptoren, das Moleküle (Neuropeptide) aufnimmt, die für die jeweilige Emotion spezifisch sind. Diese Moleküle der Gefühle, die vom limbischen System freigesetzt werden, zirkulieren im Gehirn und im Körper fast genau wie Hormone, was nahelegt, dass das Gehirn selbst eine große endokrine Drüse ist.

Es ist bekannt, dass der präfrontale Kortex, ein Teil der Großhirnrinde und denkender Teil des Gehirns, je nach seiner Reife unterschiedlich gut mit Emotionen umgehen kann. Aufgrund dieses Wissens werden Methoden der Biofeedback-Therapie entwickelt: wie und warum verschiedene Arten von Beratung eingesetzt werden und wie Selbstregulation zur Lebensweise werden kann. Unsere Vorfahren glaubten, dass »gute Gedanken unsere Sorgen vertreiben«, und da ist etwas Wahres dran.

Weil der verarbeitende oder denkende Teil des Gehirns (die Großhirnrinde) bei einem kleinen Kind noch unreif ist, leuchtet es ein, dass es seine Emotionen noch nicht besonders gut im Griff hat. Wir brauchen nur einen Ausflug in den örtlichen Supermarkt zu machen, um das zu erleben. Ob bei unserem eigenen oder einem fremden Kind, wir werden häufig Zeuge »durch und durch schlechten Benehmens«. Dieses kleine Kind will sein Vergnügen, und wenn es das nicht haben kann, lässt es seiner Wut freien Lauf. Ihm mit Argumenten zu kommen ist sinnlos – der Teil seines Gehirns, der diesen Argumenten zugänglich wäre, ist einfach noch nicht richtig organisiert, und die Gefühls- und Gedächtnisfunktionen des limbischen Systems sind immer noch recht unreif. Deswegen beginnt *regulärer* Grundschulunterricht auch nicht, bevor ein Kind fünf oder sechs Jahre alt ist.

Der Hippocampus ist ein wichtiger Teil des limbischen Systems und steht in enger Verbindung mit der Funktion des Gehirns, die den Geruch verarbeitet. Evolutionsgeschichtlich gehört er zu den primitiven oder früh entwickelten Hirnarealen. Dieser Bereich ist an den Emotionen beteiligt, aber auch wichtig für die Verarbeitung und das Speichern von *Langzeiterinnerungen* sowie für höheres Lernen.

Bei einem kleinen Kind entwickelt sich dieser Bereich des Gehirns noch. Selbstwahrnehmung und die Fähigkeit, eine bestimmte Routine über längere Zeit beizubehalten, erreichen also erst gegen Ende der Vorschulzeit einen gewissen Grad der Reife. Die Hippocampi (der Hippocampus ist in unserem Gehirn doppelt vorhanden) sind tief mit unserem Gefühlsleben verstrickt. Sie sind auch am Transfer von Informationen in das Langzeitgedächtnis beteiligt. Weil sie in den Vorschuljahren zur Reife gelangen, verbessert sich die Gedächtnisfunktion in dieser Zeit sehr schnell. Außerdem können jetzt konkrete und eher diffuse Ängste, die von der Erinnerung an unerfreuliche oder erschreckende Erlebnisse, etwa eine negative Begegnung mit einem Hund, hervorgerufen werden, im Langzeitgedächtnis abgespeichert werden. Deshalb sollten Erwachsene mit ruhiger Bestärkung und Verständnis statt mit Ablehnung auf die Erlebnisse eines Kindes reagieren. Die Angst eines kleinen Kindes muss ernst genommen werden. Es muss wissen, dass es in Ordnung ist, Angst zu haben, und deswegen weder ausgelacht wird oder »dumm« ist. Allmählich findet es dann heraus, dass diese Angst verblassen kann, wenn es größer und älter wird.

Die Großhirnrinde ist der Bereich des Gehirns, der sich zwischen dem zweiten und dem sechsten Lebensjahr am meisten entwickelt. Bei den Fasern, die das Kleinhirn (den Teil des Gehirns, der mit Bewegungskoordination und der Erinnerung an Bewegungsmuster in Beziehung gesetzt wird) mit der Großhirnrinde verbinden, ist die Isolierung noch nicht vollständig abgeschlossen, bis das Kind etwa vier Jahre alt ist. Aufgrund dessen wirken kleine Kinder manchmal »tollpatschig«. Sie haben ihre willkürlichen Bewegungen noch nicht ganz unter Kontrolle.

Die Netzformation (*Formatio reticularis*), die im zentralsten Teil des Stammhirns sitzt und sich bis ins Rückenmark zieht, sorgt für die Art von Wachsamkeit, die für das Überleben des Kindes notwendig ist. Die Aufgabe dieses bei Menschen besonders entwickelten Teils des Gehirnes besteht vor allem darin, für die Aufrechterhaltung der Aufmerksamkeit und der Bewusstheit zu sorgen. Die Nervenverbindungen in diesem Bereich isolieren sich mindestens bis zur Pubertät und meist noch darüber hinaus. Dieser Prozess ist notwendig für die Entwicklung unserer »Aufmerksamkeitsspanne« – die Zeitdauer, für die wir uns auf eine bestimmte Aufgabe konzentrieren können.

Die Netzformation ist auch ein Alarmsystem, das den Augen hilft, in Kampf- oder Fluchtsituationen reflexartig zu verfolgen und zu fokussieren. Bis dieses Hirnareal eine gewisse Reife erlangt hat, gibt es unterschiedliche Grade der Fähigkeit, mit einer gefährlichen Situation umzugehen, beispielsweise mit den Gefahren des Straßenverkehrs, steiler Klippen und scharfer Messer, was erklärt, warum ein kleines Kind eine Weile braucht, um die Regeln und Gefahren beim Überqueren einer Straße zu begreifen.

Die Netzformation spielt auch eine Rolle für unsere emotionalen Antworten auf bestimmte Lebenssituationen. Und weil der Trigeminus-Nerv, der den Mund, das Beißen und das Kauen steuert, viele Verbindungen zur Netzformation besitzt, steht diese vermutlich auch mit dem Zähneknirschen oder Zähnezusammenbeißen sowohl bei Kindern als auch bei Erwachsenen im Zusammenhang – eine Reaktion auf allgemeinen Stress, der nicht anders abgebaut werden kann.

Bereiche des Schläfenlappens in der Großhirnrinde sind am Hören und Verstehen von Sprache beteiligt. Der Schläfenlappen ist mit dem Hippocampus und dem Mandelkern des limbischen Systems in verbunden, den Teilen des Gehirns, die mit Lernen, Gedächtnis und Gefühlen zu tun haben. Der Schläfenlappen spielt auch eine entscheidende Rolle für die Integration unseres inneren Erlebens und gibt uns unseren Sinn für Identität.

Die beiden Schläfenlappen – sie liegen hinter den Schläfenbeinen, über und hinter dem Ohr – sind nicht identisch. Die Oberfläche des linken Schläfenlappens ist im Allgemeinen deutlich größer als die des rechten. Dieser Unterschied entsteht in der fötalen Phase. Die Schläfenlappen sind hauptsächlich für das Analysieren von Geräuschen zuständig und der linke Schläfenlappen dominiert, wo immer es um das Empfangen, Verarbeiten und Erzeugen von Sprache geht. In der linken Gehirnhälfte werden sprachliche Nuancen wie Rhythmus erkannt, während die Bedeutung eines Wortes in der rechten Gehirnhälfte verstanden wird.

Dieser Unterschied weist auf einen Prozess hin, der als Gehirnlateralisierung bezeichnet wird und in dessen Verlauf die beiden Gehirnhälften eine Dominanz in bestimmten Bereichen aufzuweisen beginnen. Das ist leichter zu verstehen, wenn wir uns unsere Rechts- oder Linkshändigkeit betrachten. Die Dominanz der einen oder anderen Seite wird in der frühen Kindheit, im Alter von etwa fünf oder sechs Monaten deutlich und etabliert sich mit etwa zwei Jahren, wobei beide Alterstufen mit einem Schub in der Sprachkompetenz einhergehen. Wenn sich die Sprache schnell entwickelt, wird die linke Gehirnhälfte stärker beansprucht, was einen temporären Verlust der motorischen Dominanz zur Folge hat. Diese kehrt jedoch wieder zurück, sobald die jeweils neue Ebene der Sprechfähigkeit etabliert ist: erst das Brabbeln, dann die ersten Worte und schließlich Wortkombinationen.

Wenn wir uns klarmachen, dass die linke Gehirnhälfte die rechte Körperseite kontrolliert und die rechte Gehirnhälfte die linke Körperseite, können wir auch ein bisschen besser nachvollziehen, wie verschiedene Teile des Gehirns bestimmte Körperteile kontrollieren.

Die Wachstumsschübe der Schläfenlappen im Gehirn erreichen ihren Höhepunkt im Alter von eineinhalb bis zwei Jahren und dann wieder zwischen 17 und 20 Jahren. Dies hilft uns vielleicht zu verstehen, warum Teenager und Zweijährige eine »andere« Sprache sprechen als der Rest von uns und warum sie sich auf einer so unglaublichen Reise zu ihrer eigenen Identität befinden.

Reflektierte Emotionen treten gegen Ende des zweiten Lebensjahres zum ersten Mal auf, weil dann das Selbstempfinden erwacht, und werden in der Pubertät ziemlich akut. Von dort, wo wir jetzt als Erwachsene sind, mit unserer Art uns selbst wahrzunehmen (Identität und Selbstwahrnehmung), können wir uns vor Augen führen, dass wir die gleiche Reise schon einmal gemacht haben: durch die Kindheit bis zur Pubertät. In den Phasen, in denen bestimmte Teile des Gehirns schnell und unregelmäßig wachsen und sich entwickeln, sind deshalb positive Bestätigung und Anregung wichtig für die optimale Entwicklung des Kindes, nicht nur für die körperliche, sondern auch für die geistige, die emotionale und die spirituelle Entwicklung.

Die Scheitellappen – sie liegen hinter den Stirnlappen – sind an der Aufnahme und Interpretation sowie an den motorischen oder Bewegungsanteilen der Sprache beteiligt. Der Kortex dieses Hirnareals empfängt ebenfalls Informationen aus der Außenwelt, die über verschiedene Sinne aufgenommen werden. Er interpretiert sie und entscheidet über angemessene Reaktionen. Wenn wir beispielsweise ein Objekt sehen, das auf uns zufliegt, stellt er die motorische Information zur Verfügung, die es uns ermöglicht, uns von diesem Objekt wegzubewegen und damit selbst zu schützen. Er arbeitet eng mit den Sprachzentren zusammen, die im Schläfenlappen sitzen.

Die Hinterhauptlappen des Großhirns liegen im rückwärtigen Teil des Gehirns. Sie sind am Empfangen, Interpretieren und Übermitteln von Informationen beteiligt, die uns über den Gesichtssinn erreichen. Hier werden uns all die wunderbaren Informationen bewusst gemacht, die uns unsere Sehfähigkeit zur Verfügung stellt, zum Beispiel das Licht, die Farben und die Formen unserer Welt. Bei den Nervenfasern des optischen Systems, das für den Empfang von Gesehenem zuständig ist, beginnt der Prozess der Myelinisierung oder Isolierung unmittelbar vor der Geburt und hat seinen wichtigsten Schub 30 bis 34 Wochen nach der Empfängnis (in der 28. bis 32. Schwangerschaftswoche).

Nach der Geburt ist der Prozess ziemlich schnell abgeschlossen und die Sehfähigkeit gewinnt an Dominanz über die anderen Sinne. Wir sind alle, oder zumindest fast alle, visuelle Wesen, und wir verlassen uns auf unseren Sehsinn, um mehr über die Welt zu lernen, als über die anderen Sinne möglich wäre. Der Sehsinn ist der zum *Überleben* wichtigste Sinn. Ohne ihn könnte der Mensch nichts Essbares jagen oder sammeln.

Die Großhirnrinde mit den grauen Zellen ist der denkende und motorische Teil des Gehirns. Sie besteht aus sechs Lagen, die sich anscheinend von den inneren, tiefsten Schichten bis zu den äußeren, oberflächlicheren entwickeln wie die Häute einer Zwiebel. Die motorischen und sensorischen Bereiche der Großhirnrinde liegen in der äußeren Schicht und kontrollieren die unteren Teile des Körpers – die unteren Teile des Torsos und die Beine.

Das spiegelt sich in der motorischen Entwicklung des Kindes. Es hat weniger Kontrolle über diese Bereiche seines Körpers als über den Mund, die Zunge, die Lippen und seine oberen Gliedmaßen. Während sich der Prozess der Nervenisolation fortsetzt, entwickelt das Kind ein gewisses Maß an Kontrolle über Darm und Blase, was in einer größeren Regelmäßigkeit seiner Darmtätigkeit ebenso deutlich wird wie in längeren Trockenzeiten zwischen dem Wechseln der Windel. Dies geht auch mit größerer Kontrolle über die Beine einher. Ein Kleinkind kann stehen, bevor es laufen lernt, oft in seinem ersten Lebensjahr, aber es ist immer noch weit davon entfernt, absichtlich einen Ball wegzukicken. Das kann es erst, wenn es etwa zweieinhalb Jahre alt ist. Wenn ein Kind anfängt, verschiedene Dinge mit Absicht zu tun, zum Beispiel etwa vier Monate nach der Geburt ein Objekt zu packen und festzuhalten, lernt es allmählich, wie es seine Umwelt kontrollieren kann. Wenn es 18 Monate alt ist, bewegt es sich wissentlich in dieser Umgebung. Jeden Tag wagt es sich ein bisschen weiter vor und lernt seinen Platz in der Welt kennen. Während diese Entwicklung weitergeht, entwickelt es auch eine gewisse Fähigkeit, begrifflich zu denken – die Fähigkeit, sich sozusagen durch eine Idee hindurchzuarbeiten.

Das Corpus callosum ist ein Teil der weißen Substanz, die tief im Gehirn liegt. Es verbindet die beiden Gehirnhälften über etwa acht Millionen Kreuzungsnervenfasern und ermöglicht ihnen, miteinander zu kommunizieren. Dieser Teil des Gehirns ist im Fötus etwa vom dritten Monat nach der Empfängnis vorhanden, aber die Myelinisierung des Corpus callosum beginnt nicht vor dem Ende des ersten Lebensjahres. Schon relativ weit entwickelt ist es bei einem Kind von vier bis fünf Jahren. In diesem Alter werden Kinder allmählich kompetenter in der Erledigung von Aufgaben, die den Transfer von Informationen zwischen beiden Gehirnhälften und die Koordination derselben erfordern.

Der Einsatz beider Gehirnhälften befähigt uns zum komplexen Denken, wenn die Lateralisierung (die leichte Spezialisierung von Struktur und Funktion der beiden Gehirnhälften) fortgeschritten ist und das Corpus callosum den Prozess der Myelinisierung durchlaufen hat. Wenn in der linken Gehirnhälfte die Zentren für Sprache, Logik, Analyse und Mathematik dominieren und in der rechten die für Intuition, Kreativität, Kunst, Musik und spezielle Wahrnehmung, können uns die Botschaften aus all diesen Zentren über das

Corpus callosum zufließen und unsere Ideen bereichern. Wir alle als Individuen haben spezielle Dominanzen der verschiedenen Zentren des Gehirns, aber wir haben auch die Möglichkeit, jeden Bereich des Gehirns durch spezielle Übungen, Wiederholungen und Entschlossenheit zu entwickeln, um neue Wege des Denkens zu gehen und Dinge immer wieder aus »unterschiedlichen Blickwinkeln« zu sehen und zu erleben. Wenn wir unser Gehirn nicht so viel beanspruchen, wie wir könnten, gehen uns unsere Talente verloren.

Eine Orange ist nicht nur etwas Essbares. Sie ist rund wie ein Ball, ihre Farbe ist orange, sie riecht süß und ist saftig. Sie kommt vom Baum und landet schließlich im Supermarkt. Diese Informationen müssen in beiden Gehirnhälften verarbeitet und auf der Brücke zwischen ihnen zusammengebracht werden – in den Verbindungen des Corpus callosum.

Ein zwei Jahre altes Kind wird vermutlich nicht viel weiter kommen als bis zu der Tatsache, dass die Farbe einer Orange auch orange ist und dass sie eine runde Form hat, aber wenn es erst mal vier oder fünf Jahre alt ist, wird seine Beschreibung sehr viel ausführlicher sein. Das alles hat etwas mit dem Entwicklungsstand seines Gehirns zu tun, mit den Verbindungen zwischen den Gehirnhälften und mit seinen Kommunikationsfähigkeiten. Es hat aber auch eine Menge damit zu tun, wie viel Anregung und Input es im Laufe seiner Kindheit bekommt. Es ist bekannt, dass bei einem Kind, das ermutigt und unterstützt wird, neue Fähigkeiten zu erlernen, das eine ausgewogene, eisenhaltige Ernährung bekommt und das in einem liebevollen, sicheren Umfeld aufwächst, verstärkt neue Nervenverbindungen im Gehirn gebildet werden.

Selbstkontrolle

Selbstkontrolle ist die Anwendung unseres Willens auf uns selbst – auf unser Benehmen, unsere Handlungen und unsere Gedanken. Selbstkontrolle entwickelt sich in Abhängigkeit von unserer Selbstwahrnehmung und einer gewissen Fähigkeit, uns selbst Grenzen zu setzen. Es ist wichtig, dass ein Kind diese Fähigkeit erlernt, weil sie es ihm erlaubt, Macht oder Kontrolle über seine eigenen Handlungen auszuüben, und weil es damit Entscheidungen hinsichtlich seines eigenen Verhaltens treffen kann. Wenn ein Kind früh erfährt, was Selbstkontrolle bedeutet, wird es sich später mit den Entscheidungen, die es für sein Leben trifft, wohler fühlen.

Der Erwerb von Selbstkontrolle ist ein lebenslanger Prozess, in dem es letztlich um die Fähigkeit geht, Entscheidungen darüber zu treffen, wie und wann wir unsere Gefühle zum Ausdruck bringen und welchen unserer Impulse wir Aktionen folgen lassen. Das Erlernen von Selbstkontrolle geht einher mit der Entwicklung unserer kognitiven Fertigkeiten und unserer Fähigkeit zu verstehen – sowohl uns selbst als Individuen als auch andere.

Ein Kleinkind, das buchstäblich erst beginnt, auf seinen Beinen zu stehen und laufen zu lernen, hat noch einen ziemlich langen Weg vor sich, denn wenn wir das Wort »verstehen« etwas genauer unter die Lupe nehmen, erkennen wir, dass das Wort »stehen« in ihm steckt. Verstehen ist eine mentale Aktivität und doch klingt darin auch das »Stehen« an – gut geerdet und »mit beiden Beinen auf dem Boden« sein. Stehen bedeutet für ein Kleinkind am Anfang viel Taumeln und Torkeln, Stolpern und Fallen. Verstehen ist nicht Wissen. Wissen ist etwas, das wir von außen bekommen, während Verstehen in unserem eigenen Inneren ist. Verstehen ist einzigartig und gehört nur diesem einen Individuum. Wissen hingegen steht allen Menschen zur Verfügung.

Ver*stehen* ist eine großartige Metapher für Selbstkontrolle. Fähigkeiten wie Gehen, Laufen, Treppensteigen, einen Ball Kicken, Seilhüpfen, auf einem Bein Balancieren und Tanzen kommen nicht alle auf einmal und sofort. Sie werden im Laufe einer vergleichsweise langen Zeit im Leben eines kleinen Kindes erworben. Verstehen ist ein allmählicher Prozess, der ein Leben lang immer wieder stattfindet und immer dann abgeschlossen ist, wenn uns ein Licht aufgeht. Und damit das passieren kann, müssen wir gut geerdet sein.

Sauber werden

Einer der ersten Akte körperlicher Selbstkontrolle, die man uns abverlangt, ist das »Sauber werden«, für das wir die tiefe Muskulatur unseres Körpers unter Kontrolle haben müssen, vor allem die Muskeln des Beckenbodens. Willentliche Kontrolle über diese Muskeln beginnt sich erst mit etwa 18 Monaten zu entwickeln, in dem Alter, in dem die zunehmende Fähigkeit des Kindes, begrifflich zu denken, deutlich wird.

Gesunde Selbstkontrolle schließt ein Feingefühl für Feedback ebenso ein wie die Bereitschaft, flexibel, kreativ und entschlussfreudig zu sein. Selbstkontrolle hat auch etwas mit Hingabe zu tun – Loslassen und dem Umfeld sowie unseren Beziehungen vertrauen. Die physischen, emotionalen und intellektuellen Aktivitäten, die den Prozess des Sauberwerdens begleiten, können als Metapher für das empfindliche Gleichgewicht von Kontrolle und Hingabe betrachtet werden, die es auch in anderen Bereichen unseres Lebens zu finden gilt. Es geht auch darum, dem Prozess des Lebens zu vertrauen.

Die Fähigkeit, begrifflich zu denken, beruht auf der kontinuierlichen Entwicklung des Gehirns durch den fortlaufenden Prozess der Myelinisierung von Verbindungen zwischen Nerven und Gehirnzellen und von Gehirnzelle zu Gehirnzelle. Diese Entwicklung läuft teilweise schon im Gehirn von Kleinkindern unter eineinhalb bis zwei Jahren ab. Das Kind ist also nach und nach in der Lage, im Geist eine Idee von etwas zu entstehen zu lassen oder sich eine Vorstellung davon zu machen und es dann zu verstehen. Es entwickelt die Fähigkeit, die Idee mit Worten zu formulieren und in Handlungen zum Ausdruck zu bringen. Diese Fähigkeit ist notwendig, wenn sich das Kind selbst melden soll, weil es aufs Töpfchen muss.

Sauberwerden erfordert die Bereitschaft sowohl des Kindes als auch der Eltern. Mit anderen Worten: Das Töpfchentraining mit einem Kleinkind kann erst beginnen, wenn *beide* – Sie und das Baby – dazu bereit sind.

Sie als Trainer sind bereit, wenn das, was vor Ihnen liegt, ziemlich überschaubar ist und Sie einen gewissen Freiraum haben. Das heißt, Sie sollten unter keinem besonderen Stress stehen, weil Sie vielleicht einen Umzug planen oder ein neues Baby unterwegs ist oder sonst etwas ansteht, das viel körperlichen und emotionalen Einsatz von Ihnen verlangt. Sie sollten darauf vorbereitet sein, nicht zu wissen, wie lange der Prozess dauert, und dafür sorgen, dass Ihre Stimmung gut genug ist, um mit dem manchmal anstrengenden Benehmen Ihres Kleinkindes umgehen zu können. Der Zeitpunkt ist ideal, wenn Sie das Gefühl haben, dass Sie und Ihr Kind sich gerade in keinem frustrierenden oder negativen Stadium Ihrer Beziehung befinden, und wenn Sie auch bereit sind, den Prozess abzubrechen, wenn offensichtlich wird, dass eine Pause nötig ist, bevor alles noch einmal von vorn beginnen kann. Sie sind bereit, wenn Sie finden, dass Sie Geduld im Überfluss haben. Letzteres ist wichtig für den Umgang mit den kleinen »Unfällen« und immer dann, wenn man nicht vergessen darf, dass ein kleines Kind keine Vorstellung von Zeitmanagement hat. Sie sind bereit, wenn Sie intuitiv das Gefühl haben, jetzt sei »der richtige Zeitpunkt«. Hören Sie auf Ihre innere Stimme.

Die Bereitschaft des Kleinkinds, selbst aufs Töpfchen oder auf die Toilette zu gehen, stellt sich irgendwann im Alter zwischen zwei und vier Jahren ein. Manchmal ist das Kleinkind auch schon mit etwa 17 Monaten, am Ende der fünften 100-Tage-Phase dazu bereit. Hat ein Kind mit vier Jahren immer noch kein Interesse, auf die Toilette zu gehen, braucht es medizinische Hilfe.

Ein kleines Kind ist bereit, wenn es einfache Anweisungen befolgen kann und »Toiletten-Worte« versteht, etwa »Pipi« und »Kacka« oder was immer in seiner Familie gesagt wird. Es sollte auch in der Lage sein, zwischen »nass« und »trocken« zu unterscheiden.

Erlebt es längere Trockenphasen von zwei oder mehr Stunden, ist das ein Zeichen dafür, dass seine Nervenverbindungen reifer und die Beckenbodenmuskeln stärker werden und es so das Wasserlassen besser kontrollieren kann. Das ist ein Zeichen für seine Bereitschaft, aufs Töpfchen zu gehen. Die Entwicklung eines gleichmäßigen Darmbewegungsmusters ist ein anderes recht gutes Zeichen, obwohl es nicht bei allen Kleinkindern zu beobachten ist, vor allem dann nicht, wenn sie häufig unter Durchfall oder Verstopfung leiden (was medizinisch abgeklärt werden sollte).

Ein Kleinkind ist auch dann bereit zum Sauberwerden, wenn es deutlich zeigt, dass es Dinge allein tun will, zum Beispiel selbst beim Anziehen mithilft und sich etwa die Hose hoch- und runterzieht; wenn es also durch eine Phase geht, in der es Ihnen gefallen möchte und in der es sich sicher fühlt und glücklich ist.

Falls es einen Einschnitt in den gewohnten Ablauf eines kleinen Kindes gegeben hat, etwa durch eine Krankheit oder einen Umzug oder die Ankunft eines neuen Babys, sollte man den Beginn des Lernprozesses lieber noch mindestens einen oder zwei Monate hinauszögern.

Mit dem Beginn des Lernprozesses zu warten, bis das Wetter wieder wärmer ist, ist ebenfalls Erfolg versprechend. Ein kleines Kind kann leichter selbst aufs Töpfchen oder auf die Toilette gehen, wenn es dabei nicht auch noch mit dicker Winterkleidung zu kämpfen hat. Kann es ganz ohne Kleider gehen kann, wird es Ursache und Wirkung besser verstehen, oder anders ausgedrückt: Es wird verstehen, welche Auswirkung das Gefühl und die Aktion haben, die zur Erleichterung führen. Damit bekommt das ganze Lernerlebnis eine neue Bedeutung – als Prozess des Konzeptionalisierens oder Durchdenkens einer Idee.

Fängt ein kleines Kind an, diesen Prozess zu vereiteln oder Widerstand dagegen aufzubauen, liegt das für gewöhnlich daran, dass er zu früh begonnen wurde. Dann braucht es eine Pause, nach der das Ganze noch einmal von vorn anfangen kann. Überprüfen Sie die Bereitschaft aller Beteiligten, bevor Sie den Prozess noch einmal beginnen lassen.

Einer der am meisten befriedigenden Aspekte des Sauberkeitstrainings mit einem Kind ist der partnerschaftliche. Hier wird *gemeinsam* etwas erreicht. Dies ist die Zeit, in der das Kleinkind seinen Platz in der Familie erkennt und in der es lernt, Teil eines Teams zu sein. Es ist eine großartige Gelegenheit für ein kleines Kind, etwas über Leistung zu lernen. Wenn dieser Prozess in einen Kampf oder Konflikt ausartet, hat das Kind vermutlich keine sehr glückliche Perspektive im Hinblick auf Eigenschaften, die mit offizieller Erziehung assoziiert werden: Ausdauer, Lob, das Erreichen von Zielen und Vorwärtskommen und auch die Wahlmöglichkeiten, die damit einhergehen. Im besten Fall ist das Kind sauber geworden und hat dabei auch noch die Erfahrung gemacht, dass Lernen Spaß machen kann und es sehr befriedigend ist, etwas erreicht zu haben. Es lernt auch, dass es in Ordnung ist, im Leben Fehler zu machen. Dass Fehler und Rückschläge etwas sind, womit man umgehen kann, und dass es immer Möglichkeiten gibt, es noch einmal neu zu versuchen und dann doch erfolgreich zu Ende zu bringen, was man sich vorgenommen hat.

Schlafen

Bei einem neugeborenen Baby ist der Schlaf in zwei Hälften geteilt: eine Hälfte REM-Schlaf (Rapid-Eye-Movement-Schlaf oder Traumschlaf) und die andere Nicht-REM-Schlaf (traumloser oder nicht aktiver, tiefer Erholungsschlaf). Bis es ein Jahr alt ist, hat sich dieses Verhältnis verändert in etwa ein Drittel REM-Schlaf und zwei Drittel Nicht-REM-Schlaf. Wenn es zwei Jahre alt ist, verbringt es ein Viertel seiner Schlafenszeit im REM-Schlaf und drei Viertel im Nicht-REM-Schlaf. Bei einem Erwachsenen beträgt der Anteil des aktiven REM-Schlafes nur noch ein Fünftel. Man sieht also, dass das Schlafmuster eines zweijährigen Kindes schon fast dem eines Erwachsenen gleichkommt.

Es schläft in 24 Stunden durchschnittlich 13,5 Stunden, davon 11,5 nachts und eine oder zwei Stunden tagsüber. Manche Kleinkinder weigern sich, tagsüber zu schlafen, schlafen dafür aber nachts sehr gut. Wenn ein Kind nachts gut durchschläft und seine Schlafzyklen ohne Hilfe beibehalten kann, ist dies ein zufriedenstellendes Muster. Wenn ein kleines Kind nachts jedoch regelmäßig seine ganze Familie stört, muss etwas passieren, denn ein solches Verhalten hat zur Folge, dass die Eltern und auch andere Bezugspersonen ständig müde und irgendwann sogar wütend sind, was natürlich die Harmonie in der Familie beeinträchtigt.

Wenn das geschieht, muss man feststellen, warum dieses Kind es nicht schafft, sich dem altersgemäßen Schlafmuster entsprechend zu verhalten. Manchmal ist professionelle Hilfe erforderlich, um dies herauszufinden.

Mittelohrentzündungen, Harnwegsentzündungen und Zahnen haben einen Einfluss auf die Fähigkeit des Kindes, ein- oder durchzuschlafen. Der Gebrauch (oder das Verlieren) eines Schnullers kann auch dazu führen, dass das Kind seine Eltern nachts nicht schlafen lässt. Auch die falsche Kleidung, vor allem an Füßen und Beinen, kann Schlafstörungen verursachen. Es ist in jedem Alter sehr schwer, mit kalten Füßen und Beinen einzuschlafen. Ein Paar Socken oder Leggings können hier viel bewirken und dem Baby einen guten Schlaf bescheren.

Wenn ein kleines Kind noch nie ein guter Schläfer war, kann das eine Folge davon sein, dass es keine gute Schlafroutine und kein gutes Schlafmuster entwickeln konnte, und meistens leidet ein solches Kind an chronischer Müdigkeit (genau wie seine Eltern). Ein solches Schlafmuster wird zum Teufelskreis, den man nur mit professioneller Hilfe durchbrechen kann. Veränderungen in den Ess- und Schlafgewohnheiten am Tage können auch das nächtliche Schlafmuster verändern (siehe »Die ersten 100 Tage«).

Irgendwann im Laufe des zweiten Lebensjahres wird das Kleinkind sein zweites Schläfchen am Tag nicht mehr machen wollen. Normalerweise schläft ein zweijähriges Kind tagsüber nur noch einmal, und zwar meistens am frühen Nachmittag direkt nach dem Mittagessen. Es gibt allerdings Zeiten, in denen das Kind so reizbar, unfallgefährdet und quengelig ist, dass es schlafen muss, auch wenn der Zeitpunkt nicht zu seinem üblichen Schlafmuster passt. Es braucht dann einfach ein Nachholschläfchen.

Die Menge an Energie, die ein kleines Kind tagsüber verbraucht, ist phänomenal. Es hört einfach nicht auf. Es weiß nicht, dass es schlafen muss. Es hat keine Zeitvorstellung. Es ist noch ein Kind mit einem Bündel voller Empfindungen und Gefühle. Es ist entweder ein Dynamo oder es hat Hunger oder es ist müde. Wenn ein Kind müde wird, wird es sehr laut. Hören Sie auf das Kind, statt auf die Uhr zu schauen, und lassen Sie es ein bisschen Schlaf nachholen. Es wird vermutlich protestieren, aber danach wird es wieder besser drauf sein und auch besser durchschlafen.

Bei zweijährigen Kindern kann es vorkommen, dass sie alle möglichen Ängste haben, wenn sie sich in einem dunklen Zimmer isoliert und vom Stimmengewirr der anderen Familienmitglieder abgeschnitten fühlen. Fantasievolles Spiel stellt sich mit der Entwicklung des begrifflichen Denkens ein und trägt in dieser fünften 100-Tage-Phase sehr zur Bereicherung der kindlichen Entwicklung bei. Diese Fantasie kann aber auch alle möglichen furchterregenden Dinge erschaffen, die nachts besonders aufdrehen. Die Gewohnheit, ein Kleinkind zum Schlafen in sein eigenes dunkles Zimmer zu verbannen, kann eine Situation herbeiführen, die seiner Fähigkeit, ohne große Hilfe glücklich einzuschlafen, nicht unbedingt förderlich ist. Es gibt aber noch einen Grund, weshalb kleine Kinder Schwierigkeiten und Angst haben, ins Bett zu gehen: Albträume oder »schlechte« Träume. Träume sind ein Mittel unserer Psyche, die Ereignisse unseres täglichen Lebens zu verarbeiten. Wenn ein Kleinkind wächst und sich entwickelt, dehnen sich seine Erlebnisse immer weiter aus und führen es auch auf unbekanntes Gelände. Es ist in Bewegung und sein Gehirn entwickelt sich im Bereich des begrifflichen Denkens enorm schnell. Dieser Bereich ist für die Verarbeitung von Ideen und mentalen Konstrukten zuständig und macht das Kind kreativ und fantasievoll. Und während Fantasie und Kreativität immer mehr wachsen, beginnt es die ganze Fülle des Lebens zu erfahren.

Solche Erfahrungen entfalten und vermehren sich in der fünften 100-Tage-Phase mit rasanter Geschwindigkeit.

Parallel zu dieser mentalen schreitet auch die emotionale Entwicklung des Kindes immer weiter fort. Und wenn es sich nicht in der Lage sieht, all seine emotionalen Erlebnisse tagsüber zu bewältigen, wird sein Unterbewusstsein ihm helfen, sie nachts im Schlaf zu verarbeiten. Das bleibt ein Leben lang so: Wir haben Träume und Albträume, allerdings nicht mehr ganz so viele, wenn wir erwachsen sind, denn wir schaffen es dann, die meisten unserer Emotionen und Ängste auf einer höheren Ebene zu rationalisieren. Träumen ist die Methode der Psyche, Energien loszulassen, die wir in unsere Emotionen investiert haben und die im wachbewussten Zustand nicht angemessen abgebaut werden konnten. Wir träumen im leichten oder REM-Schlaf, wenn unser Körper bewegungsunfähig ist und den Traum daher nicht ausagieren kann. Ein Albtraum ist ein furchterregender Traum, aber auch einer, den unser Bewusstsein wahrnimmt. Man kann sich beim Aufwachen an ihn erinnern.

Schlafterror ist eine andere Art von Albtraum und tritt auch in der anderen Phase des Schlafzyklus auf, nämlich im Tief- oder Nicht-REM-Schlaf. Schlafterror zeigt sich normalerweise frühestens gegen Ende des ersten Lebensjahres, wenn sich das kognitive Bewusstsein eines Kindes ebenso entwickelt wie seine Trennungs- oder Verlustangst und die Tiefschlafphasen länger werden, während sich die Leichtschlafphasen proportional verkürzen. Einem Schlafterror ist man sich nicht bewusst, und wieder aufgewacht, kann man sich nicht daran erinnern. Erwacht ein Kind aus einem Schlafterror, ist sein Bewusstsein möglicherweise teilweise getrübt. Es kann sein, dass es Sie nicht einmal erkennt, dass es allgemein ein wenig verwirrt scheint, dass sein Puls schneller geht und es auch andere Anzeichen von Furcht oder Angst zeigt, etwa schnelle Atmung, Keuchen, Stöhnen, Weinen und oft sogar Schreien. Es ist aber normalerweise bald wieder in der Lage, ganz ruhig weiterzuschlafen.

Weil Schlafterror in einem leichten Stadium des Tiefschlafes auftritt, ist der Körper dabei nicht bewegungslos. Ein Anzeichen für Schlafterror kann also sein, dass das sich das Kind herumwirft, um sich schlägt, aufsteht, schreit oder spricht. Weil die Tiefschlafphase natürlicherweise in den ersten Stunden nach dem Einschlafen liegt, ist das auch die Zeit, in der Schlafterror häufiger vorkommt. Albträume, die in den leichteren REM-Schlafphasen auftreten, zeigen sich im Allgemeinen in den frühen Morgenstunden, wenn die leichten Schlafphasen zum Aufwachen hin immer länger werden. Schlafterror kommt bei Kindern von drei bis fünf Jahren häufig vor und dann immer seltener.

Ängste aller Art, ob »real« oder nicht, müssen respektiert und ernst genommen werden. Hat ein Kind Angst, ist es nicht dumm. Es hat Angst und dafür braucht es keine Begründung. Vielmehr braucht es Rückendeckung, Ermutigung und Unterstützung im Prozess der Angstbewältigung. Wenn es weiß, dass es von Liebe und Schutz umgeben ist, kann es seine Gefühle allmählich verarbeiten. Das wird ihm für den Rest seines Lebens zugutekommen. Werden seine Gefühle hingegen negiert oder abgelehnt, bekommt es kein Gefühl der Sicherheit und wird sich immer scheuen, ins Bett zu gehen. Wie alt wir auch sind, unser Bett muss ein sicherer Himmel sein und ein großartiger Aufenthaltsort.

Wenn ein Kind eine schwierige Zeit durchmacht, in der es viele Albträume hat und ständig Angst, ins Bett zu gehen, kann es hilfreich und beruhigend sein, sein Schlafzimmer neu einzurichten oder das Bett umzustellen. Ebenfalls hilfreich ist es, ein Nachtlicht oder das Flurlicht anzulassen, beziehungsweise die Tür ein Stück offen zu lassen, damit es seine Familie hören kann und durch ihre Gegenwart beruhigt wird. Auch das Identifizieren und Mildern seiner Tagesängste kann eine große Unterstützung für das Kind sein.

Ernährung

Ein Kleinkind braucht keine Babynahrung mehr. Es kann alles essen, was auch seine Familie isst. Allerdings ist es ein wachsender Dynamo und es braucht Essen, das seinen Bedürfnissen entspricht. Ein Kleinkind hat wirklich keine Zeit für irgendetwas anderes als das, was es im Moment tut. Es lebt im Moment. Es ist kreativ. Essen zu müssen empfindet es manchmal geradezu als Belästigung. Daher entwickelt es sich zum »Weidetier«, das, wenn der Hunger quält, mal hier und mal da etwas aufnimmt.

Ein Kleinkind zeigt oft durch gereiztes Verhalten, dass es Hunger hat. Es kann seine Eltern zur Weißglut bringen, wenn es ums Essen geht. Ihm einen Auflauf zu kochen ist reine Zeitverschwendung. Am Ende sitzen Sie allein weinend davor und das ist dann eine noch größere Verschwendung.

Ein Kleinkind braucht täglich 1200 Qualitätskalorien:
70% Gemüse, Früchte, Getreide, Hülsenfrüchte und Saaten
30% Fisch, Fleisch, Molkereiprodukte
(oder vegetarische/vegane Äquivalente) und zusätzliche Fette
Milchprodukte – Vollmilch, Joghurt, Käse, Quark etc. – 500 ml
Rotes Fleisch, Fisch, Huhn oder Eigelb oder ein vegetarisches Äquivalent in einer Menge, die 10 mg Eisen pro Tag liefert
Gemüse – 5 Portionen
Früchte – 3 Portionen

Eltern erwarten, dass ihr Kind isst, was es braucht, um optimal mit Nährstoffen versorgt zu sein. Doch das geschieht nicht immer. Wenn das Kind ein »Weidetier« oder ein Snacker ist, sollten die Snacks entsprechend nahrhaft sein. Die Kindersnacks aus dem Supermarkt sind so gemacht, dass man danach süchtig wird. Versuchen Sie sie also zu vermeiden und stellen Sie Ihre eigenen her.

Ein Grund, warum ein Kleinkind tagsüber keinen herzhaften Appetit hat, ist, dass es riesige Mengen Milch trinkt, oft abends oder nachts. Wenn ein Kleinkind dieses Essensmuster entwickelt hat, kann es davon entwöhnt werden, indem man die Milchmenge pro Flasche um 10 ml reduziert und zu 50 Prozent mit Wasser mischt. Ist die Menge an Flaschenmilch auf null reduziert, ist die Gewohnheit gebrochen und die Flaschen können weggepackt werden. Auch das Trinken großer Mengen Fruchtsaft hat eine stark dämpfende Wirkung auf den Appetit. Das einzige Getränk, das Kleinkinder brauchen, ist entweder Milch oder Wasser. Fruchtsaft und Milch aus der Flasche fördern den Zahnverfall. Ein Kleinkind sollte in liebenden Armen gewiegt werden, wenn es aus der Flasche trinkt.

Nuckelflaschen (zum Selbsttrinken) im Bett eines Kleinkinds verderben den Appetit und führen ebenfalls zu Karies. Gut ist es, einem Kleinkind mit zwei Jahren das Trinken aus der Nuckelflasche abzugewöhnen. In Zeiten, in denen das Kind viel Stress hat, weil vielleicht ein neues Baby angekommen oder die Familie umgezogen ist, wäre es unfreundlich, ihm seinen Lieblingströster zu nehmen. Dann sollte das Timing noch einmal überdacht werden. Vorschläge zur Entwöhnung wurden bereits in den vorangegangenen Kapiteln über die dritte und vierte 100-Tage-Phase gemacht.

Kreative Momente

Ein 14 bis 18 Monate altes Kleinkind ist völlig ichbezogen. Es weiß, dass jede Person der Welt und alles auf dieser Welt nur für es da ist – kein Teilen, kein Kümmern. Es ist der Mittelpunkt des Universums. Und es ist sehr beschäftigt. Es gibt so viel zu tun, so viele Orte zu entdecken, so viele Dinge zum Spielen. Die Küche, der Supermarkt um die Ecke, alle seine Spielsachen und die Spielsachen aller anderen – alles meins, denkt dieses Kind. Die Vorstellung von Eigentum und Teilen ist im Gehirn dieser kleinen Person noch nicht vorhanden. Ein Kind in diesem Alter breitet sich einfach in Ihrem Leben aus und kann dabei wahre Wunder wirken. Es ist eine wunderbare, aber manchmal auch frustrierende Zeit – nicht nur für seine Familie, sondern auch für das Kind selbst.

In dieser Lebensphase erwachen Kreativität und Kommunikation. Während das Kind mit 14 Monaten nur plapperte, wird es mit 18 Monaten zu singen versuchen. Es wird sich an Kinderreimen erfreuen und anfangen, in die Rezitation einzustimmen.

Wenn ein Kind zu laufen beginnt, macht es unbeholfene Schritte mit Füßen weit auseinander, und hebt, um das Gleichgewicht zu halten, die Arme leicht angewinkelt über den Kopf oder auf Schulterhöhe. Kommt es in Fahrt, sieht es aus wie ein Flugzeug im Anflug – das irgendwann die Kontrolle verliert und im Heuhaufen landet. Manchmal tut es sich weh, aber dieses Kind hat Ausdauer, und ohne groß darüber nachzudenken, kommt es allein wieder auf die Beine und hebt erneut ab. Treppen stellen eine Herausforderung dar, doch mit dem Ziel, den Mount Everest zu besteigen, ist es in der Lage, dort hinaufzukrabbeln und ganz vorsichtig rückwärts wieder runter.

Knien ist ein neuer Trick, der ausprobiert werden will, und die aufgezwungene Haltung in einem Buggy oder der Badewanne wirkt wie eine echte Kampfansage für das Kind. Wenn es fast 18 Monate alt ist, hat dieses Kind bereits große Fortschritte im Gehen gemacht. Es geht jetzt gut, hat die Füße dabei nur noch ein wenig auseinander und kann sicher und kontrolliert starten und stoppen. Es tendiert allerdings immer noch dazu, mit Hindernissen auf seinem Weg zu kollidieren, weil seine Navigation immer noch unreif ist. Es ist nun zwar in der Lage, im Gehen Gegenstände vor sich herzuschieben, aber die Wahl der Richtung, in die es sie schiebt, wirkt noch ein bisschen willkürlich. Doch wie auch immer, dieses Kind kommt dort an, wo es hin will – wo immer »dort« auch sein mag – und ist entsprechend entschlossen. Das Erforschen seiner Umwelt hat immer noch Priorität.

Auch seine feinmotorischen Fähigkeiten verbessern sich. Es kann Bauklötze aufeinanderstapeln und einen Turm aus drei Bauklötzen errichten, es kann die Seiten eines Buches umblättern, und zwar gleich mehrere auf einmal.

Es kann einen Löffel zum Mund führen, ohne dabei sein Handgelenk zu verdrehen und den Inhalt des Löffels zu verschütten. Das kommt daher, dass die Handwurzelknochen reifer geworden sind, und das wiederum hängt auch vom genetischen Erbe des Kindes ab. Die Härtung der Knochen ist abhängig vom Entwicklungsstand und von der Reife des Skeletts – die andererseits auch daran abgelesen werden können. Wenn diese Entwicklung langsam verläuft, dann vermutlich deshalb, weil sie auch bei einem Elternteil oder bei beiden Eltern des Kindes langsam verlaufen ist. Es ist gut, sich daran zu erinnern und darüber nachzudenken, wie es war, als die Eltern/der betreffende Elternteil auf diesem Stand ihrer/seiner eigenen Entwicklung war(en). Das macht es uns möglich, die individuellen Meilensteine des Kindes zu verstehen und zu akzeptieren, wann immer es sie erreicht.

Manche dieser Meilensteine stehen im Vergleich zum »Durchschnitt« sehr weit vorn, andere liegen ein bisschen hinter dem Durchschnitt. Wir leben in einer Welt der Vergleiche, als wäre das Leben ein Rennen, und manchmal verlieren wir das individuell Erreichte aus den Augen und erkennen nicht, was für einen Sieg es bedeutet.

Das zweite Jahr im Leben eines Kindes ist von seinem angeborenen Streben nach Erfolg geprägt. Der Moment, in dem man den Ausdruck reiner Freude auf dem Gesicht eines Kindes sieht, das einen Meilenstein in seinem Leben erreicht hat, ist ein ganz besonderer.

In diese Zeit fällt auch die Geburt der Imagination. Diese Fähigkeit kommt mit der Entwicklung konzeptioneller Fertigkeiten, wenn ein Kind fähig ist, eine Idee zu haben und sich in einer Art fantasievollen Rollenspiels durch diese Idee zu bewegen. Damit beginnt das Erlernen von Lebenskompetenzen und davon, wie man sich einen Weg durch sie hindurchbahnt, um sie zu perfektionieren.

Befragt man kleine Kinder zu einer bestimmten Situation, werden sie sie als eine Abfolge vertrauter Ereignisse berichten. Noch bevor die Sprachkompetenz voll entwickelt ist, kann man bei Kleinkindern zwischen einem und zwei Jahren beobachten, wie sie, um eine Abfolge vertrauter Ereignisse darzustellen, das fantasievolle Spiel mit Puppen oder anderem Spielzeug einsetzen. In diesem fantasievollen Entwicklungsstadium wird das Kind allmählich Teil einer größeren Welt, die sich über das Individuum hinaus erstreckt und sich realisiert mit Beginn des nächsten Stadiums menschlichen Bewusstseins, wenn das Kind acht Jahre alt ist.

Die Fähigkeit, Probleme zu lösen, ist Teil der Entwicklung konzeptioneller und kognitiver Fertigkeiten. Soziale Kompetenzen entwickeln sich parallel zur Sprache. Das Kind war bis zu diesem Zeitpunkt zwar durchaus in der Lage, mit anderen Mitteln als der gesprochenen Sprache zu interagieren, aber sobald Worte und Sätze Teil seiner Kommunikation werden, kann es konzeptionell kommunizieren, Fragen stellen, Antworten verarbeiten und seine soziale Kompetenz auch gegenüber anderen Individuen als seinen Familienmitgliedern einsetzen. Die Sprache macht es ihm möglich, mit einer größeren Welt zu kommunizieren. Sie befähigt das Kind, die Symbole des Lebens zu lernen und sie zur Kommunikation mit anderen einzusetzen.

Das Gedächtnis hängt von drei Fertigkeiten ab: Erkennen, Abrufen und Rekonstruieren von Ereignissen oder Dingen, die wir in unserem Leben erfahren haben. In der fünften 100-Tage-Phase, in der das Verdrahten und Neuverdrahten im Gehirn weitergeht, fängt das Kind an, seine Erinnerungen an vergangene Ereignisse zu demonstrieren. Wiederholte Anregung führt zur Erinnerung an Menschen und Dinge – was sehr schön zu beobachten ist. *Erkennen* beginnt früh in der Kindheit und setzt immer dann ein, wenn ein bereits einmal erlebter Reiz wiederholt wird. Es kann sehr spontan sein und verlässt sich nicht auf das Langzeitgedächtnis.

Wenn dieses kleine Kind vier Jahre alt ist, ist sein Wiedererkennungsgedächtnis bereits recht präzise, denn es hat schon ein paar Jahre hinter sich, in denen dieselben Reize ständig wiederholt wurden. Im Laufe seines zweiten Lebensjahres erlebt es viele dieser Reize, weil es in dem Alter eine sehr kontaktfreudige und neugierige kleine Person ist.

Abrufen ist etwas anspruchsvoller, da es voraussetzt, dass man sich an einen Reiz erinnert, zum Beispiel an eine Person, ein Ereignis oder ein Ding, die oder das nicht anwesend ist. Obwohl ein Kind schon gegen Ende seines ersten Lebensjahres zum Abrufen in der Lage ist, tritt diese Fähigkeit im fantasievollen Spiel eines zweijährigen Kindes viel deutlicher zutage – dann nämlich, wenn Ihr Kleinkind anfängt, manche Ihrer Verhaltensweisen nachzuspielen, Ihre Angewohnheiten und Ihre typischen Verhaltensweisen. Es wird regelrecht zum Spiegel, in dem Sie sich selbst sehen können. Das kann eine sehr aufschlussreiche, vielleicht sogar inspirierende Zeit für Sie als Eltern sein. Wird ein Kind erwachsen, erinnert es sich auch an Ereignisse, die stattgefunden haben, bevor es selbst sprechen konnte.

Rekonstruieren ist der Prozess des Erinnerns an noch komplexere Ereignisse und Geschichten und geht weit über die Fähigkeiten eines Kleinkindes hinaus. Es ist wichtig, dies zu wissen, denn es hält unsere Erwartungen im Zaum, wenn wir ein Kleinkind begleiten und ihm etwas beibringen wollen.

Gegen Ende dieser 100-Tage-Phase zeigt sich ein Kind besorgt angesichts irgendwelcher Abweichungen von der Art, wie Dinge sein und Menschen handeln sollten. Es fängt an, die »Schäden« an Kleidern und Objekten zu bemerken und macht Sie vielleicht auf einen Fleck im Badezimmerteppich aufmerksam. Es fängt an, mit Bestürzung auf aggressives Verhalten zu reagieren, welches sein eigenes Wohlergehen und das anderer gefährden könnte. Dies kommt, spätestens im Alter von zwei Jahren, auch in seiner Sprache zum Ausdruck: sein Vokabular enthält nun auch beschreibende Worte wie »kaputt«, »wehgetan«, »pfui, das ist dreckig« oder »oh, oh«. Das kleine Kind entwickelt sich zum moralischen Wesen.

Ab etwa 17 Monaten registriert ein Kind Abweichungen von dem, was es für normal hält: einen Schaden oder eine Deformation an einem Gegenstand beziehungsweise eine Veränderung im Verhalten eines Familienmitglieds oder eines anderen Kindes. Es ist im Einklang mit einem einfachen Konzept von Ursache und

Wirkung und entwickelt ein gewisses Geschick darin, seiner Umgebung bestimmte Verhaltensweisen zu entlocken. Es weiß, dass Mama und Papa auf eine bestimmte Weise reagieren, wenn es etwas Bemerkenswertes tut. Deshalb wird es, tritt ein Geschwisterchen in sein Leben, alles tun, um die Situation wieder so hinzubekommen, wie sie vorher war. Es hat gelernt, wie man mit Benehmen – ob »gut« oder »schlecht« – Aufmerksamkeit bekommt.

Dieses Bedürfnis nach Aufmerksamkeit ist stärker als jede Überlegung, *wie* man diese Aufmerksamkeit bekommen könnte. Macht das Kind also etwas, spielt es keine Rolle, auf welche Weise dies erfolgt, solange es Aufmerksamkeit dafür bekommt. So kann es sich sicher fühlen und in seinem Familienverband überleben. Aufmerksamkeit bestätigt seine Existenz und sichert sein Überleben.

Mit nichts erreicht man mehr als mit Ausdauer. Nichts wird geschaffen ohne Ausdauer. Menschen sind Schöpfer, die ständig nach neuen Möglichkeiten suchen, um Dinge zu tun, die neue Entdeckungen machen, neue Gedanken und Konzepte entwickeln. So entwickeln sich Gesellschaften weiter.

Wenn wir ein Kind in diesem Alter beim »Spielen« beobachten, sehen wir eine kreative Person mit Ausdauer und wachsendem Weitblick – und das ist es, was unsere Welt braucht.

Elternsein mit Kommunikation und Kreativität

Um kreative und kommunikative Individuen zu sein, brauchen wir Vorstellungsvermögen, Energie und Geduld, also genau die Eigenschaften, die wir auch als erfolgreiche Eltern eines Kindes zwischen 14 Monaten und acht Jahren brauchen. Eine der besten Wege zu erfolgreicher Elternschaft führt in unser eigenes Inneres, zu unserem kleinen inneren Kind und zu den Frustrationen, die entstanden, weil unsere eigene Kreativität unterdrückt wurde. Diese Reise nach innen kann uns helfen, das frustrierte Verhalten eines kleinen Kindes zu verstehen, das oft als »für Zweijährige typisch« beschrieben wird. Das Kind hat keinen »Wutanfall«, wie oft behauptet, es ist frustriert. Es hat nur noch nicht erkannt, wie man mit dieser Frustration umgehen kann, ohne eine Menge Lärm zu machen.

Der Umgang mit Frustration, hängt ganz vom individuellen Grad der Reife ab, also davon, wie gut man sein eigenes Verhalten versteht, wie sehr man bereit und in der Lage ist, es zu verändern, und welche Lebensfertigkeiten man besitzt. Sprachkompetenz ist in diesem Zusammenhang besonders wichtig.

Das Hals-Energiezentrum liegt unmittelbar unter der Körperoberfläche an einer sehr verwundbaren Stelle des Halses. Es ist nicht von Knochen oder Muskelstrukturen geschützt, wie etwa dem Schädel, dem Brustkorb, der starken Bauchmuskulatur und den Beckenknochen. Es ist das am meisten verletzliche von allen Energiezentren des Körpers. Und doch kommen wir über dieses Energiezentrum am besten in Kontakt mit unserem inneren

Kind, unserem energetischen Teil, der unser Verhalten als Erwachsener bestimmt.

Es ist immer der Kern, der die äußeren Teile kontrolliert. Die Energie im Kern jeder Materie ist die stärkste. Der Apfelkern bestimmt die Frucht, ihre Form, ihre Kraft, ihren Nährwert und ihren Ausdruck – ihren Geschmack. Wird der Apfelkern nicht in seinem irdischen Wachstum gefördert, verkümmert die Frucht und verliert eine oder alle ihrer Eigenschaften.

Der Apfelkern ist in der Mitte der Frucht enthalten. Unser *eigenes* inneres Kind ist wie der Apfelkern und muss entsprechend gefördert und gepflegt werden.

Unsere Welt wird vom äußeren Anschein festgelegt und wieder aufgelöst, und wir neigen dazu, unsere innere Person zu verleugnen. Die innere Person ist das Kind, das wir waren, und der Mensch, der wir jetzt sind. Die innere Person ist unsere Essenz und unser Ursprung. Unsere innere Person – das ist unser inneres Kind, das von unserer Umwelt gefördert wird und davon, wie wir es erkennen und anerkennen, wie wir es nähren und heilen. Es ist Zeit, in den Spiegel zu schauen, denn unser inneres Kind ist der Kern unseres Verstehens, der Teil von uns, der genau so fühlt, denkt und reagiert, wie wir es in unserer Kindheit getan haben.

Wenn wir als Erwachsene ein Gefühl wie Wut, Trauer, Verletzung oder Angst empfinden oder wenn wir das Gefühl haben, abgelehnt oder verloren oder betrogen oder ganz leer zu sein, dann fühlen wir meistens etwas, das uns als Kind verletzt hat. Diese Gefühle werden von etwas hervorgerufen, das vor langer Zeit in unserer Geschichte passiert ist. Es ist gut, dies zu erkennen, dadurch können wir als Erwachsene mit unseren Emotionen umgehen, statt sie in unangemessener Weise bei anderen loswerden zu wollen.

Weil dieses Energiezentrum äußeren Kräften so sehr ausgesetzt ist, gibt und empfängt es Energie ohne Filterung oder Schutz, und das ist in besonderem Maße der Fall, wenn wir Kinder sind. Ein altes viktorianisches Sprichwort sagt: »Kinder soll man sehen, nicht hören.« Wie hat man sich als kleines Kind wohl gefühlt, wenn man nicht gehört werden durfte? Und wie fühlt man sich als Erwachsener, wenn man nicht gehört wird?

Das Gefühl, das wir als Kind hatten, wenn wir nicht gehört wurden, bestimmt unsere Reaktion als Erwachsene, wenn wir meinen, dass uns keiner zuhört. Und wir können über- oder unterreagieren, je nachdem, wie wir als Kind gelernt haben, mit der Tatsache umzugehen, dass wir nicht gehört wurden. Entscheidend ist, das Gefühl zu erkennen und möglichst auch zu erkennen, woher es kommt, wie wir als Kind damit umgegangen sind und was wir darüber gedacht haben, und wie wir nun als Erwachsene mit diesem Gefühl umgehen, darüber denken und es zum Ausdruck bringen.

Im Leben eines Kindes ist alles groß: jedes Ereignis, das Elternhaus, der Schulhof, ja sogar der Schultyrann. Alles kommt einem riesig vor. Es ist ein sehr desillusionierendes Erlebnis, all diese Kindheitserlebnisse als Erwachsener noch einmal aufleben zu lassen. Können Sie dem Haus, in dem Sie als Kind gelebt haben, einen Besuch abstatten, die Straße entlanggehen, in der es steht, Ihre alte Grundschule besichtigen und ein Gefühl für sich selbst als kleines Kind bekommen? Das kann Ihre Erinnerungen wachrufen und Ihre Vorstellungskraft entfachen. Und mit den Augen des Erwachsenen werden Sie sehen, dass Ihre Anfänge in Wirklichkeit und im Vergleich viel kleiner waren, als Sie sie in Erinnerung hatten.

Hier haben wir auch eine Metapher für Ereignisse aus unserer Kindheit, an die wir uns erinnern: Als wir Kinder waren, kam uns alles, was in unserem Leben passierte, *groß* vor. Doch wenn wir unsere Familienmitglieder dazu befragen, erinnern sie sich möglicherweise nicht einmal daran.

Sind wir erwachsen, ist ein Kindheitserlebnis in unserer Erinnerung immer noch groß, weil der Eindruck, den es auf uns gemacht hat, groß war. Die Emotion, die wir mit dem Erlebnis verbinden, war groß und ist es immer noch, weil sie so tief in unsere Erinnerung eingebettet ist, vielleicht manchmal unbewusst. Es ist die Bedeutung des Erlebnisses, die im Gedächtnis bleibt, die in jeder einzelnen Zelle unseres Körpers verankert ist, obwohl es der Geist ist, der die Erinnerung daran verarbeitet und artikuliert. Aus diesem Grund ist es gut, die Dienste eines Beraters in Anspruch zu nehmen, wenn die Energie rund um die Erinnerung nicht losgelassen werden kann.

Das Sprechen über eine Erinnerung ist eine Möglichkeit, sie zu zerstreuen, sich durch sie hindurchzuarbeiten, sodass die Energie, die daran gebunden ist, in positive und heilende Energie verwandelt werden kann. Sprache ist ein heilendes Geschenk. Im Fall der gesprochenen Sprache wird die Energie um die Worte über den Atem losgelassen. Vertrauen wir unsere Erinnerung einem Blatt Papier an und schreiben sie auf, können wir die Worte sehen und ihre Wahrheit verarbeiten. Deswegen ist das Führen eines Tagebuchs oder das Schreiben von »Morgenblättern« eine so befreiende Aktivität.

In unserer Kindheit waren alle Erwachsenen groß, überragten uns, setzten ihre Macht ein und schmälerten unsere – und manchmal lachten sie sogar über unsere Kreativität und das, was wir für unsere Errungenschaften hielten. Das kann niederschmetternd für ein kleines Kind sein, aber meistens ist den Erwachsenen ihr Tun überhaupt nicht bewusst, weil sie lediglich unbewusst ihre eigenen Kindheitserlebnisse wiederholen. Deshalb müssen wir als Erwachsene ein Bewusstsein für unsere eigenen Handlungen entwickeln. Und wir müssen einem Kind gegenüber überhaupt nicht *so groß* auftreten.

Die netteste Art, sich mit einem Kind zu beschäftigen, ist, sich auf seine Ebene zu begeben. Knien oder hocken Sie sich hin, sodass Sie auf Augenhöhe mit Ihrem Kind sind. Es ist erstaunlich, wie sich die Kommunikation dadurch verändert und weicher wird und um wie viel einfacher es ist, Ihrem Kind wirklich zu begegnen. Und das betrifft nicht nur das kleine Kind, mit dem Sie gerade kommunizieren, sondern auch Ihr eigenes inneres Kind. Dies ist als Kind und für ein Kind die sicherste Art zu sein: gleichberechtigt und ohne Bedrohung. Übereinstimmung ist die Bedingung für Zustimmung. Wenn wir in Zusammenhang mit Verhalten an Übereinstimmung denken, bedeutet das vor allem, dass unsere Worte mit unseren Taten übereinstimmen.

Damit das, was wir sagen und tun, in Übereinstimmung ist, müssen wir im Umgang mit anderen unsere persönliche Integrität beibehalten. Wenn wir versprechen, dass wir etwas tun werden, müssen wir dieses Versprechen auch halten. Das gilt ganz besonders für alles, was wir im Umgang mit Kindern äußern. Brechen wir ein Versprechen, das wir einem Kind gegeben haben, oder halten eine Verpflichtung ihm gegenüber nicht ein, ist das für das Kind geradezu vernichtend und wird lange im Gedächtnis bleiben.

Wir sind soziale Wesen mit sozialen Bedürfnissen oder Werten. Die Entwicklung einer moralischen Einstellung basiert auf der Förderung entsprechender Gedanken und eines dazu passenden Verhaltens, auf Akten »sozialer Wahrnehmung«. Soziale Intelligenz oder soziale Fähigkeiten sind Funktionen der moralischen Entwicklung. Der Wachstumsprozess der Sozialisation schließt sowohl die moralische als auch die kognitive Entwicklung ein, und beide werden bei einem Kind von 18 Monaten offenkundig. Kleine Kinder lernen an Vorbildern. Wenn sie sehen, dass ihnen die Erwachsenen Empathie, Gewissenhaftigkeit, Selbstkontrolle, Respekt, Freundlichkeit, Toleranz und Fairness im Handeln vorleben, übernehmen sie dieses Verhalten und ahmen es nach. Kleine Kinder verhalten sich gern konform mit dem, was in ihrer Familie die Norm ist. Und später, in der mittleren Kindheit, also mit etwa sieben oder acht Jahren, orientieren sie sich an dem, was unter Gleichaltrigen die Norm ist. Ihr frühes Erlernen moralischen Verhaltens beginnt in ihrer häuslichen Umgebung. Liebevolle Anleitungen und Erklärungen sind für dieses Lernen unerlässlich.

Elternschaft mit Integrität erfordert größte Ehrlichkeit. Und Taten sprechen für sich. Kleine Kinder beobachten sehr genau und was sie zu Hause sehen, wird ihr Standard, den sie in die Gesellschaft tragen. Wenn wir einem Kind die goldene Regel beibringen, an der sich viele Zivilisationen orientiert haben, geziemt es sich für uns, ebenfalls nach ihr zu leben. Diese goldene Regel lautet: *Behandle andere so, wie du von ihnen behandelt werden möchtest.*

Wir alle sind von Natur aus kreative Wesen, aber manche sind persönlich der Ansicht, bei ihnen sei dies nicht der Fall. Kreativität wird oft ausschließlich mit einer künstlerischen, musikalischen oder handwerklichen Fähigkeit assoziiert, und viele glauben, bevor sie nicht ein »brillantes« Kunstwerk, Musikstück, literarisches Werk oder Designerstück produziert hätten, seien sie keine kreativen Menschen. Aber wir müssen nur einmal genau hinhören, wann und wie wir Worte benutzen, die gleichbedeutend mit *kreieren* sind, zum Beispiel: *schaffen, hervorbringen, anrichten*. Wir sprechen davon, Frieden zu schaffen oder ein Chaos anzurichten, eine sichere Umwelt und ein Heim zu schaffen, eine neue Idee hervorzubringen und so weiter. Es geht immer darum, »etwas« geschehen zu lassen. Dieses »Etwas« kann zum Wohl des Planeten und der Menschheit beitragen. Es kann aber auch eine unglaublich destruktive Macht sein.

Die Kreativität des fünften Energiezentrums ist Ausdruck der Kreativität des zweiten. Svadisthana ist die Quelle unserer kreativen Fähigkeiten und ihrer Sehnsucht. Das dritte Energiezentrum (Solarplexus) stellt den Antrieb für diese Fähigkeiten zur Verfügung. Aus dem Herzzentrum (Anahata) kommt die Liebe, die unsere Kreation schön macht, aber es ist das fünfte Energiezentrum, Visuddha, das der Kreation ihren perfekten Ausdruck verleiht.

Kleine Kinder zweifeln nie an ihren kreativen Fähigkeiten. Sie malen ihre Bilder und singen ihre Lieder, sie backen Matschkuchen und bauen Sandburgen, sie tanzen, und sie lieben – alles mit größter Selbstverständlichkeit und ohne jeden Zweifel. Kleine Kinder glauben an sich und ihre Kreativität. Wann also verlieren wir den Glauben an uns selbst und unsere kreativen Fähigkeiten? In welchem Stadium kommt er uns abhanden? Und warum? Wohin geht er?

Im Mythos von Herkules und dem kretischen Stier bricht Minos das Versprechen, das er Poseidon gegeben hat, und opfert ihm den Stier nicht, sondern behält ihn für sich selbst. Er leugnet den kreativen Sinn des Stieres, der im Opfer bestanden hätte.

Ohne symbolischen Tod oder Opfer ist das Leben nicht, was es ist. Oft müssen wir im Laufe unseres Lebens einen Teil von uns opfern oder aufgeben, um auf eine neue Ebene des Wachstums zu gelangen. Das geschieht mit jedem Schlag unseres Herzens: Etwa siebzigmal pro Minute füllt sich das Herz mit Blut und lässt es im Puls von Leben und Tod wieder los. Und indem das Herz dies tut, erhält es das Leben. Damit die Hand etwas aufnehmen und festhalten kann, muss sie sich zuerst öffnen und loslassen, was sie bisher festgehalten hat. Damit wir ein neues Verhalten entwickeln können, müssen wir erst einmal das alte aufgeben.

Wenn wir anfangen, uns mit Gleichaltrigen zu vergleichen, neigen wir dazu, uns auf die materiellen Dinge des Lebens zu konzentrieren, auf die Dinge, die wir erwerben, um die Leere zu füllen, die unser verlorenes kreatives Talent hinterlassen hat. Der Vergleich mit anderen kann auch zur Folge haben, dass wir uns bis zur Unfähigkeit gedemütigt fühlen. Wir finden uns im Vergleich einfach nicht gut genug und verlieren unsere besonderen Fähigkeiten und Talente aus den Augen. Wie der Stier von Kreta wenden wir uns nach außen und richten ein Chaos an, weil wir die Schönheit unseres Selbst aus den Augen verloren haben.

Minos hat dem Stier das Recht verweigert, seinen kreativen Zweck zu erfüllen.

Wir verlieren unsere schöne Kreativität, wenn wir den Glauben an uns selbst verlieren. Wir müssen also unsere Kreativität wieder auffrischen, um wieder einen Sinn für uns selbst zu bekommen. Besuchen Sie Malkurse, singen Sie oder lernen Sie ein Instrument zu spielen. Machen Sie ein Foto, legen Sie einen Garten an und pflegen ihn, kochen Sie ein schönes Essen. Was würden Sie – ganz tief drinnen – gern einmal erschaffen?

Das Hals-Energiezentrum enthält, erhält und entlässt unsere Stimme. Wenn wir immer zurückhalten, was wir zu sagen haben, werden wir kleinlaut und schüchtern. Das Kinn senkt sich in einer zurückhaltenden und schüchternen Positur über unsere Kehle und unsere Selbstachtung schwindet dahin. Um wieder stolz und aufrecht dastehen zu können, müssen wir unser Selbstvertrauen zurückgewinnen und unsere Worte sorgfältig wählen, sodass sie etwas geben statt etwas wegzunehmen.

Es ist erstaunlich, wie sehr unser Körper unseren Geist spiegelt und wie der Geist durch das beeinflusst werden kann, was wir als »Körpersprache« bezeichnen. Wenn wir eine aufrechte Körperhaltung einnehmen, den Nacken strecken, damit wir den Kopf hoch halten können, die Schultern gerade machen und mit den Füßen parallel und etwas auseinander fest auf dem Boden stehen, gewinnen wir Selbstvertrauen bezüglich unserer Art, in der Welt zu sein, und wissen, dass unsere Stimme zählt und wert ist, gehört zu werden. Indem wir Augenkontakt zu demjenigen haben, mit dem wir uns unterhalten, halten wir unseren Kopf oben und sprechen unsere Wahrheit aus. Das ist ehrliche Kommunikation. Wir erwarten die Wahrheit von anderen, und sie verdienen sie von uns. Augenkontakt ist in sich selbst eine Kommunikation.

Es gibt Zeiten, manchmal mehrmals am Tag, in denen unsere negativen Gefühle aus den unteren Energiezentren aufsteigen. Angst, Traurigkeit, Wut und Boshaftigkeit können viel Schaden anrichten, wenn sie nicht vom Halszentrum kontrolliert werden. Wenn Sie merken, dass Ihr kretischer Stier kurz davor ist, sich loszureißen, entschuldigen Sie sich, suchen Sie sich ein Kissen oder Handtuch und schreien, grollen oder heulen Sie dort hinein. Es fühlt sich gut an, die Energie der Gefühle in ein »Lärmkissen« zu entlassen. Außerdem macht es die Worte weicher, sodass sie die Wahrheit in der richtigen Weise nach außen transportieren können. Zeigen Sie auch Ihrem Kind, wie das geht. Es ist eine Fertigkeit, die es ein Leben lang brauchen kann. Hier geht es auch darum, die Verantwortung für unsere Taten und Worte zu übernehmen, uns unsere Gefühle zu eigen zu machen und auf angemessene Weise mit ihnen umzugehen.

Wenn wir effiziente Mitteilende sein wollen, ist unsere persönliche Integrität gefragt. Es geht darum, Herz und Verstand sprechen zu lassen. Es geht auch darum, mit dem Verstand fühlen und mit dem Herzen denken zu lernen. Das ist auf seine ganz eigene Weise eine kreative Fähigkeit. Sehr kleine Kinder kennen nichts anderes. Sie denken von Geburt an mit dem Herzen. Wenn wir über die persönliche Rolle sprechen, die wir bei einem Ereignis spielen, wenn wir sagen, wie wir uns fühlen und wie wir die Situation sehen und hören, sprechen wir unsere Wahrheit aus.

Um unsere Wahrheit aussprechen zu können, müssen wir auch das Wort *Nein* sagen können, wenn es das ist, was wir eigentlich sagen wollen. So oft sagen wir *Ja*, werden wir gebeten, etwas zu geben oder zu tun, obwohl wir eigentlich *Nein* sagen wollen. Indem wir uns so verhalten, verletzen wir unsere persönliche Integrität, grollen innerlich und die Kommunikation ist unehrlich. Nein zu sagen, falls wir es wirklich wollen, erfordert ein bisschen Übung, aber diese Ehrlichkeit bringt uns den Respekt anderer ein und stärkt unser Selbstwertgefühl. Ist Ihnen das zunächst zu konfrontierend, könnten Sie sagen: »Ich muss es mir überlegen.« Dann haben Sie Zeit, darüber nachzudenken, warum es Ihnen unter diesen Umständen so schwerfällt, *Nein* zu sagen. So gelangen Sie zur Selbsterkenntnis und die wiederum hebt Ihr persönliches Selbstwertgefühl. Sie sprechen Ihre Wahrheit aus.

Teil III

Selbstverantwortung

Das achtjährige Kind

AJNA
Das dritte Auge

Einleitung

Ajna – Bewusstsein

Das Verhalten eines scharfsinnigen Kindes

Geistige Entwicklung

Körperliche Entwicklung

Emotionale Entwicklung

Soziale Entwicklung

Einsichtsvolle Momente

Elternsein mit achtsamer Wahrnehmung,
Überblick und Einsicht

Das sechste Energiezentrum

AJNA
»Entscheidung, Wahl«

Der Lotos mit zwei Blütenblättern

Das achtjährige Kind
Bewusstsein

FARBE: Indigo – das dunkle Blau des frühen Nachthimmels, die Farbe der Innenschau. Ihr Einfluss trägt uns aus der Welt des Profanen in spirituellere Dimensionen.

MUSIK: Klassische europäische Musik, einschließlich Kunstlieder, Konzert- und Orchestermusik, welche die höheren Gehirnfunktionen aktivieren. Sämtliche Sonaten von Mozart haben eine besondere Beziehung zu diesem Energiezentrum. Die klassische Musik Europas entstand vor dem Hintergrund der Philosophie der Aufklärung, also in einer Zeit, welche die naturgegebenen Rechte des Menschen ebenso betonte wie dessen Fähigkeit, die eigene Umwelt zu gestalten. Einfachheit, Ausgewogenheit und ein Interesse an echten Emotionen waren für ihre Komponisten ausschlaggebend.

SINN: Der sechste Sinn, außersinnliche Wahrnehmung oder inneres Wissen.

KÖRPERSYSTEM: Augen, Schädelbasis und Hypothalamus.

ENDOKRINE DRÜSE: Hirnanhangsdrüse.

TOTEMTIER: Es gibt kein Totemtier für dieses Zentrum, weil es sich nicht mit irdischen oder fassbaren Aspekten des Lebens beschäftigt.

Einleitung

Die ersten sieben Jahre im Leben eines Kindes sind die »formenden Jahre«, denn sie bilden die Grundlage für das Wachstum und die Reife, die mit dem Bewusstsein kommen, welches durch höheres Lernen und die Suche nach einem spirituellen Sinn im Leben erweckt wird.

Das Erwachen der ersten drei Energiezentren erdet uns, indem es uns mit Überlebensfähigkeiten, Kreativität und Willensstärke ausstattet. Herz- und Halszentrum erlauben uns, unsere Emotionen zu fühlen, zum Ausdruck zu bringen und wirklich mit unserer Umwelt zu interagieren. Wenn ein Kind diese Meilensteine der Entwicklung hinter sich gelassen hat, bewegt es sich in die Bereiche der eher esoterischen oder spirituellen Zentren: Ajna, das dritte Auge, und Sahasrara, das Kronenchakra.

Das sechste und das siebte Energiezentrum führen uns in die Bereiche des Geistes, wo wir unsere Lebenserfahrungen synthetisieren und unsere göttliche Natur erkennen und akzeptieren können. Das Leben wird eine innere Reise. Der heilige Ignatius von Loyola, Gründer des Jesuitenordens, sagte: *Gib mir einen Knaben, der jünger ist als sieben Jahre, und ich zeige dir den Mann, der er sein wird.* Die formenden Jahre bestimmen bis zu einem gewissen Grad unsere Perspektive auf das Leben.

Das sechste Energiezentrum, allgemein als das dritte Auge bekannt, beginnt zu erblühen, wenn das Kind etwa acht Jahre alt ist, und markiert den Übergang von einer Lebensphase, in der sich die grundlegenden begrifflichen und kognitiven Fähigkeiten erst entwickeln, zu einem Leben des höheren Lernens und der Suche nach dem *Sinn* des Lebens.

Es markiert den Beginn des bewussten Gewahrseins.

Symbolisiert durch einen Lotos mit zwei Blütenblättern schenkt uns Ajna Intuition, die in den ersten beiden Monaten nach der Geburt, in denen das Gehirn seine aufnehmenden Kommunikationsfähigkeiten noch nicht entwickelt hat, reich, aktiv und empfänglich ist. Ajna, das Zentrum der Intuition, verliert seine Dominanz, wenn wir immer weniger auf unser Zentrum des inneren Wissens hören und uns zunehmend auf die mentalen Fähigkeiten konzentrieren, die sich einstellen, sobald das Gehirn reifer wird und Kognition, konzeptionelle Fähigkeiten und wachsende Sprachkompetenz bereitwillig als wichtigste Mittel der externen Kommunikation akzeptiert. In dieser Zeit können wir eine rechte oder linke Hirndominanz entwickeln.

Wir neigen in unserer westlichen Kultur dazu, die Entwicklung unserer rechten Gehirnhälfte, die für Intuition und Kreativität zuständig ist, zugunsten der Entwicklung der linken, für rationales und analytisches Denken zuständigen Gehirnhälfte zu vernachlässigen.

Jedes der beiden Blütenblätter des Lotos enthält 48 strahlende Speichen, die zusammen 96 Segmente oder »Blütenblättchen« bilden. Diese stehen für die 96 Lebensmonate eines achtjährigen Kindes. In diesem Alter entwickelt sich seine Fähigkeit, etwas einzusehen, komplex zu denken und Selbstbewusstsein zu haben. Das erste der höheren Energiezentren rührt sich im achten Lebensjahr und blüht während der Pubertät und im Erwachsenenalter weiter auf, wie sich auch die Zentren, die auf sein Wachstum vorbereitet haben, weiterentwickeln werden.

Dieses Zentrum blüht dadurch auf, dass es Weisheit bekommt, und indem wir diese Weisheit erwerben, finden wir den wahren

Sinn unseres Lebens. So wird ein Bewusstsein möglich, das über jeden von uns als Individuum hinausgeht und in dem wir zur Einheit mit unserem wahren inneren Wesen gelangen.

Wir sind alle in der Lage, auf unsere intuitiven Fähigkeiten zuzugreifen und unsere Lebenserfahrungen zu synthetisieren. Wir können unsere Erfahrungen als Lernmöglichkeiten sehen und sie in positive Vorstellungen verwandeln – für jetzt und für die Zukunft. Wenn uns das gelingt, heilen wir nicht nur uns selbst, sondern ermöglichen auch die Heilung anderer und unserer ganzen Welt.

Ajna – Bewusstsein

»Erkennen und überschauen«

Ajna liegt tief im Gehirn unmittelbar über der Schädelbasis. Äußerlich ist es als Punkt über den Augen und zwischen den Augenbrauen sichtbar. Es wird als das dritte Auge bezeichnet, denn es schenkt uns Einsicht und die Fähigkeit, uns Dinge vorzustellen. Es ist das Auge des Geistes.

Ajna ist kennzeichnend für die Zeit des intellektuellen Lernens und ist vor allem in unseren mittleren Jahren wahrhaft offen und empfänglich. Dann spornt uns seine gesteigerte Energie an, uns zu fragen: *Was ist der Sinn meines Lebens?* Wir kommen in eine Phase, in der wir unsere Existenz infrage stellen, nach dem Sinn unseres Lebens suchen und aus den Antworten einen Lebensentwurf formulieren. Um ihr eigenes inneres Wissen zu finden, brauchen viele Individuen erst eine Zeit in ihrem Leben als Erwachsene, in der sie keinen Zugang dazu hatten – es nicht *sehen* konnten.

Die symbolische Darstellung von Ajna ist ein Lotos mit zwei Blütenblättern und jedes dieser Blätter besteht aus 48 Speichen oder Strahlen. Aus meiner Sicht stehen diese beiden Blütenblätter für die beiden Hemisphären des Gehirns, und die Samenschote in der Mitte steht für die Hirnanhangsdrüse, das Corpus callosum, die Sehnervenkreuzung und den Hypothalamus. In jedem Blütenblatt spiegeln sich die Eigenschaften der entsprechenden Hemisphäre – die männliche, rationale und analytische linke Gehirnhälfte und die weibliche, kreative und künstlerische rechte Gehirnhälfte. Dieses Energiezentrum bringt die beiden zusammen, sodass es keine Dualität der Gedanken mehr gibt, sondern vielmehr ein Verschmelzen zu einem Ganzen. Es ermöglicht holistisches Denken.

Ajna ist das Zentrum des intuitiven Denkens, der Imagination und des Hellsehens. Mit ihm wird das Sakrament der Ordination oder Weihe in Verbindung gebracht, jene Zeremonie, in der man die Mächte anruft, die man braucht, um jemand zu werden, der physische (weltliche) und spirituelle Aspekte des Menschlichen in sich vereint, um anderen durch seine Arbeit Frieden zu bringen.

Die natürliche Zuordnung zu diesem Zentrum ist das Licht – ohne Licht könnten wir nicht sehen. Wenn das Licht die Netzhaut des Auges erreicht, übermitteln die Rezeptoren in der Netzhaut die Lichtsignale über den Sehnerv an das visuelle Hirnareal, wo die Impulse in die Bilder verwandelt werden, die wir »sehen«.

Ajna ist das Zentrum der vierten Dimension – der Dimension Zeit. In die Physik führte Albert Einstein die vierte Dimension 1914/15 mit seiner allgemeinen Relativitätstheorie ein. Die besagt, dass der Raum nicht von der Zeit getrennt werden kann und dass die Zeit durch die Anwesenheit von Materie beeinflusst wird, die mit unterschiedlicher Geschwindigkeit durch verschiedene Teile des Universums fliegt. Mit dem Ausdruck »vierte Dimension« wird manchmal auch etwas beschrieben, das jenseits der Grenze des normalen Erlebens liegt. Der Ursprung der Zeit ist der menschliche Geist. Zeit ist ein Konzept, das Menschen als Maß benutzen, um festzulegen, wo sie in der Vergangenheit waren und wo sie in der Zukunft sein werden. Die Gegenwart oder das Jetzt ist kein Teil der Zeit. Wir befinden uns im Jetzt, und das Jetzt kann nicht gemessen werden. Kleine Kinder haben keine Zeitvorstellung – sie leben im Jetzt. Es ist interessant, dass das Lesen der Analoguhr in der Schule nicht auf dem Lehrplan steht, ehe die Kinder acht Jahre alt sind. Zeit ist ein abstraktes Konzept und ein kleines Kind kann abstrakte Konzepte nicht begreifen, bevor dieses Energiezentrum aufzublühen beginnt, und das ist etwa im Alter von acht Jahren.

In der Meditation findet eine Transzendierung der dreidimensionalen Welt der Uhren statt, und der Geist betritt die vierte Dimension, in der Zeit und Raum keine Bedeutung mehr haben. Man hat festgestellt, dass Menschen, die regelmäßig meditieren, durch das Verlangsamen ihrer Körperprozesse Jugendlichkeit erlangen können.

Die östliche Mystik hat ein starkes inneres Wissen über die Realität der Raumzeit entwickelt. Man glaubt dort, dass Raum und Zeit untrennbar miteinander verbunden sind, dass sozusagen der eine in der anderen existiert und umgekehrt. Ähnlich ist es mit dem Körper, dem denkendem Geist, der Seele und den Emotionen. Auch sie durchdringen einander und keines kann ohne die anderen existieren.

Unsere Gedanken schaffen unsere Realität. Sie bestimmen die Art, wie wir in dieser Welt sind, und die Entscheidungen, die wir darin treffen. Eine Entscheidung oder Wahl wird getroffen, wenn wir »unsere Gedanken sortiert« haben.

Physische Ebene: Ajna liegt an der Basis des Gehirns und schließt die Augen, den Hypothalamus sowie die Hinterhaupt- und Schläfenlappen der beiden Gehirnhälften ein, alles Körperteile, die mit dem Sehen zu tun haben.

Die wichtigsten Knochen der Schädelbasis, des Teils des Schädels, der die Basis des Gehirns trägt, sind das Keilbein, das Siebbein, die Schläfenbeine und die Hinterhauptbeine, welche die Hinterhauptlappen des Gehirns stützen.

Das Keilbein spielt für die Schädelbasis eine besondere Rolle. Es wird auch als Schlussstein des Schädelbodens bezeichnet, weil es mit allen anderen Schädelknochen verbunden ist und sie zusammenhält. Geformt wie ein Schmetterling mit geöffneten Flügeln, spannt sich das Keilbein zwischen den Schläfen. (»Schläfe« heißt auf Englisch *temple*, was auch »Tempel« bedeutet. Anm. d. Übers. zum Verständnis des nächsten Satzes.)

Ein Tempel ist ein Ort der Verehrung, ein Gebäude, für eine Gottheit errichtet, ein Ort, der von einer göttlichen Präsenz erfüllt sein soll. Das Keilbein hat diese Metapher verdient, denn es enthält eine kleine, geschützte Öffnung, in der eine der kraftvollsten Drüsen unseres Körpers sitzt: die Hirnanhangsdrüse.

Der Hypothalamus sitzt genau unter dem Thalamus und über der Hirnanhangsdrüse. Dieser sehr kleine Bereich des Gehirns ist der Hauptregulator der Homöostase, jenes Zustandes, in dem das innere Milieu des Körpers im Gleichgewicht ist. Er hat eine erstaunliche Anzahl von Funktionen. Die wichtigsten sind: Kontrolle des autonomen Nervensystems und der Hirnanhangsdrüse, Regulierung der Nahrungs- und Flüssigkeitsaufnahme, der Körpertemperatur, des Tagesrhythmus und der Bewusstseinszustände Schlafen und Wachen. Gemeinsam mit dem limbischen System reguliert der Hypothalamus die Muster unserer Emotionen und unseres Verhaltens, etwa Gefühle wie Wut, Aggression, Schmerz und Lust sowie die Verhaltensmuster bei sexueller Erregung.

Der Hypothalamus gilt als Meister der Hirnanhangsdrüse und wird mit dem Streben nach Lust sowie mit unserer erlernten und instinktiven Moral und ethischem Verhalten assoziiert. Der Hypothalamus ist eine wichtige endokrine Drüse. Er produziert mindestens neun verschiedene Hormone und ist die entscheidende integrierende Verbindung zwischen dem Nervensystem und dem endokrinen System.

Der Hypothalamus wird aus mehreren anderen Bereichen des Gehirns gespeist. Er empfängt außerdem sensorische Signale von den inneren Organen und dem visuellen System. Daher kann jedes schmerzliche, Stress auslösende oder emotionale Erlebnis Veränderungen in seiner Aktivität verursachen. Er kontrolliert das autonome Nervensystem, reguliert die Körpertemperatur, Hunger und Durst, das sexuelle Verhalten und defensive Reaktionen wie Angst oder Wut. Er kann auch als *Wachstumsregler* des Körpers betrachtet werden und gilt darüber hinaus als Sitz unseres Bewusstseins.

Ajna ist das Zentrum der Herrschaft – nicht etwa der Herrschaft über andere, sondern eher der Herrschaft über uns selbst, unser persönliches Wachstum und unser Lebenswissen. Die damit assoziierte endokrine Drüse ist die Hirnanhangsdrüse, die als Meisterdrüse betrachtet wird und alle anderen Drüsen des endokrinen Systems beherrscht. Sie herrscht jedoch nur unter der Schirmherrschaft des Hypothalamus, der etwa fünf bis acht Zentimeter hinter dem Mittelpunkt zwischen den Augen sitzt.

Emotionale Ebene: Ajna steuert unsere emotionalen Reaktionen. In diesem Zentrum entscheiden wir, wie wir auf die Situationen in unserem Leben reagieren werden. Wenn wir uns erlauben, ein Gefühl auszuleben, können wir sie über die anderen Energiezentren zum Ausdruck bringen, entweder mit Worten, als Berührung oder als Aktion. Wenn wir ein Gefühl unterdrücken, wird es im Unterbewussten gespeichert, wo es in seiner ursprünglichen Form blockiert oder gedämpft wird und von wo es durch unangemessenes Benehmen zum Ausdruck kommt, was uns oft nicht einmal bewusst ist.

Ajna ist unser emotionaler Punkt der Entscheidung.

Mentale Ebene: In diesem Energiezentrum werden unsere Lebenseinstellungen formuliert. Es ist auch der Bereich der Vernunft, der Analyse und der Einschätzung, mit dem wir unsere Welt wahrnehmen und »ausarbeiten«. Hier, in unserem Geistzentrum entwickelt sich unser Verständnis von uns selbst und anderen. Dies ist das Zentrum der persönlichen Entscheidungen und des persönlichen Wachstums. Wir haben die Wahl, unser eigenes Verhalten zu modifizieren und weiterzuentwickeln. Wenn dieses Zentrum ausgeglichen und entspannt ist, sind wir im Frieden mit uns selbst und anderen. Wenn es nicht ausgeglichen ist, gibt es einen mentalen Tumult, unsere Gedanken kommen nicht zur Ruhe und von der Gemütsruhe sind wir meilenweit entfernt. Präkognition ist das Verstehen oder Empfangen von Informationen mit außersinnlichen Mitteln. Hier, in diesem Zentrum entwickeln wir unser inneres Wissen, unsere Intuition. Oft kommt dieses Wissen durch regelmäßiges Meditieren ans Licht.

Ajna ist unser Zentrum der Meditation.

Spirituelle Ebene: Ajna ist unser Zentrum der Selbstbeherrschung und der Weisheit, die mit der Reife des Alters kommen. In diesem Zentrum entwickeln wir unseren persönlichen Moralkodex, stellen unsere Glaubenssysteme auf, hinterfragen »richtig« und »falsch« der Welt, in der wir leben, und entwickeln unsere Wahrnehmung einer vierten Dimension aller Dinge. Es ist der Blick über die physischen, emotionalen und mentalen Aspekte aller Dinge hinaus, denn von diesem Zentrum aus können wir alles aus einer holistischen Perspektive betrachten.

Das Element dieses Zentrums ist Licht. Es ist das Licht der Welt, das Licht unserer Augen, das Licht, das uns aufgeht, wenn wir verstehen, das Licht am Ende des Tunnels und das Licht, das wir in die Welt tragen, das Licht unserer eigenen Weisheit. Wenn wir die Essenz unseres Wesens zurückhalten, kommen wir nicht auf einer tieferen Ebene mit anderen in Kontakt und verweigern uns selbst und anderen das Recht und das Vergnügen, unsere Weisheit zu teilen. Sein »Licht unter den Scheffel zu stellen« bedeutet, seine Talente zu verstecken und zurückhaltend und bescheiden bezüglich der eigenen Fähigkeiten zu sein. Die Tür zum inneren Licht kann nur von innen geöffnet werden. Licht ist eine Metapher für den Geist und die Göttlichkeit. Es symbolisiert die Erleuchtung, steht aber auch für unsere Intelligenz.

Licht ist das grundlegendste Symbol des bewussten Lebens.

Das Verhalten eines scharfsinnigen Kindes

In den ersten beiden Jahren, im sensomotorischen Entwicklungsstadium, lernt ein Kind über seine Sinne, durch Riechen, Schmecken, Berühren, Sehen und Hören. Seine körperliche Entwicklung, vor allem die des Gehirns, macht seine motorische Entwicklung möglich. Durch seine Sinne und seine Fähigkeit, sich zu bewegen und seine unmittelbare Umgebung zu beeinflussen, nimmt es Informationen über seine Welt und die Menschen darin in sich auf. Es hat nicht viel Eigenwahrnehmung.

In der frühen Kindheit, im Alter von zwei bis sieben Jahren, geht das Kind durch das präoperatorische Stadium seiner Entwicklung, in dem es seine Erfahrungen durch Gedanken und Sprache darstellen kann. Die Sprache beginnt sich im zweiten Lebensjahr zu entwickeln, aber spätestens nach dem zweiten Geburtstag ist eine phänomenale Steigerung der Sprachkompetenz zu beobachten. Die mentale Repräsentation, die ein Kind befähigt, ein inneres Bild von einem nicht mehr vorhandenen Objekt oder einem vergangenen Ereignis aufrechtzuerhalten, wird in dem Maße differenzierter, in dem die Sprachkompetenz gegen Ende des zweiten oder im dritten Lebensjahr reift. Dann kann sich ein Kind, wenn es eine einfache Beschreibung bekommt, ein Objekt oder ein Ereignis vorstellen.

Sprache ist die flexibelste Art der mentalen Repräsentation. Wenn wir in Worten denken, können wir anfangen, unsere Welt durch innere Prozesse oder kreative Imagination zu verstehen, statt nur über unsere fünf Sinne und unsere Taten.

Spiele, bei denen man so tut als ob, entwickeln sich aus den frühen Stadien des Imitierens zu Fantasiespielen, in denen das Leben mit Puppen, Spielzeugautos und schicken Kleidern nachgespielt wird und auch mit Dingen, die andere Dinge repräsentieren. Das Kind lernt, seine Welt durch Symbole zu denken und auszuagieren. Eine Nussschale kann eine Tasse sein, ein abgebrochener Ast ein Schwert oder ein Hexenbesen oder sogar ein Pferd, auf dem das Kind reitet. Das Ersatzobjekt ist das Symbol und ermöglicht die Entwicklung des Konzepts der Symbolisierung.

Das Kind fängt jetzt auch an, vertauschte Rollen zu spielen. Es imitiert seine Eltern, den Arzt oder den Feuerwehrmann und verwendet zusätzliche Personen, gespielt von Teddybären, Puppen und anderen Kindern, um die Szene zu vervollständigen. Es sagt vielleicht zu einem Erwachsenen: »Ich bin jetzt mal die Mama, und ihr seid alle meine Kinder.« Mit dieser Art von Spiel lernen Kinder, sich wie ihre Eltern zu verhalten. Sie glauben an ihre Fantasie und erklären, dass sie, wenn sie groß sind, Feuerwehrmann, Krankenschwester oder Raumfahrer werden wollen. Es kommt auch vor, dass sie einen Fantasiefreund oder eine Fantasiefreundin erschaffen.

Auch die Zeichen- und Schreibkünste des Kindes entwickeln sich. Es lernt die Symbole der Sprache kennen, die Buchstaben und die Ziffern, aus denen die Worte und Zahlen entstehen, und es lernt, die Buchstaben so zusammenzufügen, dass sie einen Sinn ergeben. Wenn seine kognitiven und feinmotorischen Fähigkeiten präziser werden, werden die Zeichnungen des Kindes realistischer, und wenn es Linien zeichnen kann, um seinen gemalten Objekten Grenzen zu setzen, werden seine Zeichnungen komplexer, wenn auch nicht unbedingt realistischer. Die Vorstellungskraft schürt die Schaffenskraft und die Idee, das eigene Werk oder das einen anderen zu kopieren oder noch einmal zu erschaffen, wird nicht in Erwägung gezogen.

Junge Kinder machen mehrere Phasen des Verstehens durch, einschließlich des logischen Argumentierens, bis sie sich mit acht Jahren leichter an eine formale Erziehung, sprich, den Unterricht in der Schule anpassen können. In einfachen Familiensituationen und in alltäglichen Gesprächen fangen sie an, die Ansichten anderer zu verstehen. Sie können lebende Wesen von nicht lebenden Objekten unterscheiden und sehen allmählich ein, dass Magie die alltäglichen Erlebnisse nicht verändert. Sie fangen an, Objekte nach ihrer Funktion einzuordnen und danach, um welche Art von Objekt es sich handelt, und sie können bekannte Objekte in Gruppen zusammenfassen.

Zwischen vier und sieben Jahren fangen Kinder an, plausible Erklärungen für Ursache und Wirkung verschiedener Situationen vorzubringen, statt sich allein auf das magische Denken zu verlassen. Sie sind in der Lage, rückwärts zu denken, bis zum Ursprung eines Ereignisses vorzudringen und die Gründe für Situationen, an denen sie beteiligt waren, mithilfe des natürlichen Prinzips von Ursache und Wirkung zu erklären, wenn sie gebeten werden, darüber zu berichten. Sie sind jetzt auch eher in der Lage, den Anschein von der Wirklichkeit zu unterscheiden. Sie erkennen, dass das, wovon sie denken, es sei passiert, vielleicht nicht der Realität entspricht.

Die mittlere Kindheit erstreckt sich vom achten bis zum zwölften Lebensjahr. Dies sind die Jahre des neuen Bewusstseins, in denen das sechste Energiezentrum aufzublühen beginnt. In diesen Jahren fangen Kinder an, in einer besser organisierten, logischen Weise über eine konkrete, greifbare Information nachzudenken. Sie haben ein besseres Verständnis für räumliche Konzepte, also für die Bedeutung von Zeit und die Vorstellung von Entfernungen. Auf Reisen fragen sie beispielsweise nicht mehr: »Sind wir schon da?« Das bedeutet einen großen Sprung in ihrer Fähigkeit, längere Reisen mitzumachen. Sie beginnen, ein klareres Konzept von Zeit zu entwickeln und es im Rahmen anderer Konzepte, wie Entfernung, Geburtstage und Feiern, zu interpretieren. Sie sind ebenfalls in der Lage, klare Richtlinien und Erklärungen anzunehmen und zu interpretieren und sie auch anderen zu geben.

Geistige Entwicklung

Gehirn und Nervensystem erleben zwei große Wachstumsschübe. Diese schließen die Bildung neuer Verbindungen zwischen den Gehirnzellen ein, was zur Verdickung der Großhirnrinde und zur Vermehrung der grauen Zellen beiträgt. Der erste Wachstumsschub zwischen sechs und acht Jahren findet in den motorischen und sensorischen Bereichen des Gehirns statt. Dieses Wachstum zeigt sich in der Präzisierung der Feinmotorik und der Auge-Hand-Koordination. Der zweite Wachstumsschub findet nach dem achten Lebensjahr statt, und zwar vor allem in den Stirnlappen der Großhirnrinde. Diese Bereiche steuern Logik und planendes Denken, die beiden kognitiven Funktionen, die in dieser Zeit reifen.

Selektive Aufmerksamkeit ist die Fähigkeit, sich beim Denken auf die wichtigen Aspekte eines Problems oder einer Situation zu konzentrieren und den weniger wichtigen Details geringere Priorität zu geben. Werden die Nervenverbindungen zwischen der retikulären Formation und den Stirnlappen vollständiger isoliert, fangen Kinder an, mehr wie Erwachsene zu funktionieren, wenn sie sich auf die notwendigen Elemente einer Situation konzentrieren müssen.

In den Gehirnbereichen, in denen sensorische und intellektuelle Funktionen lokalisiert sind, ist die Isolationsrate der Nervenverbindungen höher. Das führt zu mehr Geschick und höherer Geschwindigkeit bei der Verarbeitung von Informationen. *Räumliche Wahrnehmung* ist die Fähigkeit, Beziehungen zwischen Objekten im Raum zu erkennen und sich danach zu richten. Sie befähigt uns, Karten zu lesen und uns vorzustellen, wie Menschen und Objekte in einem Raum bewegt werden können und was dabei entsteht. Das Verständnis für die Begriffe *rechts* und *links* entwickelt sich zur selben Zeit. Visuelle Erlebnisse spielen für diesen Aspekt der Gehirnentwicklung eine wichtige Rolle. In diesem Alter und was diese Fähigkeiten betrifft zeigen sich Unterschiede zwischen Jungen und Mädchen. Jungen schneiden auf diesem Gebiet deutlich besser ab als Mädchen. Das könnte daran liegen, dass Jungen in ihrer frühen und mittleren Kindheit mehr Interesse am Konstruieren haben – beispielsweise am Stapeln mit Bauklötzen.

Räumliches Vorstellungsvermögen wird sowohl mit mathematischen Leistungen und entsprechender Auffassungsgabe in Verbindung gebracht als auch mit dem Erlernen und der Würdigung klassischer Musik. Deshalb war es traditionell üblich, dass Kinder ein Musikinstrument und Notenlesen lernten. Videospiele können ebenfalls zu dieser Fähigkeit beitragen, aber der exzessive Gebrauch dieser Spiele kann zu sozialen und emotionalen Einbußen führen.

In der Schule hängt die Lernbereitschaft eines Kindes von den Erfahrungen ab, die es im Leben gemacht hat und noch macht. Die Bestätigung der Eltern ist für die Lernfortschritte des Kindes essenziell wichtig. Indem Eltern ihre Kinder mit Begeisterung, Wärme und Lob belohnen, wenn sie sich wirklich bemüht haben, sorgen sie dafür, dass sie kontinuierlich Fortschritte machen und ihre Intelligenz und ihr Wissen später produktiv einsetzen.

Alphabetisierung, das Erlernen von Lese- und Schreibfähigkeiten, steht in der mittleren Kindheit im Mittelpunkt der Erziehung. Dieser Prozess, der schon in der frühen Kindheit begonnen hat, setzt sich fort, bis das Kind eine weiterführende Schule besucht. Kinder lernen auch die Sprache der Mathematik und bilden die Fähigkeit zu »denken« – das formal Gelernte auf das praktische Leben anzuwenden – weiter aus.

Es gibt mehr als einen Weg zum Lernerfolg. Es gibt Kinder, die von Geburt an einen sehr stark visuell geprägten Weg des Lernens und Arbeitens gehen. Andere bevorzugen das auditive Lernen und Arbeiten – sie haben eine sehr ausgeprägte Hörfähigkeit. Dann gibt es diejenigen, die eher kinästhetisch lernen und im Leben funktionieren – durch »Tun«, mithilfe ihrer Intuition und durch Erfahrung.

Wir alle haben einen dominierenden Lern- und Arbeitsstil, was aber nicht heißt, dass wir nicht auch auf andere Weise lernen können. Wir müssen verstehen, dass es unterschiedliche Wege des Lernens und der Lebensbewältigung gibt, und dem Kind in seiner dominanten Fähigkeit entgegenkommen. Unser Verständnis kann dazu führen, dass wir den von Geburt an dominanten Weg fördern, und die Wege erkennen und stärken, die nicht dominant sind.

Das offizielle Schulsystem hat sich dabei nicht immer als hilfreich erwiesen, aber wenn Eltern dies verstehen, sind sie besser in der Lage, ihren Kindern beim Erwerb jener Fähigkeiten zu helfen, die sie im Leben brauchen. Ein natürliches Talent oder eine bestimmte Art von Intelligenz kann erkannt und verstärkt werden.

Für den Psychologen Howard Gardner war die Vorstellung, dass Intelligenz eine einzelne, einheitliche Sache sei, höchst fragwürdig. Daher stellte er im Jahre 1983 die Theorie der multiplen Intelligenzen auf und beschrieb mehrere Intelligenzarten.

Linguistische Intelligenz ist die Fähigkeit, Sprache sowohl mündlich als auch schriftlich effektiv einzusetzen. Es ist auch die Fähigkeit, Sprachen zu lernen. Schriftsteller, Dichter, Rechtsanwälte und Redner verfügen über große *linguistische Intelligenz.*

Logisch-mathematische Intelligenz besteht unter anderem in der Fähigkeit, Probleme logisch zu analysieren, mathematische Operationen durchzuführen und Themen wissenschaftlich zu untersuchen. Diese Art von Intelligenz bringt die Fähigkeit mit sich, Muster zu erkennen, deduktiv zu argumentieren und logisch zu denken. Sie wird am häufigsten mit wissenschaftlichem und mathematischem Denken in Verbindung gebracht.

Musikalisch-rhythmische Intelligenz schließt einen Sinn für musikalische Strukturen ebenso ein wie die Fähigkeit, Musik aufzuführen und zu komponieren.

Körperlich-kinästhetische Intelligenz birgt das Potenzial, den ganzen Körper oder einzelne Körperteile zur Problemlösung einzusetzen. Es ist die Fähigkeit, körperliche Bewegungen mithilfe geistiger Fähigkeiten zu koordinieren. Gardner erkennt eine Verbindung zwischen geistiger und körperlicher Aktivität. Hervorragende Athleten haben diese Intelligenz ebenso wie jene, die über eine gute Körperkoordination und Geschicklichkeit verfügen und fein- und grobmotorische Fähigkeiten einsetzen, um sich durch körperliche Aktivität selbst auszudrücken oder zu lernen. Schauspieler, Tänzer und jene, die verschiedene handwerkliche Fähigkeiten einsetzen, um Probleme zu lösen oder zu lernen, haben diese Intelligenz.

Bildlich-räumliche Intelligenz ist vor allem die Fähigkeit, die Strukturen großer Räume und begrenzter Flächen zu erkennen und zu nutzen. Von Architekten, Landschaftsgärtnern und Grafikdesignern nimmt man an, dass sie über eine ausgeprägte bildlich-räumliche Intelligenz verfügen.

Interpersonale Intelligenz (sie wird auch als soziale Intelligenz bezeichnet Anm. d. Übers.) hat etwas mit der Fähigkeit zu tun, die Absichten, Motive und Wünsche anderer Menschen zu verstehen. Krankenschwestern, Lehrer, Soziologen und vielleicht alle, die in den helfenden Berufen tätig sind, haben eine Stärke in diesem Bereich.

Intrapersonale Intelligenz ist die Fähigkeit, sich selbst zu verstehen und die eigenen Gefühle, Ängste und Motive zu würdigen. Menschen, die ihr eigenes Leben sehr gut im Griff haben, die ihre eigenen Stärken erkennen, positiv annehmen und entschlossen umsetzen, verfügen über intrapersonale Intelligenz.

1996 ergänzte Gardner seine Liste um die *naturalistische Intelligenz*. Sie hat etwas mit dem Beobachten, Verstehen und Einordnen von Strukturen der Natur zu tun. Bei Biologen, Zoologen und Umweltschützern ist diese Intelligenz sehr ausgeprägt. Rachel Carson und Charles Darwin sind gute Beispiele.

Diese acht Intelligenzen arbeiten nicht isoliert – zwischen ihnen besteht ein Zusammenhang. Allerdings haben wir alle die eine oder andere starke Intelligenz in manchen Bereichen und Schwächen in anderen. Orthodoxe Erziehungsmethoden gingen und gehen immer noch sehr schmale Wege, und diejenigen, die es auf diesen Wegen nicht zur Meisterschaft bringen, werden häufig als »unintelligent« abgestempelt. Howard Gardners Arbeit hat neue Möglichkeiten des Bewertens und Verstehens für Lehrer und Erzieher eröffnet, aber auch für die Menschen, die nicht in die standardisierten Intelligenz-Schubladen passen. Andere Arten von Intelligenz werden zunehmend anerkannt.

Wir sind alle intelligente Wesen – das ist Teil unseres Menschseins – aber »Intelligenz« wurde so eng definiert, dass viele Kinder und

Erwachsene nie die Chance hatten, ihre einzigartigen Fähigkeiten zum Ausdruck zu bringen. Wir müssen uns klarmachen, dass Gardners Theorie der multiplen Intelligenzen auch multiple Lehrmethoden berücksichtigt. Sie geht auch von der Akzeptanz aus, dass Kinder (und Erwachsene) auf viele verschiedene Weisen denken und lernen und dass Menschen nicht »dumm« sind, nur weil sie nicht so denken und lernen, wie es die Gesellschaft von ihnen verlangt.

Um ein gutes Leben zu führen, braucht man alle Intelligenzen. Das offizielle Schulsystem legt großen Wert auf die linguistische und die logisch-mathematische Intelligenz. Doch sobald die individuell starke Intelligenz eines Kindes erkannt ist, wird der ganze familiäre und soziale Input gebraucht, um die Defizite seiner akademischen Erziehung auszugleichen. Ohne die positive Bestätigung durch Familie und Gesellschaft, ohne ihren Input und ihre Akzeptanz lernt das Kind sehr schnell, dass es »nicht gut genug« oder »dumm« ist, dass es nicht mithalten kann – mit dem Ergebnis eines lebenslang niedrigen Selbstwertgefühls. Manchmal ist ein Kind einfach »langsam« im Verstehen eines Themas, aber wenn es das Prinzip einmal verstanden hat, gelingt ihm die Umsetzung im wirklichen Leben oft besser, als einem anderen Kind, das alles ganz schnell begriffen hat.

Verstehen und Wissen, das *praktisch* umgesetzt werden kann, hat einen höheren Wert, als wenn es nur bis zur nächsten Klassenarbeit oder Prüfung im Gedächtnis bleibt.

Körperliche Entwicklung

Zwischen sechs und zwölf Jahren verläuft die körperliche Entwicklung stetig und langsam. Im Laufe der mittleren Kindheit wachsen Kinder fünf bis acht Zentimeter und nehmen durchschnittlich

2,5 Kilogramm pro Jahr zu. Die Koordination ihrer großen Muskeln wird präziser, was sich in ihren sportlichen Aktivitäten ebenso niederschlägt wie in der Tatsache, dass sie jetzt besser oder überhaupt Fahrradfahren können. Sie gewinnen also nicht nur an Stärke, sondern auch an Körperkontrolle. Die verbesserte Hand-, Fuß- und Augen-Koordination zeigt sich in ihren Fertigkeiten beim Ballsport. Auch die Feinmotorik wird präziser, erkennbar am geschickten Umgang mit dem Stift beim Zeichnen und Schreiben und beim Spielen am Computer. Geschlechtsspezifische Unterschiede im Reifeprozess der Knochen und des Skeletts bei Jungen und Mädchen können unterschiedliche Interessen wecken. Für viele Kinder beginnt die Pubertät in den mittleren Kindheitsjahren. Kenntnisse des Lebenszyklus und der menschlichen Fortpflanzung sind unerlässlich, damit sie die vielen Veränderungen annehmen können, die nun bei ihnen und ihren Freunden stattfinden. Auch die Verantwortung für die persönliche Gesundheit, einschließlich der Zahngesundheit, entwickelt sich in der mittleren Kindheit.

Mädchen reifen früher als Jungen. Im Durchschnitt erreichen sie 50 Prozent ihrer Erwachsenengröße mit viereinhalb Jahren. Jungen sind erst mit fünfeinhalb Jahren halb so groß wie als Erwachsene. Mädchen kommen früher in die Pubertät und hören früher auf zu wachsen als Jungen. Dieser Unterschied bei Beginn der Pubertät ist dafür verantwortlich, dass Jungen fast zwei Jahre vorpubertäres Wachstum mehr haben als Mädchen. Folglich verändern sich die Proportionen bei Jungen in den Jahren vor der Adoleszenz. Im Verhältnis zur Gesamtgröße werden die Beine bei ihnen deutlich länger als bei Mädchen, weswegen auch erwachsene Männer meist größer sind als Frauen. Alles ist also vom Wachstum gegen Ende der mittleren Kindheitsjahre abhängig.

Pubertät bedeutet sexuelle Reife. Der Ausdruck kommt von dem lateinischen Wort *pubis* (= Schamhügel) und bezeichnete ursprünglich das Erscheinen der Schamhaare. Heute versteht man unter »Pubertät« in der Regel die Zeit in der mittleren Kindheit, in der die Sexualorgane allmählich größer werden.

Das Körperwachstum während des gesamten Lebens wird nicht nur von Erbfaktoren und dem sozialen Umfeld bestimmt, sondern auch vom gesunden Funktionieren des endokrinen Systems, besonders der Hirnanhangsdrüse unter der Leitung des Hypothalamus. Die Hirnanhangsdrüse und der Hypothalamus regulieren praktisch alle Aspekte des Körperwachstums, des Metabolismus und der Homöostase. Wachstumshormone gibt es in der menschlichen Hirnanhangsdrüse reichlich, einhundert Mal mehr als von jedem anderen Hormon, das hier produziert wird. Im Blut ist der Wachstumshormonspiegel zwar konstant niedrig, doch acht oder neun Mal in 24 Stunden (eher nachts im Schlaf) steigt er in unregelmäßigen Abständen zehn bis 20 Minuten lang steil an. Der Ausstoß von Wachstumshormonen wird durch körperliche Anstrengungen und Angst gesteigert. Er ist auch für das Wachstum der Muskeln verantwortlich. Obwohl in der Pubertät vermehrt Wachstumshormone ausgeschüttet werden, hängt das Körperwachstum auch von anderen Hormonen ab, zum Beispiel Schilddrüsenhormonen und Sexualhormonen. Wir werden mit einem kompletten Satz Nerven- und Muskelzellen geboren. Während sich der Körper entwickelt, reifen auch die Nerven- und Muskelzellen, was im Fall der Muskelzellen auch eine deutliche Vergrößerung bedeutet und besonders bei Jungen für mehr Muskelmasse sorgt.

Größere Wachstumsschübe im Gehirn finden in der mittleren Kindheit und dann während der Adoleszenz mit etwa 15 Jahren statt. Ein weiterer Wachstumsschub fällt in die frühe Erwachsenenphase und macht sich zwischen dem 18. und 20. Lebensjahr bemerkbar. Diese Wachstumsschübe schließen die Entwicklung neuer Verbindung zwischen den Gehirnzellen ebenso ein wie die Verdickung der Großhirnrinde beziehungsweise die Vermehrung der grauen Zellen.

Zwischen sechs und acht Jahren erlebt ein Kind eine deutliche Verbesserung seiner feinmotorischen Fähigkeiten (Fingerfertigkeit) und seiner Augen-Hand-Koordination. Während des zweiten Wachstumsschubes zwischen zehn und zwölf Jahren findet eine erhöhte Entwicklung der *Stirnlappen* in der Großhirnrinde statt. In den Stirnlappen laufen gedankliche Prozesse wie Erkenntnis, Erinnerung und Entscheidungsfindung ab. Außerdem werden unsere Antworten auf emotionale Botschaften von hier gelenkt, und Hilfe bei der Einordnung von Informationen kommt ebenfalls von hier.

Mit etwa neun Jahren findet eine Weiterentwicklung der Hinterhauptlappen statt, welche die Fähigkeiten des Kindes im Bereich Logik und Planen ebenso steigert wie seine räumlich-visuelle Wahrnehmung, die besonders bei Aufgaben wie dem Kartenlesen gebraucht wird. Die Myelinisierung (Isolierung) von Nervenverbindungen geht während der ganzen mittleren Kindheit weiter, was zu erhöhter Konzentrationsfähigkeit beiträgt. Diese Fähigkeit führt zu einer besonderen Art von Konzentration namens selektive Aufmerksamkeit, die es einem Kind ermöglicht, die wichtigen Faktoren einer Situation zu erkennen und so leichter zu Problemlösungen zu gelangen.

Adoleszenz ist die Übergangszeit zwischen Pubertät und Erwachsenenleben. Sie ist das letzte Stadium der Kindheit und steht oft im Mittelpunkt des Interesses, wenn es darum geht, die psychologischen Veränderungen und die Veränderungen im Verhalten zu beschreiben, die auf der Schwelle zum Erwachsenenleben stattfinden. Manche Kinder beginnen ihre Adoleszenz erst, wenn andere sie schon vollendet haben. Es gibt ein starkes, ererbtes Bindeglied für den Beginn der Pubertät und der Adoleszenz. Die Familiengeschichte in Bezug auf Reifung zu kennen, kann Eltern helfen, bessere Entscheidungen für die Schullaufbahn ihres Kindes zu treffen – wann sie ihrem Kind beispielsweise erlauben können, eine Klasse zu überspringen, und wann sie einen derartigen Fortschritt bremsen sollten.

Es gibt eine Verbindung zwischen früher oder später Reife, geistigen Fähigkeiten und emotionaler Entwicklung. Das kann enorme Auswirkungen darauf haben, wie ein Kind mit seinen Kameraden auskommt und mit dem Druck, den die Gruppe ausübt, besonders in Bezug auf sein Selbstwertgefühl, die Entwicklung von Führungsqualitäten und sogar seine sportlichen Leistungen.

Emotionale Einstellungen sind eng verbunden mit den physiologischen Ereignissen, die im Leben eines Kindes passieren und letztendlich das Verhalten des Erwachsenen beeinflussen. Jungen werden besonders von ihren eigenen körperlichen Fähigkeiten beeinflusst – körperliche Talente bringen Prestige und Erfolg. Auch bei Mädchen spielt die körperliche Entwicklung eine große Rolle, wenn auch in anderer Weise. Das eigene Körperbild und die sexuellen Fähigkeiten werden davon abhängig gemacht, wie sie ihre offensichtlichste körperliche Entwicklung, die ihrer Brüste, wahrnehmen, und schließlich von ihren Ängsten, nicht attraktiv und leistungsfähig genug zu sein. Viele frühreife Mädchen reagieren sehr gehemmt und verlegen auf ihre sich entwickelnden Brüste und die sich bildenden Fettpölsterchen und sind zusätzlich verwirrt über ihre ersten sexuellen Gelüste.

Studien haben ergeben, dass spät reifende Jungen eher ein Aufmerksamkeit heischendes Verhalten gegenüber Gleichaltrigen an den Tag legen, dass sie weniger beliebt sind und einen niedrigeren sozialen Status haben als die Frühreifen.

Die Skelettmuskeln nehmen bei Jungen stärker zu als bei Mädchen. Aufgrund der vermehrten Ausschüttung männlicher Sexualhormone eskaliert diese Zunahme gegen Ende der mittleren Kindheit geradezu. Jungen entwickeln auch größere Herzen und Lungen, können mehr Sauerstoff ins Blut aufnehmen und sind eher fähig, die chemischen Produkte zu neutralisieren, die beim Muskeltraining entstehen. In der Pubertät sind Jungen zunehmend besser in der Lage, Aufgaben zu erledigen, die körperliche Kraft erfordern – eine wichtige Voraussetzung für die Männer unserer Spezies, die früher vor allem Fertigkeiten wie Jagen, Kämpfen und das Heben von schweren Objekten beherrschen mussten. Folglich verändert sich bei pubertierenden Jungen hinsichtlich ihrer athletischen Fähigkeiten mehr als bei Mädchen.

Emotionale Entwicklung

Bis es selbst etwa sieben oder acht Jahre alt ist, betrachtet und beschreibt ein Kind eine andere Person anhand körperlicher Merkmale. Wenn ein junges Kind beispielsweise gebeten wird, einen Freund zu beschreiben, wird es etwas über die Farbe seiner Augen, seiner Haare und seiner Haut sagen und darüber, ob er groß oder klein, dick oder dünn ist und wo er wohnt. Wenn das Kind die mittlere Kindheit erreicht hat, spricht es eher über abstrakte Beobachtungen und seine persönliche Einschätzung: »Er riecht gut, er kann schnell laufen, er ist richtig gut (cool) in einer bestimmten Sache, er mag gern Musik oder Hunde, er hat eine große Familie mit vielen Brüdern und Schwestern und er ist nett.« Die vergleichende Beschreibung des Verhaltens einer Person hat ihren Höhepunkt im Alter von acht Jahren und verliert danach an Bedeutung. Psychologische Konstrukte oder die Art, wie ein Kind das »innere Wesen« eines Kameraden sieht, setzen sich fort und werden im Laufe der mittleren Kindheit noch ausgefeilter. Es wird bei der Art, wie ein Kind andere sieht, zunehmend mehr Wert auf die inneren als auf die äußeren Charakteristika gelegt.

Soziale Beziehungen verlagern und verändern sich in der mittleren Kindheit. Während das Kind auf die Adoleszenz zugeht, ist es zwar immer noch sehr an seine Eltern gebunden, bewegt sich aber andererseits in Richtung Unabhängigkeit, die erzieherischen Interventionen der Eltern dagegen nehmen immer mehr ab. Das Kind trifft eigenständig Entscheidungen hinsichtlich seines sozialen Lebens und Handelns und verlangt beispielsweise eine angemessene Bezahlung für die Erfüllung seiner häuslichen Pflichten.

Die Beziehung zu den eigenen Geschwistern ist für dieses Kind weniger wichtig als die Beziehung zu Eltern und Freunden.

Es gibt übrigens verschiedene Arten der Geschwisterbeziehung. In der *Betreuungsbeziehung* fungiert ein älteres Geschwisterkind als eine Art Quasi-Elternteil für ein jüngeres. Dann gibt es die *Kumpelbeziehung*, in der zwei Geschwister einander nacheifern und am liebsten alles gemeinsam machen würden. In der *kritischen Beziehung* kommt es zu Konflikten, wenn ein Geschwisterkind ein anderes mit Hänseleien und Streitereien zu dominieren versucht. Die *rivalisierende Beziehung* ähnelt der kritischen, lässt aber jede Form von Freundlichkeit oder Unterstützung vermissen. In einer *zwanglosen Beziehung* haben die Geschwister relativ wenig miteinander zu tun.

Die Entwicklung von Empathie

Empathie ist das »Im-Gefühl-Sein«, das jemand empfindet, wenn er von den Emotionen eines anderen berührt wird. Es ist die Fähigkeit, die Gefühle eines anderen Menschen zu verstehen und mit komplementären Gefühlen darauf zu reagieren. Empathie setzt die bewusste Wahrnehmung der Gefühle einer anderen Person voraus und die Fähigkeit, mit ähnlichen Gefühlen darauf zu reagieren. Sie erfordert auch die Fähigkeit, verschiedene Emotionen in einer anderen Person zu erkennen. Empathie beginnt in der frühen Kindheit, wenn ein Baby die nicht ausgedrückten Gefühle seiner Mutter zum Ausdruck bringt. Hält eine Mutter beispielsweise ihre Tränen zurück, bringt das Baby diese in der Regel durch Schreien und verstörtes Verhalten zum Ausdruck. Das Baby macht das nicht aufgrund einer Erkenntnis, die es gewonnen hat, sondern eher intuitiv. Nach etwa einem Jahr zeigt sich dieses kleine Kind besorgt, wenn ein anderes Baby weint, und kann sich ziemlich aufregen, wenn das Schreien von einem Geschwisterkind kommt, das es dann oft zu beruhigen versucht.

Entwickelt das Kind im Laufe der frühen Kindheit Erkenntnisfähigkeit und Sprache, benutzt es Worte, um das Baby zu trösten. Zu Beginn der mittleren Kindheit fängt es an darüber nachzudenken, warum ein anderer so mitgenommen ist, und versucht, die Verletzung mit besänftigenden Worten abzumildern.

Während sich in der mittleren Kindheit Vorstellungs- und Urteilsvermögen entwickeln, gewinnt das Kind ein Verständnis für eine breitere Palette von Emotionen und wird allmählich fähig, Emotionen in einem »größeren Zusammenhang« zu sehen. Es beginnt, ein soziales Bewusstsein zu entwickeln und im Rahmen dieses Bewusstseins ein soziales Gewissen. Es gewinnt ein Verständnis für Not und Elend in Bezug auf Krankheit, Armut, Krieg und Naturkatastrophen. Es spürt im eigenen Innern nach, wie man sich wohl fühlen könnte, wenn man selbst von solchen Ereignissen betroffen wäre.

Das soziale Umfeld eines Kindes beeinflusst die Entwicklung seiner Empathie. Wächst es in einem feinfühligen Umfeld auf, umgeben von Menschen, die sich kümmern, wird es sehr viel wahrscheinlicher auch auf die Befindlichkeiten anderer Rücksicht nehmen. Eltern, die ihren Kindern Freundlichkeit vorleben und ihnen zeigen, wie man mit unangenehmen Emotionen wie Wut und Gier umgeht, helfen ihnen, ebenso angemessen mit den Gefühlen anderer umzugehen. Das Aufwachsen in einer strengen und strafenden Umgebung hemmt die Entwicklung eines emphatischen Wesens bei einem Kind.

In der Reaktion auf Empathie scheint es geschlechtsspezifische Unterschiede zu geben. Im Allgemeinen neigen Mädchen dazu, sich um Menschen zu *kümmern*, für die sie Empathie empfinden, während Jungen eher ein Gefühl für die *Gerechtigkeit oder Ungerechtigkeit* einer Situation haben. Die Entwicklung von Empathie in den mittleren Kindheitsjahren beruht darauf, dass das Kind nicht nur in sich selbst, sondern auch in anderen eine größere Palette von Emotionen erkennt, dass es größere soziale Kompetenz und mehr soziale Kontakte hat, vor allem außerhalb der eigenen Familie, und dass es seine eigenen Gefühle besser unter Kontrolle hat, weil es gelernt hat, sie angemessen zum Ausdruck zu bringen.

Die Entwicklung von Altruismus

Altruismus ist ein Verhalten, mit dem man eine andere Person begünstigt, ohne selbst eine Belohnung dafür zu erwarten. Psychologen bezeichnen dies als *prosoziales Verhalten*. Es ist absichtlich und freiwillig.

Die Entwicklung des altruistischen Verhaltens beginnt in der frühen Kindheit, etwa zu der Zeit, in der das Kind ein echtes Interesse am Spielen mit anderen entwickelt. Dann tröstet es ein anderes Kind und lässt es mit seinem Spielzeug spielen. Während das Kind im Laufe der mittleren Kindheit und bis in die Adoleszenz sein eigenes emotionales Verhalten immer mehr unter Kontrolle bekommt, ist es auch immer mehr in der Lage zu teilen und sich zu kümmern. Bewusstes Gewahrsein ist das Gewahrsein des Selbst, des Selbst und seines Verhaltens im gegenwärtigen Moment. Es ist die Fähigkeit, unsere eigenen Handlungen zu kennen und zu verstehen, indem wir uns über unsere früheren Aktionen klar werden; die Fähigkeit, unsere eigenen Handlungen in der Gegenwart zu sehen und uns ihrer bewusst zu werden, *bevor* wir sie in die Tat umsetzen. Das erfordert lebenslanges Lernen.

Soziale Entwicklung

Das Selbstgefühl eines Kindes entwickelt sich, wenn es selbstständiger wird. Zu wissen, wo sein Platz in der Familie, in einer Gruppe aus Gleichaltrigen und später in einer noch größeren Gemeinschaft ist, hilft ihm, gesunde soziale Fähigkeiten auszubilden. Die Wahrnehmung eines Kindes, wer es ist und ob es bequem in verschiedene Gruppen passt, erlaubt es ihm, seinen ganz persönlichen Ausdruck zu finden, Führungsqualitäten zu entwickeln und durch Interaktion mit anderen Kindern Charaktere zu beurteilen.

Im Alter von zehn Jahren ist ein Kind meist zwangloses Mitglied einer Gruppe von Gleichaltrigen, ob sie nun gemeinsam Sport machen oder ein anderes Hobby teilen. In diesem Alter hat das Kind hauptsächlich Freunde des gleichen Geschlechts und die Freunde spielen eine größere Rolle in seinem Leben. Während das Kind immer unabhängiger wird, setzt es immer weniger auf seine Familie und immer mehr auf Gleichaltrige. Ein Kind, das sich mit sich selbst gut fühlt, hat dem Druck, der von Gleichaltrigen ausgeübt wird, mehr entgegenzusetzen. Selbstwahrnehmung durch Gewahrsein der eigenen Erscheinung ist in den mittleren Jahren ebenfalls sehr auffällig, und manchmal bringt ein Kind seine Unzufriedenheit darüber, wie es sich selbst sieht, klar zum Ausdruck. Wir lernen, uns selbst zu lieben, wenn wir uns für das würdigen und schätzen, was wir sind, auch über das Körperliche hinaus. Liebende Ermutigung innerhalb der Familie ist sehr wichtig, denn die Kritik Gleichaltriger kann in den mittleren Jahren der Kindheit sehr hart treffen.

Moralisches Verhalten entwickelt sich ebenfalls in der mittleren Kindheit. Es kommt mit einem Verständnis für »richtig« und »falsch«, mit der wachsenden persönlichen Verantwortung und mit seiner Akzeptanz, dass es diese Verantwortung trägt. Moralisches Verhalten ist auch davon abhängig, wie viel Selbstdisziplin ein Kind entwickelt. In der mittleren Kindheit machen sich Kinder ihre eigenen sozialen Regeln, und die weichen durchaus von den Regeln ab, die unter Erwachsenen akzeptabel sind. Regeln beschwören eine Reaktion herauf, die richtig oder falsch ist. Das Individuum macht etwas »falsch«, wenn es sich nicht an die Regeln des Clans, der Gruppe oder der Gesellschaft hält. Und obwohl sich moralisches Verhalten in den mittleren Kindheitsjahren entfaltet, wird dieses innerhalb eines eigenen Paradigmas festgelegt, in dem sich die Regeln der Gruppe von denen der Gesellschaft unterscheiden können.

Die Entwicklung moralischen Verhaltens wird davon beeinflusst, wie das Kind seine eigene Welt versteht, sowie von seiner inneren Motivation im Verhältnis zu den kulturellen Anforderungen dieser Welt.

Wenn wir das moralische Verhalten eines Kindes verstehen wollen, müssen wir uns in seine Welt begeben und seine Kultur kennenlernen. Dieses Kind entwickelt gerade eine Maßeinheit für Unabhängigkeit, für Bündnisse und Loyalität Freunden und Familienmitgliedern gegenüber und hat gleichzeitig das Bedürfnis, sich über die Grenzen seiner eigenen Familie hinauszuschieben. Freud bezeichnete diese Entwicklungsphase als *Latenzstadium*, in dem das Kind sexuelle Wünsche unterdrückt, um sich ganz auf das Schließen von Freundschaften mit Vertretern desselben Geschlechts zu konzentrieren und akademische Fertigkeiten zu erwerben. Diese Vorliebe befreit das Kind vom Stress der sexuellen Attraktion, der erst wieder in den Jahren der Adoleszenz auftritt.

Moralisches Verhalten resultiert aus der Entwicklung eines *Gewissens*. Ein gut entwickeltes Gewissen ist die Quelle aller menschlichen Werte, welche wiederum die Richtschnur für menschliches Verhalten sind. Moral stellt die Sicherheit zur Verfügung, die ein menschliches Wesen braucht, um in der Gesellschaft zu überleben.

Schon ab etwa einem Jahr machen die Aktionen eines Kindes deutlich, dass es sich darüber bewusst ist, wie es mit seinem Verhalten bestimmte Reaktionen anderer Menschen hervorrufen kann. Ab etwa neun Monaten versteht es das Wort »nein«. Im Laufe der fünften 100-Tage-Phase weiß es irgendwann sehr genau, wie man dieses Wort einsetzen kann.

Es wird unakzeptables Verhalten wie Beißen, Treten oder Schlagen einsetzen, wenn dies dazu beiträgt, dass es bekommt, was es braucht, um in seiner Familie zu überleben. Dieses kleine Kind reagiert nicht auf Argumente. Sein Gehirn ist für Argumente einfach noch nicht entsprechend verschaltet. Die einzige Möglichkeit, wie die Menschen in seiner Umgebung dieses Verhalten zerstreuen können, ist durch Ablenkung, beispielsweise indem sie das Kind behutsam für eine andere Aktivität interessieren oder für ein Nickerchen ins Bett legen (Müdigkeit trägt zu »schlechtem« Benehmen bei).

Bis zum achten Lebensjahr muss ein Kind auf diese Weise lernen, mit seinen Frustrationen umzugehen. Es lernt, dass ein Benehmen, das anderen Menschen missfällt, das Dinge zerstört oder Menschen verletzt, *nicht in Ordnung* ist. Es lernt auch, dass »gutes« Benehmen, also ein Benehmen, für das andere Menschen das Kind mögen, belohnt wird. Es ist also motiviert, sich entweder zu fügen, um Strafe zu vermeiden, oder sich um seiner selbst willen wohl zu verhalten, weil es keinen Ärger bekommen und Schaden von sich abwenden will. Es ist eben immer noch ein kleines Kind, das von den Gesetzen der »großen Leute« in seinem Leben dominiert wird. Seine Selbstmotivation basiert also nicht auf guten Gründen, sondern auf seinem angeborenen Bedürfnis zu überleben.

In der frühkindlichen Phase der Entwicklung moralischen Verhaltens lernt das kleine Kind, die Regeln zu beachten, wenn sie in seinem *eigenen* Interesse oder auch im Interesse anderer sind – solange dadurch kein Interessenkonflikt entsteht. Es ist eine egozentrische Moral. Was das Kind als »richtig« ansieht, entspricht seiner Definition von Fairness, gleichwertigem Tausch, einem Handel oder einer Abmachung und seiner Überzeugung, Menschen sollten gleich angesehen oder behandelt werden.

Wenn ein Kind das Alter der Vernunft erreicht, ahmt es seine Lieben nach, hört sich ihre Argumente an und lernt allmählich, warum ein Verhalten entweder »gut« oder »schlecht« ist.

Mit etwa neun Jahren erreicht das Kind allmählich eine neue Ebene des moralischen Verhaltens – das konventionelle Stadium der Moral, das in der mittleren Kindheit und während der Adoleszenz etabliert wird. Auf dieser Ebene des moralischen Verhaltens geht es vor allem um zwischenmenschliche Erwartungen und Konformität. In der mittleren Kindheit beginnt sich das Kind in einer Weise zu verhalten, die es als einen »guten Menschen« dastehen lässt. Es ist darauf aus, anderen zu gefallen und für dieses »gute« Benehmen belohnt zu werden. Es passt sich an das stereotype Image der Mehrheit an – an Gleichaltrige und an den Druck, der von ihnen ausgeübt wird. Es lernt die Gültigkeit der goldenen Regel moralischen Verhaltens kennen und akzeptiert sie: *Behandle andere so, wie du von ihnen behandelt werden willst.*

Wenn ein Kind die Adoleszenz erreicht, glaubt es allmählich, dass es seine Pflicht ist, die Vereinbarungen und Gesetze der Gesellschaft zu beachten. Sein moralisches Verhalten basiert jetzt auf Verpflichtung und der Gesellschaftsordnung. Erst der Erwachsene strebt nach höheren Ebenen des moralischen Verhaltens, etwa nach dem höchsten Gut für die Mehrheit der Menschen und danach, dass der Wille oder die Rechte der Mehrheit nicht verletzt werden. Dennoch müssen »allgemeine« Werte und Rechte – zum Beispiel das Recht auf Leben oder das Recht auf Freiheit – unabhängig von der Meinung oder dem Handeln der Mehrheit aufrechterhalten werden.

Indem man ein kleines Kind dabei beobachtet, wie es ein Bewusstsein entwickelt, das sich in seinem moralischen Verhalten widerspiegelt, würdigt man nicht nur die Entwicklung des Kindes zu einem gleichwertigen Bürger, sondern auch das Beispiel der Eltern und was sie dem Kind in punkto moralisches Verhalten beigebracht haben. Wenn ein Kind mit etwa acht Jahren das Alter des Bewusstseins erreicht, hat es dadurch, dass es etwas über »richtig« und »falsch«, »gut« und »schlecht« gelernt hat, die Grundlagen geschaffen, auf denen höhere Ebenen des moralischen Verhaltens aufgebaut werden können. Es kann sich nun über das »Selbst« hinaus der »Gruppe« zuwenden, in der es anderen das geben kann, was es auch von ihnen empfangen möchte.

Verhaltensweisen, welche die Rechte und Bedürfnisse anderer respektieren, sind notwendig für die fortgesetzte Existenz menschlicher Gruppen und damit auch für die Existenz jedes einzelnen Individuums in diesen Gruppen.

Einsichtsvolle Momente

In der mittleren Kindheit entwickelt das Kind eine größere Auffassungsgabe. Es ist viel empfänglicher für Argumente und fängt seinerseits an, mit Ihnen zu argumentieren. Dabei kann es ziemlich überzeugend sein! Obwohl es ein stärkeres Selbstgefühl entwickelt, ist es immer noch Ihr Freund und will Ihnen gefallen. Die Rebellion der Adoleszenz ist noch in weiter Ferne und für das Kind hängt in der mittleren Kindheit sehr viel von der Nähe und Sicherheit ab, die es in der Familiengruppe bekommt.

Wenn Sie die starke Intelligenz Ihres Kindes entdeckt haben, diejenige, die seine multiplen Intelligenzen dominiert, kann dies eine ständige Quelle der Kraft für das Kind werden. Es wird sich durch Ihr Interesse an seiner Stärke unterstützt und getröstet fühlen, angemessen ermutigt, wird es das Gefühl haben, dass seine Familie auf seiner Seite ist, auch wenn das orthodoxe Schulsystem seine Stärke nicht fördert. Das ist eine gute Basis für eine leichtere Reise durch die Jahre der Adoleszenz.

Ein solches Kind entwickelt Einsicht, mehr Sinn für Verantwortung sowie ein Gefühl für mitmenschliches Engagement und Gerechtigkeit, nicht nur für sich selbst und seine Familie, sondern auch für die größere Welt. Diese »Einsicht« steht in direkter Verbindung mit den Besonderheiten des dritten Auges und des sechsten Energiezentrums. Das Kind entwickelt einen Sinn für die Größe unserer Welt.

Die mittleren Kindheitsjahre sind eine sehr gute Zeit, um Kindern die Verantwortung für die Aufzucht und Versorgung eines Haustieres zu übertragen. So können sie einen Einblick in die Elternrolle bekommen und sich auf ihre Elternrolle als Erwachsene vorbereiten – ob sie später ihre eigenen Kinder erziehen und versorgen, die Kinder ihrer Gemeinschaft oder die Tiere, die in ihr Leben kommen.

Besonders berührende Momente werden offenkundig, wenn ein Kind anfängt, seinen Kameraden oder Familienmitgliedern Hilfe anzubieten und dann darauf wartet, dass sein Angebot angenommen wird. Es entwickelt auch eine größere Sensibilität für moralisches Verhalten. Je mehr dies zunimmt, desto mehr mildert es die Aggression zwischen Gleichaltrigen. In der mittleren Kindheit sind mehr freundliche und harmlose Verfolgungsjagden und Kampfspiele angesagt, also eher »Raufereien« als aggressives Verhalten. Diese Art von ungezwungener Körperlichkeit scheint am Ende der Kindheit zu stehen, bevor die Pubertät beginnt und die Jugendlichen in die eher gehemmten Jahre der Adoleszenz eintreten. Es ist, als repräsentierten die Jahre der mittleren Kindheit den Herbst unseres Wachstums, bevor der Winter der Adoleszenz beginnt, der uns auf das Wachstum des Erwachsenlebens vorbereitet, den Beginn neuer Wachstumszyklen auf einer höheren Ebene.

Die Entwicklung von Persönlichkeit und Charakter

Persönlichkeitszüge sind individuell und subjektiv und unterscheiden sich stark voneinander. Weil Persönlichkeit eine so subjektive Sache ist, kann es uns beispielsweise an Humor mangeln, oder wir sind aufgeschlossen oder zurückhaltend, freundlich oder stoisch und entwickeln Interessen und Leidenschaften. Die Basispersönlichkeit ist zwar immer in der jeweiligen Person angelegt, aber kommt diese Person mit anderen Menschen, mit Kunst, Reisen, Büchern, Hobbys, Abenteuer und Forschung in Kontakt, kann sie dadurch veredelt werden.

Charakterzüge sind konstant, objektiv und zeitlos. Charakter ist ein Persönlichkeitsmuster. Charakter kann anerzogen und selbst modifiziert werden. Jedes Individuum hat die Möglichkeit, Charakterzüge zu akzeptieren oder zurückzuweisen. Wir können uns auch »charakter- oder rollenwidrig« verhalten. Wir werden vielleicht von anderen als mutig wahrgenommen, aber dann verhalten wir uns plötzlich wie ein Feigling und werden als jemand angesehen, der sich »charakterlos« oder »nicht seinem Charakter entsprechend« verhalten hat.

Unsere moralischen Werte und unser Verhalten definieren unseren Charakter.

Etwa ab dem achten Lebensjahr beginnen zentrale ethische Werte die Grundlage für den Charakter einer Person zu formen. Wenn wir sehen, dass sich diese Werte in einem Kind manifestieren, wissen wir, dass das Kind auf dem besten Weg ist, ein »guter Charakter« zu werden. Diese Entwicklung bei einem kleinen Kind zu beobachten, ist sehr inspirierend.

Glaubwürdigkeit manifestiert sich in Anständigkeit – nicht täuschen, betrügen oder stehlen. Glaubwürdig sein bedeutet, verlässlich und integer zu sein und zu tun, was wir versprochen haben. Es bedeutet, den Mut zu haben, das Rechte zu tun und sich einen guten Ruf aufzubauen. Es heißt, loyal gegenüber Familienmitgliedern, Freunden und seinem Land zu sein.

Respekt manifestiert sich in der Art, wie wir andere behandeln, und darin, dass wir die goldene Regel moralischen Verhaltens beherzigen: Füge niemanden Schaden zu. Es geht auch darum, niemanden zu bedrohen, zu schlagen oder zu verletzen. Es heißt, tolerant zu sei, und betrifft Rassenunterschiede genauso wie unterschiedliche Fähigkeiten. Respekt zeigt sich auch in guten Manieren und darin, dass man sich »schlechter« Sprache enthält. Es geht darum, Rücksicht auf die Gefühle anderer zu nehmen. Respekt hat etwas mit der Würde zu tun, die man selbst ausstrahlt, und damit, wie gelassen und friedlich man mit Wut, Beleidigungen und Meinungsverschiedenheiten umgeht.

Verantwortung zu tragen oder zu übernehmen, bedeutet zu tun, was wir tun müssen. Halte durch – versuch es weiter! Es heißt, immer unser Bestes zu geben und uns selbst unter Kontrolle zu haben. Es hat etwas mit Selbstdisziplin zu tun, damit, dass man denkt, bevor man handelt, und die Konsequenzen der eigenen Taten mitberücksichtigt. Persönliche Verantwortung ist mit verantwortlich für die Entscheidungen, die wir im Leben treffen.

Fairness bedeutet, nach den Regeln zu spielen, auch andere zum Zug kommen zu lassen und zu teilen. Fair sein heißt, aufgeschlossen zu sein und sich die Ansichten anderer Menschen anzuhören. Es geht darum, andere nicht auszunutzen und sie nicht gedankenlos zu beschuldigen.

Warmherzigkeit bedeutet, dass man freundlich zu allen Geschöpfen ist, mit ihnen mitfühlt und sich um sie kümmert. Es heißt auch, dankbar zu sein, anderen zu vergeben und denen zu helfen, die in Not sind.

Bürgerschaftliches Engagement heißt, dass wir unseren Teil dazu beitragen, dass sich in unserem Betrieb und unserer Gemeinde etwas verbessert. Es geht darum, mit anderen zusammenzuarbeiten, sich für die Belange der Gemeinschaft einzusetzen und informiert zu bleiben. Es geht auch darum, sich an Wahlen zu beteiligen, ein guter Nachbar zu sein und Regeln und Gesetze zu befolgen. Es bedeutet, Autoritäten zu respektieren und die Umwelt zu schützen.

Wenn Eltern ihr kleines Baby besser kennenlernen, lernen sie auch die Persönlichkeit kennen, die das Baby mit in diese Welt gebracht hat und die es im Leben dadurch bereichern wird, dass es sich für die Künste interessiert, mit anderen Menschen austauscht und durch besondere Aktivitäten alle möglichen Fähigkeiten entwickelt. Image, Methoden und Fertigkeiten sind Teil der Persönlichkeit und können einen großen Einfluss auf äußeren Erfolg haben.

Persönlichkeit ist die Spitze des Eisberges – es ist der Teil von uns, den andere zuerst sehen. Unser Charakter liegt versteckt unter der Oberfläche und manifestiert sich in unserer Glaubwürdigkeit, unserem Respekt, unserem Verantwortungsbewusstsein, unserer Fairness, unserer Warmherzigkeit und unserem bürgerschaftlichen Engagement.

Was Eltern, Familien, Gemeinschaften und die Erziehung den Kindern vermitteln, ist die *Bildung des Charakters*. Sie findet im Säuglingsalter, in der Kindheit, in der Adoleszenz und im Erwachsenenleben statt, und zwar durch die Kraft des Selbst. Der Charakter wird permanent anerzogen, entwickelt und rehabilitiert. Wenn eine Yacht gegen den Wind segelt, wird sie ständig korrigiert, damit sie auf Kurs bleibt. Es ist etwas ganz Besonderes, ein Kind »gegen den Wind segeln« zu sehen. Es heißt mit anzusehen, wie das Kind durch seine Fehler lernt und wie es angesichts von Winddrehungen und hohen Wellen oder Umbrüchen im Leben immer wieder gegensteuert um auf Kurs zu bleiben.

Wahre Leistungsfähigkeit und echter Erfolg haben viel mit einem guten Charakter zu tun.

Elternsein mit achtsamer Wahrnehmung, Überblick und Einsicht

Weisheit ist die Eigenschaft oder der Zustand, in dem wir klar unterscheiden oder beurteilen können, was wahr oder richtig ist. Sie ist die Essenz der Klugheit. Weisheit ist die Fähigkeit, mit dem Herzen zu denken, sodass der denkende Geist über sein Wissen hinausgehen kann. Weisheit ist nicht Wissen. Es gibt viele sachkundige Menschen, denen es an Weisheit mangelt. Und es gibt so manche kleinen Kinder, die kein Wissen haben, aber manchmal über große Weisheit verfügen. Weisheit kommt von innen und sie kommt mit achtsamer Wahrnehmung, Überblick und Einsicht.

Wahre spirituelle Weisheit erwächst aus ehrlicher Selbsterkenntnis, der Art von Selbsterkenntnis, die sich aus dem Wissen darüber entwickelt, wer wir als Individuen sind und womit wir uns identifizieren. Sie braucht außerdem die Kraft unseres intuitiven Prozesses, unserer Fähigkeit, Mitgefühl zu empfinden, und den Mut, uns selbst zu vertrauen.

Weisheit erfordert die Bereitschaft zu lernen und sich weiterzuentwickeln.

Weil Weisheit eher aus Liebe als aus Logik entspringt, muss das Herz offen und vertrauensvoll sein. Dann kann der Geist auf sein Wissen zurückgreifen und es der Weisheit ermöglichen, zum Vorschein zu kommen.

Weisheit erfordert Ehrlichkeit und Demut.

Urteile werden ganz und gar von unserem eigenen Standpunkt aus getroffen und leugnen das Recht einer anderen Person, so zu leben und sich zum Ausdruck zu bringen, wie sie es möchte. Dies ist ein mentaler und emotionaler Prozess. Indem wir einen anderen Menschen verurteilen, setzen wir diesen Menschen herab und stellen uns selbst »über« ihn. Wenn wir anfangen, einen anderen Menschen zu verurteilen oder zu kritisieren, müssen wir uns fragen: »Warum verurteile oder kritisiere ich diese Person, warum fühle ich mich bedroht und welchen Teil von mir verleugne ich?« »Warum spreche ich dieser Person das Recht ab, als Individuum ihre eigene Meinung zu haben und ihr einzigartiges Verhalten an den Tag zu legen?«

Wenn wir etwas verurteilen, vergleichen wir es mit irgendwelchen Standards, die uns von unserer Umgebung vorgegeben wurden – unserer Familie, unserer Schule, Gleichaltrigen und den Medien. Verurteilen wir eine andere Person, ist es unser Ego, das unter Druck versucht, den anderen zu dominieren, indem es ihm sein Recht als Individuum abspricht.

Im Gegensatz dazu ist *Wahrnehmungsvermögen* die Fähigkeit, Unterschiede zwischen einzelnen Menschen und Dingen wahrzunehmen. Es führt eher zu einem Verstehen und Akzeptieren dieser Unterschiede als zu Verurteilung und Ächtung.

Oft *beurteilen* wir unsere Kinder und machen den anderen Elternteil für ihre Schwächen verantwortlich. Wenn wir ihre Schwächen hingegen als etwas erkennen und akzeptieren, was einen *Unterschied* macht, wenden wir unser Wahrnehmungsvermögen an. Dadurch, dass wir die Wahrheit über unsere eigenen Unterschiede verinnerlichen, wachsen wir, und dadurch, dass wir wachsen, gewinnen unsere Kinder an Wahrnehmungsfähigkeit und verstehen auch, was es mit Urteilen auf sich hat und woher sie kommen. Kinder orientieren sich am Beispiel ihrer Eltern. Ihr Kind lernt von Ihnen und wird Sie für Ihre Ehrlichkeit lieben.

Moralische Prinzipien definieren ein Verhalten als richtig, gut und angemessen. Diese Prinzipien geben nicht immer eine einzige ethische Handlungsweise vor, wohl aber bieten sie die Möglichkeit, verschiedene Optionen einzuschätzen und sich dann für eine zu entscheiden. Moralische Prinzipien haben etwas damit zu tun, wie sich eine moralische Person verhalten sollte. Werte sind keine moralischen Prinzipien. Werte sind die ganz persönlichen inneren Urteile, die darüber bestimmen, wie sich eine Person *tatsächlich* verhält.

Wenn wir von Eigeninteresse und einem Streben nach persönlichem Glück motiviert werden, das die Rechte und das Glück anderer vernachlässigt, machen wir es uns selbst unmöglich, in ethisch-moralisch vertretbarer Weise zu leben. In Prüfungen zu mogeln, im Lebenslauf zu lügen, Fakten zu verdrehen oder zu fälschen – das sind alles keine »ethischen« Verhaltensweisen. Wirklich auf dem Prüfstand stehen unsere moralischen Prinzipien angesichts der Frage, ob wir bereit sind, das Richtige zu tun, auch wenn es unseren eigenen Interessen widerspricht.

Der Erwerb von Weisheit setzt ethisch zu leben voraus.

Wenn das dritte Auge oder sechste Energiezentrum nicht ausgeglichen ist, liegt es vielleicht daran, dass wir alles übermäßig intellektualisieren. Dann dominiert die Aktivität der linken Gehirnhälfte und wir neigen dazu, die Ereignisse in unserem Leben zu rationalisieren, zu analysieren und darüber zu theoretisieren, während wir die Fähigkeit der rechten Gehirnhälfte, über die Emotionen zu »fühlen«, was in unserem Leben los ist, völlig ignorieren.

Wenn wir andererseits zu sehr in unseren Gefühlen leben – eine Aktivität der rechten Gehirnhälfte –, mangelt es uns an Urteilsvermögen, was letztlich dazu führt, dass wir nicht in der Lage sind, unser Leben zu planen und uns Ziele zu setzen, um unsere Träume zu verwirklichen und eine Vision davon zu bekommen, wie wir unsere Welt gern hätten.

Wenn dieses Energiezentrum ausgeglichen und voll funktionsfähig ist, wird Intuition ein Weg zur Einsicht und Weisheit kann sich entwickeln. Damit geht ein besseres Verständnis von Ereignissen einher, mit denen uns das Leben konfrontiert, das Anerkennen von Gefühlen, das Erzeugen einer Vision und die Fähigkeit, die Vision zu verwirklichen. Wir können unsere Träume wahr werden lassen.

Die Fähigkeit, mit Veränderungen fertig zu werden und mit den Gezeiten zu fließen, bringt Gelassenheit in unser Leben und lässt uns akzeptieren, was immer das Leben uns bietet. Sind wir intuitiv, gewinnen wir ein Verständnis für unser »inneres Wesen« und entwickeln auch einen sehr realen Sinn für die Möglichkeiten und das Wissen anderer, für ihre Schwächen und ihre Stärken. Unsere Intuition macht es uns möglich, sie in schwierigen Zeiten, die Teil ihres eigenen Wachstums und ihrer Entwicklung sind, zu unterstützen, und sie dann auch in ihrem Wachstum und bei der Entwicklung ihrer eigenen intuitiven Fähigkeiten zu fördern.

So können wir auch unsere Kinder in ihrem spirituellen Wachstum unterstützen: indem wir unser eigenes sehen und erleben. Da wir weise werden können, besitzen wir menschlichen Wesen ein enormes Potenzial für spirituelles Wachstum.

Selbsterkenntnis ist das Sehen und Akzeptieren dessen, was wir als Individuen sind – was wir als unsere eigenen Stärken und Schwächen ansehen können.

Die Inschrift über dem Tempeleingang des Orakels von Delphi in Griechenland lautet: *Erkenne dich selbst*. Damit beginnt der Prozess der Selbsterkenntnis: Die Bereitschaft zur Selbsttransformation durch Wachstum und Wandel ist der erste Schritt zum Erreichen dieses Zieles. Während manche die Selbsterkenntnis bereits als den Akt bezeichnen, mit dem das volle Potenzial eines Menschen erreicht ist, halte ich sie für einen Teil des Prozesses, der zur Selbstverwirklichung führt.

Selbstverwirklichung ist eng mit unserem Streben nach Erreichen unseres vollen Potenzials verbunden. Der Psychologe Abraham Maslow entwarf eine Theorie der menschlichen Motivation und stellte die These auf, dass Menschen, sobald ihre zum Überleben wichtigen Bedürfnisse befriedigt sind, nach der Befriedigung zunehmend »höherer Bedürfnisse« streben, beispielsweise nach Wertschätzung und Verwirklichung. Dreh- und Angelpunkt unseres Selbstwertgefühls ist, wie wohl wir uns mit uns *selbst* fühlen. Wenn unsere Selbsterkenntnis stark genug ist und alle unsere überlebenswichtigen Bedürfnisse zumindest teilweise erfüllt sind, können wir Selbstverwirklichung erreichen.

Menschen haben das Bedürfnis, sich in einer Weise zu engagieren, die ihnen einerseits das Gefühl gibt, etwas für die Gesellschaft zu tun, und andererseits ein gewisses Selbstwertgefühl vermittelt. Dieses Engagement kann in berufliche Aktivitäten fließen, aber auch in Hobbys oder bestimmte Interessensgebiete. Wird dieses Bedürfnis nicht erfüllt, entwickeln wir ein Gefühl der Wertlosigkeit.

Maslow definierte die persönlichen Eigenschaften von Menschen, die sich auf dem Weg zur Selbstverwirklichung befinden, folgendermaßen:

- Sie erfahren das Leben, wie ein Kind es tut, indem sie ganz konzentriert alles in sich aufnehmen.
- Sie versuchen etwas Neues, statt immer nur die sicheren und gefahrlosen Wege zu gehen.

- Sie achten, wenn sie Erlebtes beurteilen, eher auf ihre eigenen Gefühle, als auf die Stimme der Tradition, irgendeiner Autorität oder der Mehrheit zu hören.
- Sie sind ehrlich (authentisch) und vermeiden Täuschungsmanöver und »Spielchen«.
- Sie sind bereit, sich unbeliebt zu machen, wenn ihre Ansichten nicht mit denen der meisten Menschen übereinstimmen.
- Sie übernehmen Verantwortung.
- Sie arbeiten hart, wann immer sie sich entschlossen haben, etwas Bestimmtes zu tun oder zu Ende zu bringen.
- Sie versuchen, ihre »Abwehrmechanismen« zu identifizieren und haben den Mut, sie aufzugeben.

Und Maslow untersuchte die Eigenschaften von Menschen, von denen er glaubte, sie hätten sich bereits selbst verwirklicht. Er fand heraus, dass sie die Realität effizient wahrnehmen und in der Lage sind, Unsicherheit zu ertragen. Sie nehmen sich selbst und die anderen so, wie sie sind. Sie sind spontan in ihrem Denken und Handeln. Sie sind daran interessiert, Probleme zu lösen, und das schließt oft auch die Probleme anderer ein. Sie haben Sinn für Humor und sind hochkreativ. Sie wissen Schönheit zu würdigen und das Wohl der Menschheit liegt ihnen am Herzen.

Menschen, die sich selbst verwirklicht haben, können ihre kulturelle Konditionierung überwinden und Weltbürger werden. Sie sind zu einer tiefen und echten Würdigung elementarer Lebenserfahrungen in der Lage. Sie bauen von Herzen kommende und befriedigende zwischenmenschliche Beziehungen zu eher wenigen Menschen auf und können das Leben von einem objektiven Standpunkt aus betrachten. Sie sind in der Lage, andere wirklich wahrzunehmen, statt über sie zu urteilen. Sie sind authentisch – zufrieden damit, wer sie sind, was sie tun und wie sich ihr Leben entwickelt.

Das Streben nach und das Erreichen all dieser Eigenschaften bringt spirituelles Wachstum. Es gibt Zeiten in unserem Erwachsenenleben, in denen wir diese Eigenschaften haben und uns stark fühlen. Und dann gibt es diese ganz privaten Momente, in denen wir sehr zerbrechlich sind. Auch in diesen Momenten findet spirituelles Wachstum statt. Es ist alles Teil des Menschseins.

Die Suche nach dem Sinn des Lebens wird durch Selbsterkenntnis und Selbstverwirklichung angeregt. Wenn wir anfangen, unsere Lebensaufgabe zu erkennen und zu verstehen, können wir uns die nötigen Ziele setzen, um sie auch zu erfüllen. Manchmal hat diese Erkenntnis einen Berufswechsel zur Folge oder bringt uns dazu, die Gültigkeit unserer Beziehungen neu einzuschätzen oder die Verfolgung eines ehrgeizigen Ziels infrage zu stellen. Hierin finden wir eine eher mystische, höhere Bedeutung aller Dinge.

Wir sind intuitiv, solange wir auf unsere starke innere Stimme hören und danach handeln. Eine Mutter hat eine sehr ausgeprägte Intuition. Sie kann sogar mitbekommen, wenn ihr Kind am anderen Ende der Welt in Schwierigkeiten ist. Doch oft hören wir einfach nicht auf den wissenden inneren Teil von uns.

Wir existieren auf vielen Ebenen. Unsere physische Ebene können wir sehen, berühren und verstehen. Unsere emotionale Ebene können wir fühlen. Wenn wir argumentieren, sind wir uns unserer mentalen Ebene bewusst. Doch wo wohnt unser spiritueller Teil und wie kommuniziert er nicht nur mit unserer eigenen körperlichen, emotionalen und mentalen Ebene, sondern auch mit dem spirituellen Teil anderer Menschen? Er wohnt in der Sphäre des Akasha-Feldes oder auf der astralen Ebene, am Ort unserer Träume, wo es Phänomene wie außerkörperlichen Erfahrungen und Nahtoderlebnisse gibt, am Ort profunder religiöser und mystischer Erfahrungen. Dieser Ort definiert unsere Verbundenheit und die Wechselbeziehung aller Dinge.

Elternschaft aus dem sechsten Zentrum des Bewusstseins wird von Weisheit genährt. Weisheit wird empfangen und geboren aus der Vereinigung von Herz und Verstand. Wenn wir Augen für die Weisheit und die Lehren haben, die unser Kind und unsere eigene Demut uns vermitteln, werden wir zu dem Lehrer, den unser Kind braucht und sich wünscht. Alles, was wir brauchen, ist ein offener Geist und ein liebendes Herz.

Teil IV

Selbstreflexion

SAHASRARA
Das Kronenchakra

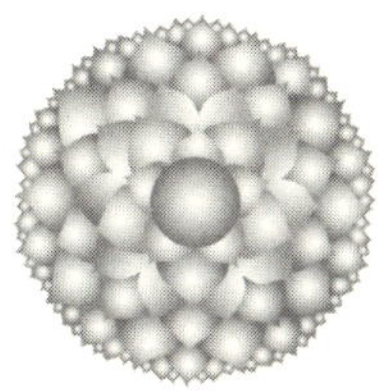

Einleitung
Sahasrara – Erleuchtung
Die Erfahrung der Einheit

Das siebte Energiezentrum

SAHASRARA
»Tausendfältig«

Der Lotos mit eintausend Blütenblättern

Erleuchtung

FARBE: Violett ist die Farbe der Einheit, von der katholischen Kirche mit der letzen Ölung, dem Sakrament der Aufnahme in eine höhere Ordnung, in Verbindung gebracht. Es ist die Farbe, die auf ein Verstehen jenseits des Wissens hinweist. Zusammen mit Indigo, der Farbe, die mit dem dritten Auge assoziiert wird, stimuliert Violett Hellsichtigkeit und übernatürliche Fähigkeiten.

MUSIK: Klassische indische Musik, bekannt als Raga, eine melodische Improvisation. Die einzigartige Essenz eines Ragas ist seine spirituelle Qualität und die Art, wie er gespielt wird. Nach Jahren des hingebungsvollen Übens und der Disziplin unter der Anleitung seines Gurus ist der Künstler imstande, seiner Darbietung *Prana* oder den Atem des Lebens einzuhauchen. Ravi Shankar, der große zeitgenössische Sitarspieler, schreibt: »Das höchste Ziel unserer Musik ist, die Essenz des Universums zu offenbaren, die sie widerspiegelt, und die Ragas gehören zu den Mitteln, durch die diese Essenz wahrgenommen werden kann. So kann man über die Musik mit Gott in Kontakt kommen.«

KÖRPERSYSTEM: Großhirnrinde, Schädeldecke.

ENDOKRINE DRÜSE: Zirbeldrüse.

SINN UND TOTEMTIER: Das siebte Chakra hat das Körperliche transzendiert. Daher ist ihm weder ein Sinn noch ein Totemtier zugeordnet.

Einleitung

Sahasrara ist einzigartig und steht für sich allein. Allerdings können die anderen Chakras nicht effektiv ohne dieses funktionieren, und es kann auch nicht ohne die anderen Chakras funktionieren. Dieses Zentrum ist so mysteriös wie die mit ihm assoziierte Zirbeldrüse. Viele von uns bekommen nur hier und da eine Ahnung von der Herrlichkeit dieses Zentrums, manche allerdings nicht vor dem Ende ihres irdischen Daseins.

Von einem kleinen Kind können wir nicht erwarten, dass es sich verhält und denkt wie eine vernünftige und weise Person, noch dass es in der Lage ist, die Komplexität von Zeit und Raum zu verstehen. Wenn ein kleines Kind all diese Fähigkeiten besäße, hätte ihm das Leben nicht viel zu bieten an Spaß sowie Experimentier- und Lernmöglichkeiten für seine eifrige und überschwängliche Seele, und wir Erwachsenen hätten nicht das Vergnügen, mit ihm zu reisen und zu lernen. Daher fängt das siebte Chakra nicht an sich zu entwickeln, bevor das Kind zum Erwachsenen heranwächst.

Das siebte Energiezentrum, Sahasrara, ist das Zentrum, in dem wir Einheit oder Verbundenheit mit allen Dingen, allen Menschen und unserem ganzen Universum erleben. Von diesem Zentrum aus können wir uns auf der Suche nach göttlicher Weisheit über das Selbst hinaus ausdehnen in einen geistigen Raum der tausend Möglichkeiten.

Es ist unser Zentrum des Gebets, der Meditation, der Reflektion und des spirituellen Verstehens.

Selbstreflexion wirft ein helles Licht auf unsere Lebensgeschichte und reflektiert sie wie ein Spiegel. Durch Selbstreflexion wird unser Zentrum offenbar. Es ist eine Form von Selbsteinschätzung und oft enthüllt sie die Bereiche, zu denen wir den Kontakt verloren haben; Wege, von denen wir abgewichen sind, und die Vergangenheit, die wir verleugnet haben. Und doch lernen wir nur durch Selbstreflexion, dass wir unsere innere Balance halten, sinnerfüllt leben und in Kontakt mit unserer eigenen Göttlichkeit bleiben können.

Selbstreflexion durch Nachdenken offenbart uns unser wahres Selbst.

Sahasrara – Erleuchtung

Sahasrara ist ein Lotos mit 1000 Blütenblättern, die nach unten zeigen. Samenschote und Stängel sitzen auf dem obersten Teil des Kopfes wie eine Scheitelkappe. Tausend Blütenblätter oder tausend Monate stehen für die reifen Jahre im Leben eines Menschen.

Die natürliche Zuordnung zu Sahasrara ist das Denken. Es ist jedoch das Denken eines höheren oder spirituellen Bewusstseins, das uns mit allen anderen Menschen und allen Dingen verbindet. Wenn wir nicht in uns selbst gefangen sind, sind wir eins mit dem Universum. Dieses Einssein ist eine Seelenreise, kein Ziel, und sie führt zu einem Bewusstsein, das als kosmisches oder Christusbewusstsein bezeichnet wird.

Wenn wir mit der Natur kommunizieren, sind wir auf die spirituelle Essenz aller Dinge eingestimmt. Wir finden die Stille in uns selbst. Höheres Denken kommt in dem Moment der Stille, in dem wir wissen, dass wir »heimgekommen« sind. Dann *wissen* wir, dass Gott in uns ist. Höheres Denken ist da, sobald wir wissen, dass nichts anderes von Bedeutung ist. Dann gibt es in der Tat weder Materie noch Illusion. Es ist einfach. Kommt ein Baby auf diese Welt, ist *das* seine Existenz. Falls Sie jemals Gelegenheit hatten, kurz nach der Geburt in die Augen eines Neugeborenen zu schauen, haben Sie Gott gesehen. Es ist ein wunderbares und transzendierendes Erlebnis.

Sahasrara wird mit der Zirbeldrüse in Verbindung gebracht, der höchsten und mysteriösesten endokrinen Drüse im Körper. Die Zirbeldrüse liegt in der Mitte des Gehirns, dicht unter dem

Scheitelpunkt des Kopfes, ist wie ein winziger Pinienzapfen geformt, hat etwa die Größe einer Erbse und besteht aus zwei Lappen, die zu einem verschmolzen sind. Sie ist das einzige Einzelorgan oder die einzige Einheit innerhalb des Gehirns. Alle anderen sind paarig angelegt.

Die Zirbeldrüse ist die am wenigsten verstandene Drüse des endokrinen Systems und die einzige, die nicht unter der direkten Kontrolle der Hirnanhangsdrüse steht. Sie wird vom Hypothalamus, einem sehr komplexen Teil des Gehirns, kontrolliert, der das Nervensystem mit dem endokrinen System verbindet.

Der Hypothalamus koordiniert viele jahreszeitliche und tagesperiodische Rhythmen, komplexe homöostatische Mechanismen und viele wichtige stereotype Verhaltensweisen und muss daher auf viele verschiedene Signale reagieren, von denen manche außerhalb des Körpers generiert werden. Es ist, als sei der Hypothalamus die kosmische Transferstation für Informationen, die uns auf einer subtilen Ebene erreichen, welche unseren normalen Sinnen nicht zugänglich ist.

Der Hypothalamus reagiert auf Licht, auf die Tageslänge und die Photoperiode, die für die Entstehung der Tages- und Jahreszeitenrhythmen verantwortlich sind; auf olfaktorische Stimuli, einschließlich Pheromone; auf Steroide, einschließlich Gonadensteroide und Corticosteroide; auf durch Nerven übermittelte Informationen, vor allem, wenn sie vom Herzen, vom Magen und aus dem Fortpflanzungssystem stammen; auf automatische Eingaben des unwillkürlichen Immunsystems, und auf durch das Blut übertragene Stimuli wie Chemikalien oder Hormone, einschließlich Insulin, Hormonen aus der Hirnanhangsdrüse und im Blut konzentrierte Glukose.

Und er reagiert auf Stress. Der Hypothalamus grenzt teilweise an spezialisierte Gehirnregionen an, die keine wirksame Blut-

Gehirn-Schranke haben. Das ist eine Schranke, die den Durchfluss von Substanzen wie Drogen, Bilirubin oder Toxinen vom Blut in die Rückenmarksflüssigkeit und ins Gehirn verhindert. Auch die Zirbeldrüse hat keine wirksame Blut-Gehirn-Schranke und deswegen ist diese winzige Drüse so anfällig für Substanzen aus der Umwelt.

Der Hypothalamus bestimmt über den deutlichen Unterschied zwischen männlichem und weiblichem Körper, sowohl von der Struktur als auch von der Funktion her. Die Gonaden oder Keimdrüsen schütten Steroide aus, welche die Entwicklung des neuroendokrinen Hypothalamus beeinflussen. Sie steuern den Reproduktionszyklus bei Frauen und sorgen bei erwachsenen Männern und Frauen für ein angemessenes Reproduktionsverhalten. Etwa ab der siebten embryonalen Woche sondern die menschlichen Hoden große Mengen Testosteron ab, die den männlichen Phänotyp festlegen. So wird ein Embyro zum kleinen Jungen. Diese intensive Sekretion dauert bis zu fünf oder sechs Monate nach der Geburt an und konsolidiert die starken Geschlechtsunterschiede zwischen weiblichen und männlichen Säuglingen.

Die Aktivität von Pheromonen trägt zur Synchronisation des Eisprungs bei, was oft zur Folge hat, dass Frauen, die zusammen wohnen, oft gleichzeitig menstruieren. Pheromone beeinflussen auch unser Sexualverhalten, indem sie zur Annäherung zwischen den Geschlechtern verlocken, was zum Geschlechtsverkehr und zur Reproduktion führt und so das Überleben der Menschheit sicherstellt.

Im Hypothalamus findet sich der suprachiasmatische Nucleus (SCN), der Erzeuger des Tagesrhythmus, der im Laufe von 24 Stunden viele verschiedene Körperfunktionen reguliert. Der suprachiasmatische Nucleus empfängt Informationen über Lichtimpulse von der Netzhaut des Auges. Diese Nervenimpulse steigen hinab ins Rückenmark und werden von dort zu den Halsganglien geschleudert, einer Ansammlung von Nervenzellkörpern, die im Nacken nahe der Wirbelsäule liegen. Von dort wird die Information über Nervenzellen an die Zirbeldrüse übermittelt, welche die Nervensignale in einem Prozess namens Transduktion in Hormonsignale umwandelt. In diesem Prozess entsteht das Hormon *Melatonin*. Melatonin ist insofern anders als andere Hormone, weil es vor allem in die Gehirn-Rückenmarksflüssigkeit ausgeschüttet wird und von dort in den Blutkreislauf gelangt.

Die wichtigsten Funktionen der Zirbeldrüse sind die Produktion des Neurotransmitters Serotonin und seine Umwandlung in das Hormon Melatonin durch Nerven-Licht-Impulse. Melatonin ist ein sehr kraftvolles Antioxidans. Antioxidantien sind Substanzen, die freie Sauerstoffradikale unwirksam machen. Sie verhindern, dass freie Radikale Zellwände ebenso zerstören wie die DNS und andere Zellstrukturen und dadurch Probleme wie Herzkrankheiten, Krebs, Alzheimer, Parkinson, Katarakte und rheumatische Arthritis verursachen. Antioxidantien können auch zur Verzögerung des Alterungsprozesses beitragen. Deswegen spielt Melatonin auch eine sehr wichtige Rolle für das Immunsystem.

Die Zirbeldrüse ist eine sehr ergiebige Serotoninquelle. Serotonin ist der chemische Stoff, der uns hilft, ein »Glücksgefühl« aufrechtzuerhalten: er hat unsere Launen unter Kontrolle, indem er beim Einschlafen hilft, Sorgen besänftigt und Depressionen abmildert.

Serotonin ist die Wohlfühlchemikalie des Körpers, von der man auch annimmt, dass sie unsere »biologische Uhr« koordiniert, den Körpermechanismus, der unseren Biorhythmus kontrolliert, zum Beispiel unsere Essens- und Schafenszeiten – ganz unabhängig von der äußeren Zeit. Serotonin und Melatonin sind biogene Amine, die einfachsten Hormonmoleküle, die im Körper produziert werden. Nicht nur die Zirbeldrüse ist eine reiche Serotoninquelle, sondern auch viele Pflanzen. Der Bodhi-Baum, unter dem der Buddha gesessen haben soll, als er erleuchtet wurde, gehört zu diesen Pflanzen.

Die Funktionen der Zirbeldrüse sind bis heute weitgehend unerforscht. Sie ist ein Teil des menschlichen Körpers, der immer noch Rätsel aufgibt. Im 17. Jahrhundert glaubte der Philosoph René Descartes, die Zirbeldrüse sei der »Sitz der Seele«.

Ich glaube, dass die Zirbeldrüse – auch Epiphyse genannt, vom griechischen *epi* = »höheres/äußeres« und *physis* = »Wachstum« – die Quelle des höheren Bewusstseins und der Erleuchtung ist und eine Verbindung mit dem universalen Bewusstsein aller Dinge herstellt.

Die Gehirn-Rückenmarksflüssigkeit badet und schützt das zentrale Nervensystem. Sie lässt das Gehirn »schwimmen« oder trägt es, sodass es das Rückenmark nicht zu schwer belastet. Außerdem erleichtert sie den Austausch von Nährstoffen, die für die Gesundheit und das Wohlbefinden dieses empfindlichen Nervengewebes notwendig sind. Gehirn-Rückenmarksflüssigkeit ruht nicht. Sie ist in ständigem Fluss und wird rhythmisch pulsierend durch Gehirn und Rückenmark gepumpt, bekannt als kraniosakraler Rhythmus. Die Schulmedizin erkennt diesen Rhythmus offiziell nicht an, obwohl es der letzte Rhythmus des physischen Körpers ist, der nach dem Tod endet. Genau wie das Herz-Kreislauf-System unser Blut mit den Sauerstoff- und Kohlenstoffmolekülen als roten Fluss des physischen Lebens durch Arterien, Venen und Kapillare bewegt, bewegt das kraniosakrale System die wertvolle Rückenmarksflüssigkeit und ihre chemischen Moleküle der Gefühle als klaren Fluss des spirituellen Lebens durch Gehirn und Rückenmark.

Mit Sahasrara assoziiert ist das Denken – nicht das rationale Denken, sondern das höhere Denken der Kontemplation oder Reflexion. In der Kontemplation über das Leben können wir die Seele oder das Wesen in unserem Innern finden und eine Art Frieden, der über unser Verständnis der weltlichen Existenz hinausgeht. In diesem inneren Raum können wir einen Zustand der Gnade erlangen, geboren aus der Dankbarkeit. Wenn die Seele von Vergebung genährt wird – und das schließt Selbstvergebung ein – kann sie eins mit allen anderen Menschen und der ganzen Natur werden. In diesem Zustand haben wir kosmisches Bewusstsein und können den Status der Glückseligkeit erlangen.

Ein neugeborenes Kind hat kein Selbstbewusstsein. Es hat noch kein Ego entwickelt, sondern existiert in einem Zustand der Ichlosigkeit, in dem es eins mit dem Universum ist. Es ist edel, bescheiden und verkörpert das *Göttliche*. In seinen ersten 100 Tagen auf der Erde besteht seine Reise darin, »geerdet« zu werden, hier anzukommen und ein Mitglied seines Stammes sowie der größeren Welt zu werden. Wenn es »an Boden gewonnen hat«, beginnen seine zweiten 100 Tage, in denen es allmählich eine Weltsicht der Dualität annimmt und sich als getrennt von anderen, besonders von seiner Mutter empfindet. Erreicht es viel später, in seinen reiferen Jahren das Entwicklungsstadium des Kronen-Energiezentrums und ein höheres Bewusstsein, bewegt es sich auf die Erfahrung der Einheit mit allen Dingen zu.

Die Seele sehnt sich nach dieser Einheit, und durch Sahasrara, das siebte Energiezentrum, wird sie erreicht.

Die Erfahrung der Einheit

Wir kommen im Laufe unseres Lebens mit vielen einflussreichen Leuten in Kontakt: Eltern, Freunde und Lehrer. Wenn diese Menschen wahre Gurus oder Mentoren sind, lernen und wachsen wir durch diesen Kontakt, denn die Weisheit, die ein Guru vermitteln kann, geht mit Bescheidenheit und Licht einher. Ein Guru ist – buchstäblich – jemand, der die Dunkelheit vertreibt. Er weiß, wer er ist. Und weil er begonnen hat, sein Ego loszulassen, kann er Licht in das Leben anderer bringen, indem er seine Weisheit mit ihnen teilt und ihnen die spirituellen Aspekte des Daseins nahebringt.

Während wir die Perlen der Weisheit eines Gurus in uns aufnehmen und ihren Glanz abzustrahlen beginnen, werden wir erleuchtet. Wir sehen das Licht. Weisheit ist eine Erfahrung, die wir auf unserer ganz persönlichen Reise machen. Wissend, was wir ändern können und was nicht, und weise genug, beides voneinander zu unterscheiden, werden wir unsere eigenen Lehrer. Das ist uns und jedem menschlichen Wesen möglich, und zwar dann, wenn wir unser Ego loslassen.

Wenn unser Kronenchakra ausgeglichen ist, haben wir eine zunehmend positivere Einstellung zum Leben. Unser Ego beginnt stiller zu werden. Statt ständig von seiner Gespaltenheit, seinen Begrenzungen und seinen Urteilen regiert zu werden, empfinden wir nun Mitgefühl und Akzeptanz nicht nur für andere, sondern auch für uns selbst. Ist das Kronenzentrum nicht ausgeglichen, leben wir im Reich des Egos und des Egotismus. Der Egotist glaubt sich von anderen getrennt und über ihnen stehend, und er glaubt sich getrennt von jener universalen Kraft, die viel größer ist, als er selbst.

Dieser Glaube führt ihn zu der Überzeugung, dass er es im Leben nur durch sein eigenes Bestreben und Bemühen zu etwas bringen kann. Der Egotist ist stolz und arrogant, ständig auf der Suche nach Selbstbefriedigung und fest verwurzelt in der materiellen Welt. Doch tief innen kann das Leben für einen Egotisten ziemlich dunkel und erbärmlich sein.

Der Glaube des Egotisten, er könne seine innere Dunkelheit dadurch erhellen, dass er jeden Aspekt seines Lebens unter Kontrolle bringt, treibt ihn dazu, sich auf die materiellen Dinge im Leben zu konzentrieren, um seine innere Leere mit Ruhm und Erfolg zu füllen. Dem Egotisten fällt es schwer, seine eigene Identität ehrlich zu definieren. Er betrachtet Emotionen als Zeichen von Schwäche. Daher kann er sehr hart zu sich selbst sein und neigt dazu, allem, was er unter seine Kontrolle bringen kann, seinen Willen aufzuzwingen.

Doch der vielleicht am meisten prägende Wesenzug des Egotisten ist seine Ablehnung aller spirituellen Dinge, besonders der spirituellen Seite, die tief in seinem eigenen Innern verborgen ist. Indem wir unsere spirituelle Seite verleugnen, trennen wir uns von anderen, denn nur durch sie können wir eins miteinander werden. Nicht umsonst sprechen wir von »Gleichgesinnten«, von »Seelenverwandtschaften« und »Seelenpartnern«. Diese Art von Nähe erreichen wir nur über den Geist beziehungsweise die Seele. Und es ist die Bewegung der Seele in uns, welche die Ekstase in die sexuelle Vereinigung bringt.

In dem Maße, in dem wir unser Ego erkennen und akzeptieren, lösen wir uns und haften ihm nicht länger an. All diese »schlimmen Dinge«, die uns vor langer Zeit in der Kindheit und in unseren Beziehungen als Erwachsene widerfahren sind, sind Teil unseres Egos. Wenn wir an diesen Erfahrungen festhalten, schränken sie uns ein, weil wir nach ihrer *Energie* süchtig werden. Wenn wir sie jedoch als Lektionen betrachten und akzeptieren, die das Leben uns gegeben hat, wird die negative Energie, die darin festgehalten wurde, frei und wir können uns allmählich von ihnen distanzieren. Die Energie dieser Erlebnisse bindet uns nicht länger an sie. So können wir unser Ego loslassen. In diesem Prozess des Loslassens gewinnen wir Gelassenheit, und diese Gelassenheit strahlt aus und gewinnt andere für unsere Weisheit. Und während wir unsere Weisheit vermitteln und teilen, werden wir zum Guru für uns selbst und lassen das Licht in unser eigenes Leben strahlen. Weisheit hat keine Bedürfnisse noch ist sie an die engen Beschränkungen unserer Lebenserfahrungen gebunden.

Ist das siebte Energiezentrum ausgeglichen, können wir Zugang zu der spirituellen Weisheit bekommen, die manchmal als Erleuchtung bezeichnet wird. Sie ist anders als die irdische Weisheit des dritten Auges. Spirituelle Weisheit macht es uns möglich, unsere innere Göttlichkeit und Heiligkeit zu entdecken.

Nachwort

Die Entwicklungsjahre im Leben eines Kindes bereiten es auf sein Wachstum durch die Adoleszenz und ins Erwachsenenleben vor. Es lernt nach und nach, dass es nicht länger das absolute Zentrum seines Universums ist, sondern einfach nur ein Teil davon, genau wie alle anderen auch.

Sigmund Freud definierte die Persönlichkeit des Menschen als aus drei Instanzen mit unterschiedlichen Funktionen zusammengesetzt: das Es, das Ich und das Über-Ich. Mit dem Es werden wir geboren. Es sichert unser Überleben, denn es sorgt dafür, dass die Bedürfnisse des abhängigen Kindes sofort befriedigt werden. Befriedigt werden unsere primitiven Bedürfnisse, gefüttert, gewärmt und berührt zu werden, und letztlich unsere Wünsche und Sehnsüchte.

In der sehr frühen Kindheit, in unseren ersten 500 Tagen funktionieren wir mit diesem irrationalen und emotionalen Teil unseres Geistes – dem Teil, der sich um unsere Gefühle und Gelüste kümmert. Das ist die Rolle des Es.

Mit etwa 18 Monaten, wenn wir allmählich etwas Selbstkontrolle und einen Blick für die reale Welt bekommen, beginnt sich das Ich herauszubilden und mit dem Es zu verhandeln, um es in Schach zu halten. Unser Ich entwickelt sich durch die zunehmende Erkenntnis, dass wir im wirklichen Leben nicht immer alles haben können, was wir wollen. Mit etwa fünf Jahren bekommen wir eine Vorstellung von »richtig« und »falsch« und die Samen unseres Bewusstseins werden ausgesät. Das ist die Rolle unseres sich entwickelnden Über-Ichs.

Wenn wir das Alter von acht Jahren erreichen, das Alter der Vernunft und des rationalen Denkens, funktioniert der sich entwickelnde Geist durch das Es, das Ich und das frühe Über-Ich.

Werden wir erwachsen, funktionieren wir weitgehend mit dem moralischen Teil unseres Gehirns. Er enthält all die Werte, die wir von unseren Eltern, in der Schule und von der Gesellschaft im Allgemeinen gelernt haben, er uns setzt uns die Grenzen des »guten Benehmens«, die durch diese Einflüsse definiert wurden. Wir haben mittlerweile auch ein reiferes Bewusstsein erlangt.

Unser Lebensdrama ist das Zusammenspiel zwischen unserem Es als dem Sitz unserer Impulse, unserem Ego, das sich mit dem Es arrangiert und gleichzeitig dem Über-Ich zu gefallen versucht, und dem Über-Ich, das uns »auf den rechten Weg« zu bringen versucht.

Das Es, das Ich und das Über-Ich müssen im Interesse der geistigen Gesundheit gut ausbalanciert sein. Ist dieses System im Gleichgewicht, verfügen wir über eine weltliche Weisheit. Wir sind erfahren und gelten als weise Menschen, sei es in der Familie, am Arbeitsplatz oder in der Welt.

Wenn dieses System nicht im Gleichgewicht ist, dominiert eine der drei Instanzen. Ein zu starkes Es äußert sich in selbstsüchtigem Verhalten, das zu wenig Rücksicht auf andere nimmt. Ist das Ich zu stark, kann das Verhalten extrem rational und effizient sein, aber gleichzeitig kalt, langweilig und distanziert. Ein zu starkes Über-Ich führt einerseits zur Entwicklung eines ständigen Schuldgefühls und andererseits zu einem übermäßig heiligen und urteilenden Benehmen gegenüber anderen. Wenn eine Instanz zu stark ist, entstehen Defizite bei den anderen. Dominieren beispielsweise das Es oder das Ich das System, ist das Über-Ich schwach und äußert sich in geringen moralischen Werten und mangelnder Bewusstheit.

Dieses Ungleichgewicht kann sich zum Konflikt unseres erwachsenen Lebens ausweiten. Auf unserer Suche nach Sinn sind dies die Bereiche, die wir zu hinterfragen beginnen, mit denen wir klarzukommen versuchen, die wir mithilfe unserer irdischen Weisheit in anderen erkennen und akzeptieren und in uns selbst verändern wollen. Wir sehnen uns nach einem ausgeglichenen Geist, damit wir Frieden und Harmonie finden können.

Und bei dieser Suche nach innerem Gleichgewicht und Frieden erhaschen wir immer wieder einen flüchtigen Blick auf die Möglichkeiten unseres höheren Selbst, des spirituellen Gurus in unserem Innern. Dies ist das Reich des siebten Energiezentrums Sahasrara, das seine Energie aus einem weiter ausgedehnten Universum bezieht und sie an die anderen sechs Energiezentren weitergibt, die uns in dieses Erwachsenendasein mit seinem rationalen Verstand, seinem Bewusstsein und seiner klaren Zielsetzung geführt haben.

Es ist die Wiedergeburt unserer spirituellen Intelligenz.

Anhang

Anhang 1

Die Chakras und ihre Zuordnungen

Das Chakra-System ist gut organisiert. Seine Energiezentren funktionieren nicht isoliert, sondern hängen in ihrer Funktion voneinander ab. Allerdings arbeitet jedes Energiezentrum auf seiner eigenen Ebene und kann unter- oder überaktiv sein. Damit das System ausgeglichen ist und reibungslos funktionieren kann, muss sich jedes einzelne Energiezentrum oder Chakra in einem Zustand des Gleichgewichts befinden. Jedes Energiezentrum steht mit einem physiologischen System des Körpers in Verbindung.

Das neuroendokrine System des menschlichen Körpers

Das Nervensystem regelt die Homöostase durch Nervenimpulse, die entlang der Nerven weitergeleitet werden. Das endokrine System schüttet seine Hormone in den Blutkreislauf aus, von wo sie in praktisch alle Körperzellen gelangen, auch wenn sie nur von einigen gebraucht werden. Das Nervensystem und das endokrine System sind als ein miteinander verflochtenes Super-System angeordnet – das neuroendokrine System, welches die Funktionen aller Körpersysteme koordiniert. Die Wirkung von Nervenimpulsen zeigt sich oft innerhalb von Millisekunden. Die Wirkung von Hormonen auf den Körper macht sich manchmal erst ein paar Stunden nach ihrer Ausschüttung in den Blutkreislauf bemerkbar.

Das endokrine System und seine Zuordnung zu den Chakras

Die endokrinen Drüsen produzieren Hormone, die viele Körperfunktionen steuern. Die Hirnanhangsdrüse, die an der Basis des Gehirns liegt, ist die Meisterdrüse und setzt unter der Steuerung oder dem Kommando des Hypothalamus Hormone frei, die alle anderen endokrinen Drüsen des Körpers regulieren. Die einzige endokrine Drüse, die nicht unter der Kontrolle der Hirnanhangsdrüse steht, ist die Zirbeldrüse. Sie untersteht der direkten Kontrolle des Hypothalamus.

Es gibt sieben wichtige endokrine Drüsen im menschlichen Körper: die Nebennieren, die Gonaden (Eierstöcke oder Hoden), die Bauchspeicheldrüse, die Thymusdrüse, die Schilddrüse (mit den Nebenschilddrüsen), die Hirnanhangsdrüse und die Zirbeldrüse. Jedes Chakra wird von einer dieser Drüsen beeinflusst und umgekehrt.

Die endokrinen Drüsen entwickeln sich beim Embryo sehr früh, weil die Sekretionen dieser Drüsen für die Entwicklung des Babys notwendig sind, und zwar sowohl im Mutterleib als auch nach der Geburt. Sie stellen nämlich sicher, dass das Baby auf gesunde Weise reifen kann.

Die embryonale Entwicklung des Babys basiert auf dem beginnenden Wachstum des physischen Körpers aus drei Arten von Gewebe: Ektoderm, Mesoderm und Endoderm. Sämtliche endokrinen Drüsen entstehen aus einem dieser drei Gewebe.

Die Nervengeflechte und ihre Zuordnung zu den Chakras

Jedes der ersten fünf Hauptchakras korrespondiert mit den fünf großen Nervengeflechten, die an den entsprechenden Körperstellen liegen. Ein Nervengeflecht oder Plexus ist eine Art »Nest« aus wichtigen Nerven wie Spinal- oder Kranialnerven, die mit einer unterschiedlichen Anzahl von Nervenfasern aus angrenzenden Nerven verbunden sind. Der Plexus fungiert als »Relaisstation« für Nerven, die verschiedene Organe im Körper versorgen.

Das erste Energiezentrum liegt an der Basis der Wirbelsäule am Steißbeingeflecht, das zweite im Unterbauch am Sakralgeflecht, das dritte im Oberbauch am Solarplexus oder Sonnengeflecht, das vierte hinter dem Brustbein am Herzgeflecht, das fünfte in der Halsgegend am Rachengeflecht. Das sechste und das siebte Energiezentrum liegen im Gehirn, ebenfalls in der Nähe signifikanter Nervengeflechte. Das sechste Energiezentrum, das dritte Auge, liegt in der Nähe der Sehnervenkreuzung.

Das siebte Energiezentrum am Scheitelpunkt des Kopfes wird mit der Zirbeldrüse in Verbindung gebracht, wo die sympathetischen postganglionären Fasern enden. Wenn Licht in das Auge eindringt und die Netzhaut streift, bewegen sich die Nervenimpulse zum suprachiasmatischen Nucleus des Hypothalamus. Von hier werden die Nervenimpulse zum oberen Halsganglion weitergeleitet. So empfängt die Zirbeldrüse die Nervenimpulse des Lichts, das in die Augen eindringt.

Yoga und die Chakras

Yoga ist ein sanftes Übungssystem, von dem Körper und Geist gleichermaßen profitieren und das geistige Klarheit und inneren Frieden bringt. Diese Klarheit und dieser Frieden machen den Weg für die spirituelle Entwicklung frei. Die sanfte Übungspraxis hält auch den Körper geschmeidig und jugendlich, weil sie einen ungehinderten Energiefluss durch seine Energieleitbahnen sicherstellt.

Es ist die hinduistische Tradition, die sowohl Yoga als Weg zu innerem Frieden, zur Gesundheit und zur Erleuchtung hervorgebracht hat, als auch unser Gewahrsein und das Wissen über die Energiezentren – die Chakras.

Yoga – das sind traditionelle Lehren und Techniken, die es dem Praktizierenden ermöglichen, die höheren Ebenen des Bewusstseins zu verstehen und anzustreben, die ihn über die niedrigeren Bewusstseinsebenen erheben, auf denen es um die Befriedigung der für unser Überleben grundlegenden Bedürfnisse geht.

Das Wort *Yoga* bedeutet »Verbindung« oder »Vereinigung«. Die Praxis des Yoga ist die Wissenschaft des Verbindens von Körper, Geist und Seele und des Herstellens einer Verbindung zwischen der individuellen Seele und dem universellen Geist oder der Weltseele. Yoga ist Meditation in Bewegung.

Akupunktur und die Energieleitbahnen

Akupunktur ist eine Therapie, die auf dem Leitgedanken basiert, dass es Nervenverbindungen zwischen den Organen und der Körperoberfläche gibt. Alle lebenden Wesen enthalten Qi oder Lebensenergie, die im Idealfall im Zustand des permanenten

Gleichgewichts innerhalb des Körpers und mit der Umwelt ist. Ein Ungleichgewicht dieser Energie, die durch Stress verursacht werden kann, führt möglicherweise zu einer Fehlfunktion der Organe und letztlich zur Krankheit.

Das Qi durchfließt den Körper in Kanälen oder Leitbahnen und auf jeder dieser Leitbahnen befinden sich etliche Akupunkturpunkte. Die Stimulation dieser Punkte (meistens mit Nadeln) kann den Fluss der Energie und damit die Körperfunktionen so beeinflussen, dass das Gleichgewicht wieder hergestellt wird. Die Praxis der medizinischen Akupunktur basiert auch auf einem Verständnis der Neurophysiologie und der Anatomie.

Akupunktur folgt dem Leitgedanken, dass jede Störung des Wohlbefindens, ob geistig oder körperlich, auf Schwachstellen oder Energieblockaden an bestimmten Körperstellen beruht; werden die Beschwerden kuriert, dann lösen sich die Blockaden. Diese Körperstellen heißen Akupunkturpunkte. Es gibt etwa 12 000 dieser Punkte, die durch unsichtbare Kanäle – die Meridiane – verbunden sind.

Chinesische Texte beschreiben, wie die Lebenskraft oder das Qi in diesen Meridianen zirkuliert, und interpretieren alle Krankheiten als eine Störung im Fluss dieser Energie oder Lebenskraft. Akupunktur ist ein wichtiges Teilgebiet der traditionellen chinesischen Medizin, das neuerdings auch bei westlichen Schulmedizinern sehr beliebt geworden ist.

Licht, Farbe und die Chakras

Den Chakras werden auch Eigenschaften von Elementen, Klängen und Farben zugeordnet. Die Eigenschaften der Farben sind nicht zu verstehen ohne ein grundlegendes Verständnis der Natur des Lichts, welches für den Fortbestand des Lebens unverzichtbar ist.

Licht ist sichtbare Energie, die durch elektromagnetische Vorgänge erzeugt wird, welche zwischen Atomen und subatomaren Partikeln ablaufen. Licht bewegt sich in einer Geschwindigkeit, die nicht überschritten werden kann. Diese Geschwindigkeit liegt konstant bei 300 000 Meter pro Sekunde. Wenn Licht auf die Netzhaut im Auge trifft, wird es in Nervenimpulse übersetzt, die an den Teil des Gehirns übermittelt werden, der sie als »Sehen« interpretiert. Sehen ohne Licht ist nicht möglich.

Das sichtbare Licht besteht aus den Farben des Spektrums. Im 17. Jahrhundert entdeckte Isaac Newton, aufbauend auf dem Werk des französischen Philosophen René Descartes, wie das Farbspektrum aus Licht entsteht. In einem abgedunkelten Raum stellte er ein Glasprisma so auf, dass ein Lichtstrahl hindurchschien und das Licht in seine sieben Spektralfarben getrennt wurde – die Farben des Regenbogens. Diese Entdeckung bildet die Basis unseres Verständnisses von Farbe. Newton schloss daraus, dass Licht oder Farbe aus Wellen besteht und dass jede Farbe eine andere Wellenlänge hat und in einer anderen Frequenz schwingt.

Das Farbspektrum ist der sichtbare Teil des elektromagnetischen Spektrums. Es gibt noch viele andere Wellenlängen, die für das menschliche Auge unsichtbar sind. Sie manifestieren sich in Fernsehwellen, Radiowellen, Mikrowellen und so weiter.

Alle Materie,. einschließlich unserer physischen Körper, ist empfindlich für elektromagnetische Strahlung in allen Frequenzen, obwohl wir nur das Licht des sichtbaren Spektrums bewusst wahrnehmen. Elektromagnetische Wellen brauchen kein Medium, um ihre Energie zu transportieren. Es handelt sich nämlich um Wellen, die eine elektrische und eine magnetische Natur haben und in der Lage sind, sich unabhängig von ihrer Frequenz mit Lichtgeschwindigkeit im Vakuum fortzupflanzen. Deshalb können alle Dinge auf den Elektromagnetismus des Lichts und seine jeweilige Farbe reagieren.

Im menschlichen Körper schwingen die sieben Hauptenergiezentren der hinduistischen Tradition in den Farben des Spektrums und deswegen können wir ihnen verschiedene Farben zuordnen.

Die Wellenlänge der Energie, die vom menschlichen Auge wahrgenommen werden kann, reicht von etwa 760 Nanometer am roten Ende des Spektrums bis etwa 380 Nanometer am violetten Ende. Je kürzer die Wellenlänge ist, zum Beispiel von Violett, desto höher ist die Frequenz der Schwingung. Der menschliche Sehsinn registriert jede kleine Veränderung der Wellenlänge innerhalb dieses Energiebandes als unterschiedliche Farbe. Die Schwingungen der Chakras wurden gemessen und aufgrund dieser Messungen wurden ihnen entsprechende Farben zugeordnet.

Die Farben, die wir sehen und tragen, beeinflussen unsere Stimmung, obwohl wir uns ihrer Wirkung oft nicht bewusst sind. Die Farben am unteren Ende des elektromagnetischen Spektrums – Rot, Orange und Gelb – strahlen Energie ab, während die am oberen Ende – die blauen Töne, Indigo und Violett – Energie absorbieren. Grün ist die Brückenfarbe, eine Kombination aus Gelb (gebende oder elektrische Energie) und Blau (empfangende oder magnetische Energie).

Ein neugeborenes Baby hat eine sehr bleiche und empfindliche Aura, die mit sehr blassen Farben gefüllt ist. Traditionell wird ein Neugeborenes in Weiß gekleidet, denn diese Farbe, die alle anderen Farben enthält, erlaubt es ihm zu absorbieren, was es braucht. Meist werden helle oder Pastellfarben mit Babys assoziiert. Man glaubt beispielsweise, dass Hellblau unruhige Babys beruhigt und Hellrosa die Farbe der bedingungslosen Liebe ist. Seitdem auch die Schulmedizin im Krankenhaus bei Neugeborenengelbsucht ultraviolettes beziehungsweise blaues Licht einsetzt, um dem Baby zu helfen, die Gelbsucht aus dem Körper auszuscheiden, können wir davon ausgehen, dass diese Farbe einen großen Einfluss auf alle lebenden Geschöpfe hat.

Klang und Schwingung

Klang ist eine Welle, die von schwingenden Objekten erzeugt wird. Er reist durch ein Medium, das Energie von einem Ort zum anderen transportiert. Klang geht durch Luft, Wasser und feste Materie und wirbelt dabei Partikel auf, die von einem elastischen Element getragen werden, das manche Äther nennen. Das jeweilige Medium besteht aus miteinander verbundenen und interagierenden Partikeln. Die ursprüngliche Quelle der Klangwelle ist ein schwingendes Objekt, zum Beispiel die Stimmbänder einer Person, ein Musikinstrument, eine Stimmgabel oder die Kollision von Objekten, welche die ersten Partikel des Mediums aufwirbeln, die dann mit anderen Partikeln interagieren. Dieses Transportieren durch die Interaktion von Partikeln wird als mechanische Welle bezeichnet. Mechanische Klangwellen brauchen, anders als die elektromagnetischen Wellen des Lichts, ein Medium, um ihre Energie von einem Ort zum anderen zu transportieren. Aus diesem Grund können sie nicht durch die Regionen des Weltraums reisen, in denen es keine Partikel gibt. Klang kann nicht durch ein Vakuum gehen.

Bewegt sich eine Klangwelle durch ein Medium, schwingt jedes Partikel des Mediums in derselben Frequenz. Wird eine Stimmgabel angeschlagen, kann dies als die besondere Note gehört werden, für welche die Stimmgabel gemacht wurde. Wenn eine andere Stimmgabel mit der gleichen Frequenz in der Nähe ist, absorbiert sie die Schwingung und fängt an, in der gleichen Frequenz zu schwingen, obwohl sie selbst nicht angeschlagen wurde.

Die Amplitude des Schalls wird in Dezibel gemessen, seine Frequenz oder Höhe in Hertz. Eine Schwingung pro Sekunde ist 1 Hertz (Hz). Das menschliche Ohr kann Schallwellen in einer großen Bandbreite von Frequenzen – zwischen 20 und 20 000 Hz – hören. Jeder Klang außerhalb des menschlichen Hörvermögens ist entweder als Infra- oder als Ultraschall bekannt. Eine Frequenz unter 20 Hz bezeichnet man als Infraschall, eine über 20 000 Hz als Ultraschall.

Die Wahrnehmung einer Frequenz wird als die Tonhöhe eines Klanges bezeichnet. Verschiedene Tierarten haben einzigartige Fähigkeiten, wenn es um das Wahrnehmen von Frequenzen geht. Ein Delfin kann Frequenzen bis zu 200 000 Hz hören. Diese wunderbaren Geschöpfe sind in der Lage, Ultraschall wahrzunehmen, also Klänge, die so hoch sind, dass das menschliche Ohr sie nicht hören kann. Der Elefant hingegen nimmt Infraschall wahr (sehr tiefe Töne), da seine akustische Bandbreite bei fünf bis 10 000 Hz liegt.

Der Begriff Kymatik, die Visualisierung des Klanges oder die Untersuchung, wie Schwingungen im weitesten Sinne Muster, Formen und Bewegungsprozesse generieren und beeinflussen, wurde in den 1960er-Jahren von dem Schweizer Arzt Hans Jenny geprägt. Jenny beschrieb die Ergebnisse von Experimenten um zu zeigen, was geschieht, wenn unterschiedliche Materialien wie Sand, Sporen, Eisenspäne, Wasser und viskose Substanzen auf schwingende Metallplatten und Membrane gelegt werden. Unter Bezugnahme auf das Werk des Physikers Ernst Chladni (1756–1827) gelang es Hans Jenny, diese Formen und Muster zu fotografieren. Chladni hatte demonstriert, wie Klang Materie beeinflusst und die Eigenschaft hat, geometrische Muster zu bilden. Jenny war überzeugt, dass die biologische Evolution ein Ergebnis von Schwingungen ist, dass das Wesen dieser Schwingungen ihren letztendlichen Ausgang bestimmt und dass Gene, Zellen und verschiedene Körperstrukturen von unterschiedlichen Frequenzen beeinflusst werden.

Jedes Energiezentrum reagiert auf eine ganz bestimmte Schwingung. Deshalb wird ihm die Schwingung einer bestimmten Farbe oder musikalischen Note zugeordnet. Je niedriger das Chakra ist, desto niedriger ist auch die zugeordnete Schwingung der Farbe oder der musikalischen Note. Umgekehrt gilt: Je höher das Chakra, desto höher ist die Schwingung der Farbe oder des Tones. Hier zeigt sich, dass Klang Form hervorbringt und auch mit den Schwingungen des Bewusstseins verbunden ist. In einer Welt, die wissenschaftliche Beweise für die Gültigkeit des Glaubens verlangt, ist dies ein willkommenes Geschenk, denn nun können wir die heilenden Eigenschaften der Musik ebenso begreifen wie die destruktiven Kräfte von Lärmbelästigung. Wir verstehen auch besser, was es mit der Schwingung von Farben auf sich hat und mit dem Gesetz der Anziehung, nach dem sich Menschen, die auf derselben Frequenz schwingen, zueinander hingezogen fühlen.

Die Elemente

Elemente sind die grundlegenden Stoffe, aus denen alle Materie, einschließlich unseres physischen Körpers, zusammengesetzt ist.

Sie sind die elementaren Komponenten aller Dinge. Eine Substanz kann per Definition nicht weiter aufgegliedert oder reduziert werden als auf ein Element. Indem wir die chemischen Elemente und ihre Symbole begreifen, können wir unsere Umwelt verstehen und letztlich auch kontrollieren. Das ist die Basis der atomaren Elemente. Es gibt aber auch fünf Grundelemente im spirituellen Sinne. Dabei handelt es sich um die grundlegenden biologischen »Elemente« oder die Elemente der Natur, die für unsere Existenz ebenso wichtig sind wie für das Verständnis unserer Existenz. Sie sind die Symbole unseres Lebens.

Diese Elemente sind die Symbole der Philosophen. Sokrates, Platon, Aristoteles und andere frühe Philosophen stützten sich auf ein bestimmtes Verständnis dieser Elemente. Die antiken Elemente der Natur waren Erde, Wasser, Feuer, Luft und Äther.

Diese natürlichen Elemente bilden nicht nur unseren physischen Körper, sondern auch unsere unsichtbaren, mystischen Teile. Die indischen und die antiken griechischen Philosophien stimmen darin überein, dass alles im Universum aus diesen fünf Elementen zusammengesetzt ist.

Erde

Erde repräsentiert den festen Zustand der Materie. Wir können Erde mit der Hand zusammenkratzen, ihre Beschaffenheit fühlen und sie durch unsere Finger sieben. Wir können uns Erde als Steine vorstellen, als Erdboden, als die festen Teile von uns selbst als irdische Wesen und als die festen Teile unserer natürlichen Umgebung.

Erde stellt uns die 92 bekannten, in der Natur vorkommenden chemischen Elemente – etwa Na (Natrium) und K (Kalium) – zur

Verfügung, jene Bausteine, die wir im Chemieunterricht in der Schule kennengelernt haben. Elemente wie diese brauchen wir, damit unsere Körpersysteme funktionieren. Unsere Knochen brauchen Kalzium. Das Hämoglobin im Blut ist vom Eisen abhängig. Unser Nervensystem könnte nicht arbeiten, wenn Kalzium, Kalium, Natrium und Magnesium nicht im richtigen Gleichgewicht wären.

Der menschliche Körper besteht aus schätzungsweise 60 Billionen Zellen – Nervenzellen, Hautzellen, Blutzellen und so weiter. Jede Zelle besteht aus Molekülen, jedes Molekül aus Atomen und jedes Atom aus subatomaren Partikeln.

Die vier wichtigsten chemischen Elemente im Körper sind Sauerstoff (O, 65%), Kohlenstoff (C, 18,5%), Wasserstoff (H, 9,5%) und Stickstoff (N, 3,2%). Alle zusammen machen etwa 96 Prozent unserer gesamten Körpermasse aus. Die anderen 3,9 Prozent bestehen aus den Elementen Kalzium, Phosphor, Kalium, Schwefel, Natrium, Chlor, Magnesium, Jod und Eisen. Etwa 0,1 Prozent unserer Gesamtkörpermasse besteht aus Spurenelementen in winziger Konzentration: Aluminium, Bor, Chrom, Kobalt, Kupfer, Fluor, Mangan, Molybdän, Selen, Silizium, Zinn, Vanadium und Zink. Es ist also offensichtlich, dass unser irdischer, physischer Körper aus Elementen zusammengesetzt ist.

Jedes einzelne dieser Elemente besteht aus Atomen, den kleinsten Einheiten der Materie, die chemische Reaktionen eingehen können. Ein Element ist einfach eine Materiemasse, die aus Atomen vom selben Typ zusammengesetzt ist. Reiner Kohlenstaub und ein Diamant beide basieren ausschließlich aus Kohlenstoffatomen.

Ein Atom besteht aus drei Haupttypen von subatomaren Partikeln: Neutronen, Protonen und Elektronen. Neutronen und Protonen bilden den Atomkern. Die negative Ladung der Elektronen ist für die Energiefunktion des Atoms bei chemischen Reaktionen verantwortlich.

Wasser

Wasser, das dem Körper Fluidität gibt, ist ein wichtiger Teil von uns. Ohne Wasser wären wir starr, unfähig uns zu bewegen, unfähig, Energie zu spüren und voller Energie zu sein, denn Wasser ist essenziell notwendig für die Übertragung der Energie und die Flexibilität unseres Muskelfleisches.

Wir kommen aus dem Wasser. Ohne das Fruchtwasser im Mutterleib könnten wir nicht lernen, flexible menschliche Wesen zu sein, und wären nicht in der Lage, geboren zu werden. Wasser ermöglicht unseren Übergang ins Leben und polstert ihn ab. Ohne Feuchtigkeit kann es nur Reibung geben, und dann sitzt das Leben irgendwann fest. Würden wir nicht aus sehr viel Wasser bestehen, könnten wir nicht atmen, denken und tanzen.

Das menschliche Gehirn besteht zu 85 Prozent aus Wasser und der Körper eines erwachsenen Menschen zu 70 Prozent. Am Beginn unserer Lebensreise als befruchtetes Ei, bestehen wir zu 96 Prozent aus Wasser. Bei der Geburt besteht ein Baby zu 80 Prozent aus Wasser, als Erwachsene bringen wir es auf 70 Prozent und im Alter, wenn wir das Ende unserer Lebenszeit erreichen, sind es nur noch 50 Prozent. Im Alter verlieren wir allmählich unsere Fluidität und damit auch unsere Flexibilität. Es wird ein wenig schwieriger, sich zu bewegen und mit dem Leben mitzufließen.

Fruchtwasser, die Flüssigkeit, in der das Baby im Mutterleib badet und von der es getragen wird, besteht aus Wasser und Salzen, wobei die Mischung der des Meerwassers sehr nahe kommt. Der

Salzgehalt der Ozeane liegt relativ konstant bei 3,4 Prozent. Wenn diese Salzkonzentration auch nur um einen kleinen Prozentanteil erhöht würde, wäre das Leben auf diesem Planeten ganz anders. Eine Erhöhung um etwa sechs Prozent, und das nur für kurze Zeit, würde alles Leben im Meer auslöschen und die Ozeane wären so unfruchtbar wie das Tote Meer.

Das Meer in uns, diese etwa siebzig Prozent Wasser, aus denen wir bestehen, ist vom Gleichgewicht der chemischen Elemente in unserem Körper abhängig.

Feuer

Feuer ist heiß und trocken. Feuer ist das Element, das Dinge geschehen lässt. Es ist das »auf geht's und los« unseres Körpers. Feuer versetzt unseren physischen Körper in die Lage, mithilfe von elektromagnetischer Energie zu funktionieren. Unsere Atmung, unsere Verdauung und unser Nervensystem könnten ohne die Energie des Feuers oder, wissenschaftlich ausgedrückt, ohne die Energie der chemischen Reaktionen nicht funktionieren. Unser Leben endet, wenn keine Energie mehr da ist, um unser Herz weiter schlagen zu lassen.

Feuer ist elementar wichtig, weil es Aufladung und Veränderung bewirkt und unser Überleben auf der Erde sichert. Die Sonne ist das kosmische Feuer, das uns sowohl Wärme als auch Licht zur Verfügung stellt sowie die Energie, welche die globale Atmosphäre (Luft) bewegt und damit die Pumpe antreibt, die den lebenserhaltenden Wasserkreislauf in Gang hält.

Strahlungsenergie ist die Energie, die sich in Wellen ausbreitet. Der Körper verliert Wärme, indem er Hitzewellen an kühlere Objekte in seiner Nähe abstrahlt. Auf diese Weise kann sich ein ganzer Raum erwärmen. In einem Zimmer, das 21 Grad Celsius warm ist, werden etwa 60 Prozent von einer sich dort aufhaltenden Person abgestrahlt. Denken Sie nur daran, wie wir unser Bett aufwärmen können oder den Stuhl, auf dem wir sitzen. Würden wir die Hitze, die durch unsere Körperfunktionen erzeugt wird, nicht abstrahlen, würden wir von innen heraus verbrennen. Wir strahlen auch die unsichtbare Energie ab, die als feinstoffliche Energie bekannt ist – die Energie unseres emotionalen Geistes.

Elektrische Energie resultiert aus dem Fluss geladener Partikel. Die elektrische Energie in unserem Körper hat etwas mit der Bewegung geladener Partikel namens Ionen zu tun. Die Impulse in den Nerven- und Muskelzellen sind Beispiele für elektrische Energie. Unsere Gehirnenergie ist elektrische Energie, mit ihr denken wir.

Wärmeenergie ist die Energie, die von einem Objekt auf das andere übertragen wird, weil ein Temperaturunterschied besteht. Wir können uns allein dadurch gegenseitig wärmen, dass wir uns eng aneinanderschmiegen.

Chemische Energie ist eine Form von latenter Energie. Wenn sich chemische Verbindungen bilden oder auseinanderbrechen, wird Energie in Form von ausstrahlender Wärme oder elektrischer Energie absorbiert oder freigesetzt. Wenn der Körper wächst und sich erneuert, etwa wenn sich Knochen bilden, wenn Haare und Nägel wachsen und zerstörte Zellen ersetzt werden müssen, braucht er Nährstoffe. Während die Körperzellen diese Nährstoffe abbauen, speichern sie chemische Energie in einer Form, die für die späteren Aufbauprozesse verwendet werden kann.

Mechanische Energie ist die Energie, die entweder auf die Position (Lage) oder auf die Bewegung einer Masse (eines Körpers) zurückzuführen ist. Es kann latente oder Lageenergie sein, wenn der Körper in Ruhe ist, oder kinetische Energie, wenn er sich bewegt. Viele Körperprozesse verwandeln chemische Energie in mechanische Energie, um Bewegungen zu ermöglichen wie etwa den Herzschlag, der das Blut durch den Körper pumpt.

Kundalinienergie ist menschliche Energie, die heilende Energie des Körpers. Es ist unsere emotionale Energie, die Energie, die aus der Leidenschaft kommt, zum Beispiel aus Liebe, Wut und Begeisterung. Ohne die Bewegung der Kundalinienergie kann die Psyche nicht wachsen und erblühen. Kundalini kann durch Yogaübungen geweckt werden, durch Meditation, aber auch durch körperliche Reize wie anstrengendes Training, einen Unfall, ein Nahtoderlebnis oder eine starke Gemütsregung. Während unsere Chakras oder Energiezentren durch die hindurchfließende Kundalini wachsen und sich entwickeln, berühren sie sich gegenseitig und stimulieren auch das jeweils darüber und darunter liegende Chakra. Das hat einen verstärkten Energiefluss zur Folge und ein gesteigertes Bewusstsein, welches das gesamte System betrifft und als Kundalinikraft bekannt ist.

Kundalini ist das Feuer oder die Antriebskraft der Seele und nur wenn diese spirituelle Energie vorhanden ist, kann Heilung auf der körperlichen Ebene stattfinden. Körperliche Heilung und spirituelle Heilung sind voneinander abhängig. Heilung des Körpers ist ohne Heilung der Seele nicht möglich.

Obwohl das Feuer selbst eine Form ohne Substanz ist, hat es die Macht, die Beschaffenheit jeder Substanz zu verändern. Es verwandelt Nahrung in Fett (um Energie zu speichern) und in Muskeln (um uns in Handlungsbereitschaft zu versetzen). Es erzeugt die Impulse für nervliche Reaktionen, für unsere Gefühle und sogar für unsere Denkprozesse.

Luft

Luft ist Existenz ohne Form. Sie ist die ursprüngliche Form der Materie. Sie ist auch die gasige Form der Materie, die mobil und dynamisch ist. Luft ist das Element, ohne das Feuer nicht brennen kann. Luft ist eine Mischung aus den Elementen Stickstoff (78 %), Sauerstoff (21%) und anderen Gasen, welche die Erde umgeben und ihre trockene Atmosphäre bilden. Der Sauerstoff, der aus den 16 Kilogramm Luft absorbiert wird, die wir täglich in unsere Lungen einatmen, ist die Grundlage aller Energieübertragungsreaktionen innerhalb des Körpers. Daher ist er für unsere Existenz unverzichtbar.

Wenn ein Baby seinen ersten Atemzug macht, dann bedeutet dies, dass es lebt und in seinen Lebensfunktionen unabhängig ist. Mit dem ersten Atemzug wird auch der Geruchssinn des Babys aktiviert und ebenfalls durch den Atem kommt das Gedächtnis beziehungsweise die Erinnerung in Gang. Während der Atem immer sehr eng mit der Seele verbunden war, ist das Wesen der Luft spirituell.

Luft ist eine physikalische Substanz, die ein Gewicht hat und aus Molekülen besteht, die sich permanent bewegen. Bewegte Luft hat eine Kraft, die Drachen und Ballons heben und davontragen kann. Luft ist das spürbare Symbol des unsichtbaren Lebens und vielleicht deshalb dasjenige von den fünf Elementen, das am schwierigsten zu beschreiben ist. Luft macht die meisten Lebensformen auf der Erde möglich, denn sie liefert den Sauerstoff, den sie zum Überleben brauchen.

Äther

Äther ist der Raum, in dem sich alles abspielt. Die Naturelemente der antiken Philosophen – Erde, Wasser, Feuer und Luft – finden sich einzeln nur in zweidimensionalen Systemen. Damit sie einen Zusammenhalt oder eine Bindekraft bekommen und Teil eines Ganzen werden können, müssen sie von einem Element gehalten werden, das formlos und elastisch ist. Dieses Element ist als Äther bekannt.

Die Elemente werden von dem Raum definiert, der sie trägt und voneinander trennt. Der Äther definiert die vielen Beziehungen zwischen den verschiedenen Elementen. Er ist das Medium, in dem alle Dinge existieren und das allen Dingen innewohnt. Jede einzelne unserer Zellen ist von Äther umgeben und wird von ihm getragen. Im Innern einer jeden Zelle befinden sich Atome, die von Äther umgeben sind und von Äther getragen werden. In jedem Atom ist jedes subatomare Teilchen von Äther umgeben und wird von ihm getragen. Ohne Äther wären wir Menschen nur ungeordnete, ungestützte, formlose Haufen aus Partikeln.

Der Äther ist die Quintessenz der Elemente. Ohne ihn wären alle anderen Elemente undefinierbar. Ohne den Äther gäbe es nichts, was Schallwellen tragen könnte, und ohne die Schwingungen der Schallwellen gäbe es keine Form. Das größte Problem für die Wissenschaftler ist, dass bisher noch niemand in der Lage war, die *Eigenschaften* des Äthers zu entdecken und zu beschreiben. Albert Einstein hatte zwar Zweifel hinsichtlich der Eigenschaften des Äthers, konnte aber seine Existenz nicht gänzlich von der Hand weisen. In seiner allgemeinen Relativitätstheorie, die Raum hinsichtlich der Gravitationskräfte beschreibt, die mit physikalischen Eigenschaften ausgestattet sind, musste er zugeben, dass der Raum selbst physikalische Eigenschaften hat und dass diese Eigenschaften eine Art Äther konstituieren: »Den Äther leugnen bedeutet letzten Endes annehmen, dass dem leeren Raume keinerlei physikalische Eigenschaften zukommen. Mit dieser Auffassung stehen die fundamentalen Tatsachen der Mechanik nicht im Einklang. ... Nach der allgemeinen Relativitätstheorie ist der Raum mit physikalischen Qualitäten ausgestattet; es existiert also in diesem Sinne ein Äther.« (Aus einer Rede von Albert Einstein, gehalten am 5. Mai 1920 an der Reichsuniversität Leiden; siehe www.geist-oder-materie.de) Einstein sprach über die gravitative Natur des Universums, die heute als »Gravitationsfeld« beschrieben wird.

Die Sinne

Das Gehirn hat keinen physischen Kontakt mit der Welt. Alles, was es weiß oder worauf es reagiert, empfängt es über die Sinne. Es gibt fünf Sinne, die es uns Menschen möglich machen, mit dem Umfeld, in dem wir leben, in Beziehung zu treten und etwas darüber zu erfahren.

Die fünf Sinne wurden von dem griechischen Philosophen Aristoteles beschrieben. Dieser glaubte, der Prozess des Sammelns von Wissen beginne mit den Sinnen, dass wiederholte Sinneseindrücke zur Erinnerung führen würden und dass eine Form von Einsicht und sogar Intuition über die Sinne zu erlangen sei. Wir wären dann in der Lage, die allgemeingültigen Merkmale der Dinge zu ergründen.

Diese fünf Sinne – Riechen, Schmecken, Sehen, Tasten und Hören – sind alle an ein bestimmtes Organ gebunden. Das Organ, das wir zum Riechen brauchen, ist die Nase; zum Schmecken brauchen wir die Zunge und den Mund. Das Berühren ist an die Haut gebunden, das Hören an die Ohren, das Sehen an die Augen.

Es gibt drei Nicht-Kontaktsinne – Sehen, Hören und Riechen – die auch ohne unmittelbaren physischen Kontakt funktionieren. Sie erhalten ihre Informationen über ein physikalisches Medium. Das Sehen nutzt das elektromagnetische Spektrum, Hören funktioniert über Schallwellen, die durch die Luft oder das Wasser kommen; beim Riechen empfangen wir Moleküle, die durch ein Medium wie Luft oder Wasser getragen werden. Die Kontaktsinne Tasten und Schmecken brauchen den direkten Kontakt zu dem, was sie wahrnehmen.

Der sechste Sinn ist der Sinn für das unbeschreibliche Wissen, das Wissen auf der Zellebene unseres Seins. Wir wissen weder, was es für eine Information ist noch woher sie kommt. Es ist ganz einfach ein tiefes inneres Wissen.

Jeder Sinn steht mit einem Organ in Verbindung, das Botschaften zum Gehirn schickt, welches wiederum die jeweilige Botschaft verarbeitet, ins Bewusstsein bringt und es dem Körper dann ermöglicht, auf den Sinnesreiz zu reagieren.

Tasten/Berühren

Der erste Sinn, der sich im Mutterleib entwickelt, ist der Tastsinn. Das Gehirn verarbeitet die Berührungsempfindungen, die über Nervenimpulse von der Haut und anderen Teilen des Integumentalsystems kommen.

Tasten ist nicht nur die Fähigkeit, sich selbst, andere oder ein Objekt zu berühren. Tasten ist auch die Wahrnehmung des Gefühls, berührt zu werden. Wir haben den angeborenen Wunsch, das Baby im Mutterleib mit langen, zärtlichen Bewegungen zu liebkosen und zu massieren, was das Baby auf einer energetischen Ebene wahrnimmt. Mütter tun das spontan, ohne jede Veranlassung oder Anleitung, und oft ist ihnen nicht einmal bewusst, dass sie es tun. Berührung ist die wesentliche Interaktion zwischen einem Baby und seinen Eltern. Berührung ist wesentlich für das körperliche Wachstum eines Babys, aber auch für seine emotionale Entwicklung.

Unsere Haut ist eines der größten Organe des Körpers, sowohl von der Oberflächenausdehnung als auch vom Gewicht her. Bei einem durchschnittlich großen Erwachsenen bedeckt sie eine Fläche von etwa 2 Quadratmeter und wiegt etwa 4,5 bis 5 Kilogramm. Die Haut als Organ ist Teil des Integumentalsystems, das aus der Haut (Epidermis), den Nägeln, den Haaren, den Nervenenden und den Zähnen besteht. Sie alle gehören zur wunderbaren Welt der Berührung.

Unsere Haut ist ein erstaunlicher Teil von uns. Sie bildet eine Art schützende Blase um uns herum, sie trägt zur Regulierung der Körpertemperatur bei, sie scheidet Unreinheiten aus. Sie gibt wunderbare Pheromone ab, mit denen wir einen Partner anziehen können, ist ein Teil unseres Immunsystems und ein Blutreservoir und baut Vitamin D auf. Doch eine ihrer großartigsten Funktionen ist, dass sie uns erlaubt zu fühlen.

Haut bildet sich beim Embryo ab dem Ende der vierten Woche nach der Empfängnis. Am Ende der siebten Woche besteht sie bereits aus drei Schichten. Nach 17 Wochen haben sich Hautleisten auf den Handflächen, einschließlich der Fingerkuppen, sowie auf den Fußsohlen und den Zehen gebildet. Aus diesen Leisten entstehen unsere Fingerabdrücke – der Teil von uns, der unsere körperliche Einzigartigkeit beweist, und dabei ist dieses kleine Baby im Mutterleib noch nicht einmal fünf Monate lang im Entstehen.

Der Tastsinn ist auch ein interner Sinn. Wir spüren, wenn sich Teile unseres Körpers nicht wohlfühlen. Wir haben vielleicht Verdauungsstörungen oder Kopfschmerzen, weil die Nervenenden von dort, wo diese Gefühle des Unwohlseins sind, Botschaften ans Gehirn schicken, das sie entsprechend zuordnet.

Ähnlich ist es, wenn etwas auf unserer Haut geschieht, sagen wir, eine Mücke ist gelandet, die uns stechen will. Dann ermöglicht das Gehirn eine schnelle Reaktion, und wir wedeln die Mücke weg, manchmal sogar ohne dass wir es bewusst realisieren.

Hören

Der Hörsinn ist insofern ein Nicht-Kontaktsinn als er nicht vom direkten Kontakt mit der Quelle des Schalls abhängig ist, sondern Schallwellen empfängt. Der Hörsinn ermöglicht uns, auf sehr vertraute Weise Teil der Menschheit zu sein, nämlich über die Sprache. Für die meisten Menschen ist er der zweitwichtigste aller Sinne. Es ist bekannt, dass sich ein unruhiges Baby im Mutterleib beruhigt, wenn es die beschwichtigenden Worte seiner Mutter oder Musik hört, und dass es auf wütende Geräusche mit ängstlichen Bewegungen und beschleunigtem Herzschlag reagiert.

Alle Sinne unterstützen einander und die Empfänglichkeit für Klänge bietet dem Baby Unterstützung, wenn es seine Umgebung durch Sehen und Tasten erforscht.

Das Ohr besteht aus drei Bereichen: Innenohr, Mittelohr und Außenohr oder Ohrmuschel (das ist der sichtbare Teil des Ohres an der Seite des Kopfes). Das Innenohr ist der erste der drei Ohrbereiche, der sich beim Embryo zeigt, und zwar bereits in der vierten Schwangerschaftswoche. Als Nächstes beginnt sich das

Mittelohr zu entwickeln und in der sechsten Woche wird das Außenohr sichtbar.

Nervenfasern des klangverarbeitenden Systems (das »akustische Analysierprogramm«) fangen sechs Wochen nach der Empfängnis an zu myelinieren beziehungsweise zu reifen, und dieser Prozess wird, bis das Kind etwa vier Jahre alt ist, ganz allmählich abgeschlossen. Diese Myelinisierung oder Nervenisolation ermöglicht die Übertragung von Geräuschsignalen und bewirkt, dass das Baby schon Wochen vor der Geburt hören kann.

Das Hören gibt uns eine soziale Verbindung mit anderen. Dadurch, dass ein Baby schon im Mutterleib hört, lernt es etwas über seine Umgebung und die Menschen, mit denen es in Beziehung steht. Der Herzschlag der Mutter, ihre Bauchgeräusche, die gedämpften Klänge der Außenwelt und die Musik des Lebens beeinflussen es bereits und regen seine Sinne an.

Sehen

Der Sehsinn hat das Überleben der menschlichen Spezies gesichert. Ohne Sehkraft wären die Menschen nicht in der Lage gewesen zu jagen und Nahrung zu sammeln. Wenn es um die aktive Erforschung unserer Umgebung geht, sind wir von unserem Sehsinn abhängiger als von jedem anderen Sinn. 70 Prozent der Sinnesrezeptoren des Körpers finden sich in den Augen.

Der Sehsinn gehört zu den Nicht-Kontaktsinnen – er ist abhängig vom elektromagnetischen Spektrum und vom Prozess der Lichtübertragung. Das Auge sammelt Licht, das aber nicht vollständig für das äußere Sehen verwendet wird. Mittlerweile weiß man, dass 20 Prozent des Lichts, das ins Auge eintritt, über das Auge hinaus ins Gehirn geleitet wird, wo es den Hypothalamus, die Hirnanhangsdrüse und die Zirbeldrüse befähigt, ihre Funktionen auszuüben. Über das Sehen sammeln wir mehr Informationen in deutlich kürzerer Zeit als über irgendeinen anderen unserer Sinne.

Die Ausbildung des Auges beginnt beim Embryo etwa 22 Tage nach der Empfängnis. Am 44. Tag beginnen sich Augenlider zu bilden. Diese treffen zusammen und schließen sich im Laufe der zehnten Woche und bleiben dann geschlossen, bis der Fötus 26 Wochen alt ist.

Die Augen eines Neugeborenen sind etwa zwei Drittel so groß wie die Augen eines Erwachsenen, aber die Nervenverbindungen sind noch nicht vollständig, weswegen die Entwicklung der Sehschärfe nur sehr langsam vonstatten geht. Im ersten Jahr nach der Geburt wachsen die Augen ziemlich schnell, doch dieses Wachstum verlangsamt sich, je älter das Kind wird.

Ein Baby im Mutterleib reagiert zwar auf helles Licht, aber bei der Geburt ist der Sehsinn der schwächste aller Sinne. Er erreicht seine volle Leistungsfähigkeit nicht, bevor das Kind etwa zwei Jahre alt ist.

Riechen

Der Geruchssinn entwickelt sich beim Embryo früh und wird durch den ersten Atemzug des neugeborenen Babys aktiviert. Es ist ein chemischer Sinn, der bei der Geburt gut entwickelt ist, also genau zu der Zeit, in der das Baby eine enge Bindung zu seinen Eltern und speziell seiner Mutter aufbaut.

Die olfaktorische Region des Gehirns ist eine der ersten Gehirnteile, die sich beim Embryo ausbildet. Die Nase selbst entwickelt sich mit dem Gesicht, aber schon in der siebten Schwangerschaftswoche sind die Nasenhöhlen, die Verbindung zur Mundhöhle auf der Rückseite der Kehle und die olfaktorischen Nervenfasern vorhanden. Etwa in der 12.Woche befinden sich die olfaktorischen Nerven des Fötus an ihrem Platz zwischen der Nasenwurzel und dem Riechkolben im Gehirn. Jetzt kann der Fötus riechen, und wenn das Baby Atembewegungen im Mutterleib macht, ist der Geruch des Fruchtwassers das Erste, was es riecht.

Diese primitive Region der Hirnrinde ist ein Teil des limbischen Systems und schließt auch etwas vom Mandelkern ein. Sie wird als das primärolfaktorische Areal bezeichnet, in dem die bewusste Wahrnehmung von Gerüchen beginnt. Verbindungen zu anderen Regionen des limbischen Systems und des Hypothalamus sind vermutlich für unsere emotionalen Reaktionen auf Gerüche verantwortlich und auch dafür, dass sie so lebhafte Erinnerungen in uns wecken. Das limbische System steuert die emotionalen Aspekte unseres Verhaltens.

An Ereignisse, die uns emotional stark berühren, werden wir uns sehr viel besser erinnern. Das limbische System des Gehirns wird mit Lust und Schmerz in Verbindung gebracht, und weil es auch eine wichtige Rolle bei anderen Emotionen, wie Groll, Wut, Angst, Trauer, sexuellen Gefühlen, Lernwilligkeit und Zuneigung spielt, wird es manchmal als das »emotionale« Gehirn bezeichnet. Hier entsteht sexuelle Erregung durch das Riechen eines bestimmten Parfums. Hier erleben wir, ausgelöst durch einen Geruch, ein Kindheitserlebnis wieder. Der Geruchssinn ist evokativ und steht in enger Beziehung zu den Erinnerungen, die im Leben aufgezeichnet wurden, besonders in der Kindheit, wenn er auf seinem Höhepunkt ist.

Schmecken

Der fünfte Sinn, der Geschmackssinn, schlägt sich im Geruchssinn nieder und ist zu 75 Prozent von ihm abhängig. Etwa in der vierten Woche der embryonalen Entwicklung (28 Tage nach der Empfängnis) beginnt sich die Zunge zu entwickeln und nach etwa 54 Tagen bilden sich auf der Zunge Papillen, von denen einige kurz darauf Geschmacksknospen entwickeln. Geschmacksknospen entstehen auch in anderen Bereichen des Mundes: am Gaumen, im Rachen und auf den Mandeln. Im Mutterleib schluckt das Baby Fruchtwasser, die Flüssigkeit, von der es umgeben ist. Dies ist vermutlich der erste Geschmack seines Lebens.

Im Mund eines erwachsenen Menschen befinden sich etwa 10 000 Geschmacksknospen, im Mund eines Babys sind es mehr. Wir schmecken Süßes auf der Zungenspitze, Saures an den Seiten der Zunge, Salziges auf der ganzen Oberfläche, hauptsächlich vorn, und Bitteres im hinteren Teil der Zunge. Der Mensch hat eine niedrige Toleranzgrenze für bitter schmeckende Substanzen.

Bei sehr früh geborenen Babys – nach 26 bis 28 Wochen Schwangerschaft – kann man die Reaktion auf bitter schmeckende Substanzen bereits im Gesicht ablesen, denn die Reflexleitungen zwischen den Geschmacksknospen und den Gesichtsmuskeln werden in diesem Entwicklungsstadium eingerichtet. Die Geschmacksknospen funktionieren aber schon vorher gut. Unsere Antwort auf bitter schmeckende Substanzen kann eine lebensrettende Abwehrreaktion sein – die meisten giftgen chemischen Substanzen schmecken bitter. Wenn wir älter werden, eignen wir uns andere »Geschmäcker« an.

Der Geschmackssinn ist provozierend – er regt uns an, rüttelt uns auf und alarmiert uns sogar. Essen ist unsere körperliche

Nahrung. Wenn das, was wir essen, nicht sicher für uns ist, kann uns unser Geschmackssinn davor warnen. Essen ist auch ein Teil unseres sozialen Wohlbefindens. Das Brot mit anderen zu teilen, kann uns zur Gemeinschaft mit ihnen verpflichten. Essen ist auch eine sehr sinnliche Angelegenheit und oft Teil des Annäherungsrituals zwischen Freunden und Geliebten.

Musik und ihre Elemente

Dieses Buch geht unter anderem auf die Eigenschaften von Farbe und Musik ein. Beide werden von Wellenlängen und Frequenzen erzeugt. Das Auge kann unterschiedliche Frequenzen des Lichts an das Gehirn weiterleiten, wo sie als verschiedene Farben interpretiert werden. Das Ohr empfängt die Frequenzen des Klangs, bevor es sie an das Gehirn zur Interpretation weiterleitet. Während das Auge nur Lichtfrequenzen innerhalb einer Oktave wahrnehmen kann, ist das Ohr in der Lage, Töne über zehn Oktaven zu unterscheiden. Weil das Gehirn Schwingungen empfangen kann, bevor es die Sinnesorgane tun, sind unsere diesbezüglichen Wahrnehmungen das Ergebnis von Resonanz und kosmischer Schwingung. Deswegen kann uns Musik (und Farbe) physisch, emotional, mental und spirituell auf einer tiefen biologischen Ebene beeinflussen.

Musik ist universal und sehr alt. Es gibt keine bekannte Kultur, die keine eigene Musik hat. Musik ist auch ein Mittel zur Kommunikation, nicht nur für Menschen, sondern auch für Vögel und Wale. Der Einsatz von Trommeln als Warnsystem bei urzeitlichen Stämmen, Kriegsgeschrei, das Wiegenlied für ein schlafloses Baby, die Lobeshymne sowie die Harmonien und Melodien der klassischen Musik bewegen uns tief. Musik kann auch eingesetzt werden, um das Lernen zu erleichtern, sowie als Mittel zur Heilung und einfach zum Vergnügen.

Mit ihrer Folge einzelner Noten, die unzusammenhängenden Klängen Kontinuität auferlegt, gibt die Melodie der Musik ihre »Seele«. Mit Durchgängigkeit und Ordnung und durch das Mischen oder Kombinieren der Noten und Akkorde gibt die Harmonie der Musik ihre Folgerichtigkeit. Mit regelmäßigen oder unregelmäßigen Schlägen sorgt der Rhythmus für ein Muster und eine Struktur. Die Musik zieht sich auch durch die Intervalle oder stillen Räume zwischen den Noten und Akkorden. Diese Zwischenräume bilden den Hintergrund, der die Musik sozusagen trägt. In diesen Stillephasen oder Pausen ist die *Essenz* der Musik enthalten.

Musik hat eine tiefgreifende Wirkung auf unser Bewusstsein. Wie in einem Hologramm reflektiert der Mikrokosmos (die Person) den Makrokosmos (unsere Umwelt) und alle Schwingungen, die von außen kommen, hallen in uns nach. Sie bilden und formen sowohl uns als Individuen als auch unsere Art, in der Welt zu sein. Musik kann uns auch verwandeln, und daher sollte man über die Frage nachdenken: Kann eine Kultur von der Musik, der sie folgt, erschaffen und vielleicht zerstört werden? Wir können Musik nicht ignorieren, weil wir so stark von ihr beeinflusst werden.

Musik kann uns nicht nur erheben und verwandeln, sie hat auch die Fähigkeit uns zu heilen. In vielen Gesundheitsinstitutionen gibt es mittlerweile Musiktherapeuten, die spezielle Arten von Musik einsetzen, um die körperliche, mentale und emotionale Heilung zu fördern.

Symbole

Ein Symbol ist ein Mittel, mit dem man eine Idee zeitübergreifend, menschenalterübergreifend und kulturübergreifend vermitteln und enthüllen kann. Der Begriff »Symbol« kommt von dem griechischen Wort *symbolon*, das »Zeichen«, »Merkmal« oder »Eintrittskarte« bedeutet. Ein Symbol weckt unsere Vorstellungskraft durch wortlose Gedanken und ist manchmal viel größer als seine Form, weil es abstrakte Gedanken erfasst und in einen aktuellen Zusammenhang stellt. Ein Symbol kann als Metapher gebraucht werden, um das Unbeschreibliche zu beschreiben. Der Gebrauch von Symbolen ist grundlegend für den menschlichen Geist und das Denken. Alle Religionen haben ihre Symbole, damit die Gläubigen die Bedeutung ihres Glaubens erfassen und begreifen können.

Die Sprache der Symbole ist allgemeingültig. Sie ist der ganzen Menschheit geläufig, denn sie ist unabhängig von Kultur, Rasse und Muttersprache. Es ist die Sprache des Lebens in all seinen Formen. Symbole verbinden das Innere des Menschen mit der äußeren Welt und stellen so ein Gefühl der Verbundenheit her. Manchmal muss ein Symbol interpretiert werden, denn nicht immer erschließt es sich auf den ersten Blick. Doch durch den Prozess der Interpretation können Menschen zur Einsicht gelangen.

Indem wir die Symbole erforschen, die in unseren Träumen und in der Meditation auftauchen, können wir unsere innere psychische und spirituelle Welt bereisen. Wir fühlen uns zu Symbolen hingezogen, weil wir uns intuitiv der Rolle bewusst sind, die sie in unserem inneren Leben spielen, und der Art und Weise, wie sie in unseren Emotionen nachhallen.

Unsere Fähigkeit, Symbole zu nutzen, versetzt uns in die Lage, Beziehungen zwischen Ideen, Dingen, Konzepten und Eigenschaften zu erforschen, die weit über das alltäglich Weltliche hinausgehen.

Mythen

Ein Mythos ist eine symbolische Erzählung, die dadurch, dass sie erzählt wird, eine Idee in einer Weise vermitteln kann, die Leben und Klarheit in eine ähnliche Situation bringt. Mythen sind vielen verschiedenen Traditionen entwachsen, behalten aufgrund ihrer Schönheit und Kraft ihre Relativität über lange Zeiträume hinweg und werden, übersetzt, sogar in andere Kulturen getragen. Sie sind weltumfassend.

Ein Mythos versucht zu erklären, wie die Welt erschaffen wurde oder warum die Welt so ist, wie sie ist. Mythen sind Geschichten, die in alten Kulturen mündlich von Generation zu Generation überliefert wurden, bis sie jemand in literarischer Form aufgeschrieben hat. Oft werden sie im Rahmen religiöser Schriften erzählt. Ein Beispiel dafür ist das Buch Genesis, die biblische Schöpfungsgeschichte. Das Buch Genesis erzählt Geschichten von der Erschaffung des Universums, der Erde und der Menschheit.

Wir nutzen diese alten Mythen immer noch, um aktuelle Phänomene zu erklären. Obwohl ein Mythos nicht länger charakteristisch für eine bestimmte Kultur ist, ist er immer noch in gewissem Sinne Gemeingut, während das Symbol oft ganz privat oder persönlich sein kann.

Wenn wir vom Ödipuskomplex sprechen, beziehen wir uns auf den nicht erfüllten Wunsch eines Kindes nach sexueller Befriedigung durch den andersgeschlechtlichen Elternteil und die Ablehnung und Eifersuchtsgefühle für den gleichgeschlechtlichen Elternteil. Der Begriff »Ödipuskomplex« wird zum Symbol, das als

Abkürzung für die griechische Geschichte des Ödipus steht, der sich in seine Mutter verliebte und seinen Vater tötete.

Haben wir Mythen einmal kennengelernt und verstanden, sind wir in der Lage, an unsere eigene Psyche zu denken, wenn wir die Bedeutung eines alten Mythos abrufen. Dies hilft uns, eine Situation zu verstehen und uns selbst in Relation dazu zu beschreiben.

In der Psychologie C. G. Jungs sind Mythen symbolische Reisen durch das Leben.

Geschichten aus der antiken Mythologie bis hin zu solchen aus unserer jüngsten Vergangenheit wurden in diesem Buch verwendet, um Klarheit in die Begrenzungen unserer Sprache zu bringen und größeres Verständnis für etwas, das einem wie eine hochkomplexe Idee vorkommen mag.

Wir leben in einer zeitgenössischen Welt der Mythen, die in den modernen Medien, im Film und im Fernsehen wiedererschaffen werden. Oft finden wir in den Figuren eines Films unsere eigenen Spiegelungen oder Archetypen wieder, und das ist dann recht aufschlussreich, weil wir uns mit diesen Figuren identifizieren können. Durch sie und die Geschichten, in denen sie vorkommen, sind wir in der Lage, uns selbst ebenso unter die Lupe zu nehmen wie die Situationen, die unser Leben bestimmen. Sie bieten uns auch die Möglichkeit, die Themen unseres Lebens abzuarbeiten.

Archetypen

Archetypen sind die Spiegelungen von Figuren aus den Mythen, Märchen und Legenden aller Zeiten. Diese Figuren repräsentieren die Helden und die Schurken, die in diesen Geschichten vorkommen, zum Beispiel den edlen Prinzen aus Aschenputtel oder die böse alte Hexe aus Hänsel und Gretel.

Archetypen spiegeln all die emotionalen Eigenschaften, die in der Natur des Menschen liegen – die positiven und die negativen Aspekte unseres Seins, unsere Stärken und Schwächen, unsere Vorlieben und Abneigungen, unseren Mut und unsere Angst. Wir können Aspekte von uns selbst heilen, indem wir diese Teile von uns erkennen und anerkennen und dann danach streben, die positiven Aspekte unserer Natur zu entwickeln und aufzumerken, wann sich die negativen in unserem Verhalten zu manifestieren beginnen.

C. G. Jung war der Ansicht, Mythen seien die symbolischen Darstellungen von Archetypen, welche die Tiefen jedes menschlichen Geistes spiegeln. Daher können die Geschichten, Legenden und Mythen einer Kultur die Archetypen bestimmter Charakterstrukturen enthüllen. Über dem Eingang zum Orakeltempel von Delphi steht geschrieben: *Erkenne dich selbst.* Das können wir erreichen, indem wir unsere eigenen Archetypen bewusst bezeugen und ehrlich anerkennen.

Anhang 2

Die menschliche Sprache und ihre Entwicklung

Sprache hat vier Komponenten, die ein Kind alle beherrschen muss, um sachkundig verbal kommunizieren zu können: der Klang der Sprache, die Bedeutung der Sprache, die Gesamtstruktur der Sprache und schließlich der alltägliche Gebrauch der Sprache.

Die erste Komponente, der Klang der Sprache, ist als *Phonologie* bekannt, die Sammlung von Klängen, die für eine bestimmte Sprache einzigartig ist. Neugeborene Babys reagieren besonders sensibel auf die Tonlage der menschlichen Stimme und gesprochene Worte gefallen ihnen besser als jeder andere Klang. In den ersten Tagen nach der Geburt ist ein Säugling besonders auf die Stimme seiner Mutter eingestellt.

Mit sechs Monaten können Babys zwar noch nicht sprechen, fangen aber schon an, Sprache in die Klangkategorien ihrer Muttersprache beziehungsweise der Sprache, die in ihrer Familie gesprochen wird, einzuordnen. In der zweiten Hälfte ihres ersten Lebensjahres konzentrieren sich Babys auf größere Spracheinheiten, die nötig sind, um dem Gehörten einen Sinn zu geben, bis sie mit etwa neun Monaten auf ihren eigenen Namen reagieren und einfache Wörter verstehen können.

Wenn wir mit einem Baby sprechen, tendieren wir ganz von selbst dazu, »Babysprache« oder »Mutteresisch« zu benutzen. Diese

Art, mit einem Baby zu sprechen – kurze Sätze mit hoher, übertriebener Intonation, deutlicher Aussprache und ausgeprägten Pausen zwischen den gesprochenen Abschnitten – ist angeboren. Von Geburt an hören Babys lieber »Babysprache« als irgendeine andere Art von Erwachsenengerede. Wenn man sie in Babysprache anspricht, reagieren sie mit ruhigem Blick, und wenn sie älter werden, mit ihren eigenen stimmlichen Antworten in einer ähnlichen Tonlage und mit ähnlicher Betonung.

Die zweite Komponente der Sprache ist die *Semantik*, die sich mit dem Verstehen der *Bedeutung* von Worten und Wortkombinationen befasst.

Wenn kleine Kinder ein Wort zum ersten Mal verwenden, hat es für sie oft nicht dieselbe Bedeutung wie für einen Erwachsenen. Zum Beispiel bezeichnen sie einen Hund vielleicht als »Wauwau«. Zunächst gehen Eltern meist darauf ein und verwenden dieselben Bezeichnungen. Aber sind die Kinder im Vorschulalter, lernen sie, den Worten ihre richtige Bedeutung zuzuordnen.

Beherrscht ein Kind sein Vokabular einigermaßen, dann beginnt es, Worte zu kombinieren und zu modifizieren. Dieser Prozess geht mit dem Lernen der Grammatik einher.

Grammatik, die dritte Komponente der Sprache, besteht aus zwei Teilen: der *Syntax*, einer Reihe von Regeln, nach denen Worte in Sätze gruppiert werden, und der *Morphologie*, dem Gebrauch von grammatikalischen »Markern«, die Numerus, Tempus, Casus, Person, Geschlecht, Aktiv oder Passiv und andere Bedeutungen angeben. Im Englischen kann die Hinzufügung eines *s* einen Singular in einen Plural verwandeln oder das Präsenz anzeigen.

Die vierte Komponente der Sprache ist die *Pragmatik*, die sich auf den kommunikativen Aspekt der Sprache bezieht. Um ein erfolgreicher Sprecher zu sein, muss ein Kind bestimmte Interaktionsrituale beherrschen, etwa Grußformeln. Pragmatik ist die soziale Seite der Sprache.

Phonologie, Semantik, Grammatik und Pragmatik hängen alle voneinander ab. Der Erwerb einer Komponente hilft beim Beherrschen der anderen.

Sprechfähigkeit und Sprachverständnis entwickeln sich in den ersten Lebensjahren normalerweise sehr schnell und sind von der Hörfähigkeit abhängig.

Das Ohr besteht aus drei anatomischen Bereichen: Ohrmuschel, Mittelohr und Innenohr. Das Innenohr ist der erste der drei Ohrbereiche, der sich beim Embryo bereits in der vierten Schwangerschaftswoche zeigt. In der 30. Schwangerschaftswoche ist das periphere Hörorgan fast vollständig entwickelt und der Fötus reagiert auf laute Geräusche mit Bewegung und Veränderung der Herzfrequenz.

In den ersten vier Lebenswochen eines fristgerecht geborenen Babys finden weitere strukturelle Veränderungen in den Hörbahnen des Gehirns statt. Diese Veränderungen setzen sich bis in die Kindheit fort.

Ein neugeborenes Baby reagiert auf vielfältige Aspekte der akustischen Welt, und die Reaktionen, die man beobachten kann, sind verschiedenartig. Eine ist beispielsweise der primitive Moro- oder Schreckreflex.

Wenn sich das Baby der Geräusche in seiner Umgebung mehr bewusst wird, beginnt es auf unterschiedliche Weise darauf zu reagieren. Wir können sein sich beruhigendes Verhalten als Reaktion auf eine beschwichtigende Stimme oder Musik identifizieren. Seine Fähigkeit, ein Geräusch in seiner Umgebung zu lokalisieren, erkennen wir daran, dass es den Kopf in diese Richtung dreht; an seiner Aufmerksamkeit in Reaktion auf einen Klang erkennen wir, dass es in der Lage ist, sich bewusst auf diesen Klang und seine

Quelle zu konzentrieren. All das ist für die Sprachentwicklung notwendig. Wenn das Hörvermögen eines Babys eingeschränkt ist, wird seine Sprachentwicklung langsam und mühsam vonstattengehen. Das hat eine tiefgreifende Wirkung auf seine sozialen Interaktionen und es wird viel liebende Zuwendung und Aufmerksamkeit brauchen, um diese Fähigkeiten zu erwerben. Deshalb wird das Gehör schon kurz nach der Geburt und während der gesamten frühen Kindheit immer wieder überprüft.

Kinder entwickeln ihre Sprechfähigkeit in vorhersehbaren Phasen. Abweichungen von diesem Entwicklungsmuster weisen oft darauf hin, dass etwas mit dem Gehör des Kindes nicht in Ordnung ist. Das Entwicklungsmuster sieht wie folgt aus:

Neugeborenenstadium (0 – 1 Monat). Das Baby zeigt reflexives Verhalten wie Erschrecken; Saug- und Schluckmuster. Es kommuniziert hörbar durch Schreien und macht vegetative Geräusche wie Grunzen.

Gurrstadium (2 – 3 Monate): Das Baby entwickelt präzise »Stopps« und »Starts« bei den Mundbewegungen und beim Erzeugen von Tönen.

Brabbelstadium (4 – 6 Monate): Das Baby hat mehr Kontrolle über seine Zunge. Es gibt anhaltende Klangketten von sich, experimentiert mit Tönen und antwortet mit Geräuschen auf andere Geräusche.

Reduplizierendes Brabbeln (6 – 10 Monate): Das Baby kann sich wiederholende Silben produzieren, hat mehr Kontrolle über seine Lippenspannung (kann schnaubende Geräusche machen wie ein Pferd), kann bilabiale Plosive (p, b, t, d) aussprechen und nasale Geräusche machen.

Erste Worte (11 – 14 Monate): Sobald das Kleinkind die Zungenspitze heben kann, brabbelt es auf komplizierte Weise. Wenn ein Baby in diesem Alter keine Geräusche von sich gibt, dauert die Entwicklung dieses Sprechstadiums länger.

Von der Geburt bis zum 5. Lebensmonat beginnt ein Baby auf laute Geräusche zu reagieren. Es fängt an, den Kopf in Richtung einer Geräuschquelle zu drehen und Ihr Gesicht zu beobachten, wenn Sie mit ihm sprechen. Nachdem es zu lächeln begonnen hat, fängt es an Geräusche des Vergnügens und des Missvergnügens zu äußern, gemischt mit Lachen, Kichern, Schreien oder Grunzlauten. Es macht Geräusche, um sich mit anderen zu »unterhalten«.

Wenn es sechs bis elf Monate alt ist, versteht es »nein-nein« und beginnt zu brabbeln, indem es verbundene Silben von sich gibt, etwa »ba-ba-ba« oder »ma-ma-ma«. Es fängt an, mithilfe von Handlungen und Gesten zu kommunizieren, zum Beispiel indem es mit dem Finger auf Dinge zeigt.

Zwischen dem 12. und dem 18. Lebensmonat entwickelt ein Kleinkind die Fähigkeit, einfache Fragen nonverbal zu beantworten, etwa durch Deuten auf Dinge, Bilder und Familienmitglieder.

Mit 18 Monaten verwendet es sechs bis zwanzig oder mehr erkennbare Worte. Es versteht aber noch viel mehr und versucht, einfache Worte nachzusprechen.

Mit etwa zwei Jahren hat ein Kleinkind ein Vokabular von etwa 50 Wörtern, versteht sehr viel mehr und begreift die Bedeutung einfacher Verben wie »essen« und »schlafen«. Es kann die meisten Vokale sowie die Konsonanten n, m, p, h, richtig aussprechen, besonders am Anfang von Silben und kurzen Wörtern. Außerdem fängt es an, andere Sprechlaute zu benutzen.

Das Aneignen der Sprache ist eine der erstaunlichsten und notwendigsten Errungenschaften im Leben. Es ermöglicht schnelles Lernen sowie soziale Entwicklung und Interaktion.

Anhang 3

Meditation

Meditation ist ein Wort, das viele verschiedene Techniken bezeichnet, die alle darauf abzielen, einen Zustand des inneren Friedens, der Erleuchtung oder Ekstase zu erreichen. Meditation ist ein Mittel, um einem aufgewühlten, geschäftigen Geist Frieden zu bringen und einem gestressten und schmerzenden Körper Entspannung.

Der Geist ist immer beschäftigt. Versuchen Sie, nur zwei Minuten lang einfach nichts zu denken und das innere Geplapper ganz abzuschalten. Sie werden feststellen, dass es erstaunlich schwierig ist, dem Geist zu befehlen, ganz still zu sein. Meditation zielt darauf ab, dieses Geplapper des *wachbewussten* oder *denkenden* Geistes zum Schweigen zu bringen und die Enthüllungen des Geistes zuzulassen.

Es ist bekannt, dass der physische Körper durch die Meditationspraxis verändert wird. Der Blutdruck sinkt, Atem- und Herzfrequenz werden langsamer und die Verdauung beruhigt sich. Manchmal wird ein Zustand der Ekstase erlebt. In der Meditation sind wir einfach, und der Körper scheint dankbar aufzuatmen.

Die beste Möglichkeit, mit dem Meditieren zu beginnen, besteht darin, sich einen Meister zu suchen, der einen anleiten kann. Es gibt zahlreiche Organisationen und Gruppen, in denen eine der vielen Meditationsmethoden gelehrt wird, darunter Transzendentale Meditation (TM), einige christliche Organisationen, buddhistische oder östliche Gruppen, Organisationen für persönliches Wachstum und kommunale Weiterbildungseinrichtungen. Meditation wird auch in Gesundheitsorganisationen und Krankenhäusern unterrichtet.

Forschungen haben ergeben, dass der Bereich des Gehirns, der mit der Erfahrung der Einheit verbunden ist, die wir in der Meditation und im Gebet machen, auch der ist, der auf unsere Sinne reagiert. Unsere Sinne sorgen dafür, dass wir geerdet bleiben und uns in unserer Umgebung orientieren können. Über unsere Sinne lernen wir etwas über die physische Welt und sind so in der Lage, uns in ihr zurechtzufinden. Unsere Sinne sichern unser Überleben in der Illusion unserer persönlichen Umgebung, denn sie schicken permanent Botschaften an das Gehirn, die unserer Sicherheit dienen.

Wie gefährdet die physische Welt unsere innere Sicherheit? Diese Frage betrifft unsere persönliche Erfahrung und kann daher nicht pauschal beantwortet werden. Wir als sensitive menschliche Wesen wissen, wann jemand in unseren persönlichen Raum eindringt oder wann wir in Gefahr sind oder wann wir Dinge umwerfen oder allgemein ungeschickt sind, und auch, wann wir nicht in der Lage sind, aktiv etwas an unserer Beziehung zu unserer Umgebung zu verändern. Der hintere, obere Scheitellappen ist der Teil des Gehirns, in dem vermutlich alle diese Prozesse ablaufen. Das ist auch der Bereich des Gehirns, in dem während der Meditation oder während des Gebetes eine höhere Aktivität vorhanden ist und von dem man glaubt, er sei der »Gottespunkt« unseres Gehirns.

Meditation kann auch in Bewegung praktiziert werden, zum Beispiel im Tanz. Der Wirbeltanz der Sufimystiker hebt sie in spirituelle Bereiche. Sie drehen und drehen sich in veränderte Bewusstseinszustände, bis sie umfallen und liegen bleiben – den

Bauch mit dem Boden verbunden. Kinder in aller Welt tun dies ganz von selbst. Sie drehen sich mit ausgestreckten Armen so lange um die eigene Achse, bis sie auf ganz natürliche Weise in einen veränderten Bewusstseinszustand geraten und eins mit der Erde werden.

Bibliografie und Quellen

Die folgenden Bücher haben mir im Laufe der Zeit geholfen meine Welt und meine Worte in eine Form zu bringen. Es gibt viele andere wertvolle Quellen, aus denen Sie schöpfen können, einschließlich Interviews und Artikel, die in verschiedenen Medien veröffentlich wurden, sowie das Internet.

Atkinson und Hilgards Einführung in die Psychologie, Spektrum, Heidelberg, 14. Auflage 2007

Becker, R. O., Seldon, G.: *The Body Electric*, William Morrow, New York 1987

Bee, H., Boyd, D.: *Lifespan Development*, 3. Auflage, Allyn and Bacon, Boston 2002

Bentov, Itzak: *Auf der Spur des wilden Pendels*, Rowohlt, Reinbek 1992

Berk, Laura E.: *Entwicklungspsychologie*, 3. Auflage, Pearson Studium, München 2004

Brazelton, T. B.: *Touchpoints*, Transworld, Sydney 1996

Campbell, E., Brennan, J. H.: *Dictionary of Mind, Body and Spirit*, Aquarian Press, London 1994

Capra, Fritjof: *Das Tao der Physik*, Fischer TB, Frankfurt 2010

Capra, Fritjof: *The Web of Life*, Flamingo, London 1997

Cash, Adam: *Psychologie für Dummies*, Wiley-VCH, Weinheim 2002

Charlish, Anne: *Wohlbefinden und Harmonie für Ihr Baby*, Walter, Düsseldorf 1998

Chetwynd, Tom: *A Dictionary of Symbols*, 1982, Paladin Grafton Books, London 1982
Coghill, Roger: *Heilende Energie des Lichts*, Königsfurt, Krummwisch 2001
The Complete Dictionary of Symbols, Duncan Baird, London 2004
Cooper, J. C.: *Illustriertes Lexikon der traditionellen Symbole*, Vma-Vertriebsgesellschaft, Wiesbaden 2000
Creager, J. G.: *Human Anatomy and Physiology*, Wadsworth Publishing, California 1983
De Saint-Exupery, A.: *Der kleine Prinz*, Rauch, Düsseldorf 1983
Dictionary of Symbols, Myths and Legends, Hatchett Illustrated UK 2000
Emoto, Masaru: *Die Botschaft des Wassers*, Koha, Burgrain 2002
Fontana, David: *Die Sprache der Symbole*, Patmos, Düsseldorf 2004
Friedman, R. L.: *The Healing Power of the Drum*, White Cliffs Media, Reno, NV 2000
Gheerbrant, A.: *A Dictionary of Symbols*, Penguin Books, London 1994
Gerber, R.: *Vibrational Medicine*, Bear and Company, Rochester, VT 2001
Gimbell, T.: *Colour Healing*, Gaia Books, London 2001
Harrison, G. A. et al.: *Human Biology*, 2nd Edition, Oxford University Press, Oxford 1983
Hazrat Inayat Khan: *The Mysticism of Sound and Music*, Shambhala, Boston/London 1996
Heller, J., Henkin, W. A.: *Bodywise*, Wingbow Press, California 1991
Dalai Lama, Cutler, H. C.: *Die Regeln des Glücks*, Bastei-Lübbe, Bergisch Gladbach 2000

Dalai Lama: *Die Welt in einem einzigen Atom*, Theseus, Berlin 2005

Hunt, V. V.: *Infinite Mind*, Malibu Publishing Co., California 1996

Incredible Voyage: Exploring the Human Body, National Geographic Society, Washington, D. C. 1998

Jenny, Hans: *Kymatik. Wellenphänomene und Schwingungen*, AT, Aarau 2009

Judith, A.: *Eastern Body, Western Mind*, Celestial Arts Publishing, California 1996

Judith, A.: *Wheels of Life*, Llewellyn Publications, Minnesota 2002

Judith, A.: *The Truth About Chakras*, Llewellyn Publications, Minnesota 2000

Jung, C. G.: *Der Mensch und seine Symbole*, Patmos, Düsseldorf 2009

Jung, C. G.: *Die Archetypen und das kollektive Unbewusste*, Gesammelte Werke, Sonderausgabe, Band 9/1, Walter, Olten 1995

Kurtz, Ernest, Ketcham, Katherine: *Die Spiritualität der Unvollkommenheit*, Lüchow, Freiburg 1998

Leadbeater, C. W.: *Die Chakras*, Aquamarin, Grafing 2004

Ledoux, Joseph: *Das Netz der Gefühle. Wie Emotionen entstehen*, dtv, München 2001

Levey, J., Levey, M.: *Living in Balance*, MJF Books, New York 1998

MacKonochie, Alison: *The Complete Guide to Baby's First Year*, Anness Publishing, London 2002

Moore, K. L.: *The Developing Human*, 3rd Edition, W. B. Saunders Company, Philadelphia 1982

Motoyama, Hiroshi: *Theory of the Chakras. Bridge to Higher Consciousness*, Quest: The Theosophical Publishing House, Wheaton 1981

Newberg, Andrew, D'Auili, Eugene, Rause, Vince: *Der gedachte Gott. Wie Glaube im Gehirn entsteht*, Piper, München 2003

Norris, S.: *Secrets of Colour Healing*, Dorling Kindersley, London 2001

Olivier, S.: *What Should I Feed My Baby?*, Weidenfeld & Nicholson, London 1998

Osho: *The ABC of Enlightenment*, Element, HarperCollins, London 2003

Ozaniec, Naomi: *Die Chakras*, Aurum, Braunschweig 1993

Paramahansa Yogananda: *Autobiographie eines Yogi*, Self-Realization Fellowship 1998

Pert, C. B.: *Molecules of Emotion*, Scribner, New York 1997

Restak, R.: *Mysteries of the Mind*, National Geographic Society 2000

Segaller, S., Berger, M., Jung: *The Wisdom of the Dream*, Peribo, Australia 1989

Sheridan, M. D.: *From Birth to Five Years, Children's Developmental Progress*, 3rd Edition, Australian Council for Educational Research, Melbourne

Simpson, L.: *The Book of Chakra Healing*, Sterling Books, London 1999

Simpson, S.: *Chakras For Starters*, Crystal Clarity Publishers, Nevada 2002

Stephenson Meere, M.: *Baby's First 100 Days*, Doubleday, Sydney 2001

Tame, D.: *Beethoven and the Spiritual Path*, Quest Books, USA 1994

Tame, D.: *The Secret Power of Music*, Destiny Books, Rochester, USA 1984

Tanner, J. M.: *Foetus into Man: Physical Growth from Conception to Maturity*, Harvard University Press, Boston 1990

The Chiara College of Metaphysics: *Metaphysics Certificate Resource Notes*, Sydney 2002
Tortora, G. J., Grabowski, S. R.: *Principles of Anatomy and Physiology*, 8th Edition, HarperCollins, New York 1996
Upledger, J. E.: *A Brain is Born*, North Atlantic Books, California 1996
Vulliamy, D. G.: *The Newborn Child*, 5th Edition, Churchill Livingstone, New York 1982
Wauters, Ambika: *Chakras and their Archetypes*, The Crossing Press, California 1999
Wauters, Ambika: *The Book of Chakras*, Quarto Publishing, London 2002
Whitney, E. N., Rolfes, S. R.: *Understanding Nutrition*, 7th Edition, West Publishing Company, Minneapolis 1996

Dank

Ein Buch wie dieses ist das Resultat lebenslangen Lernens von anderen, nicht nur von Freunden und Bekannten, sondern auch von den Lieben im engsten Kreis. Die Spiegelung meiner einzigartigen Unzulänglichkeiten hat mir das Geschenk gezeigt, das darin verborgen ist, und die Erkenntnis beschert, dass ich mit dem Wissen, das ich zu der Zeit hatte, das Beste getan habe. Dies gilt besonders für meine Jahre als Mutter. Daher danke ich meinen Kindern für ihre Ehrlichkeit, ihre Geduld und ihre erstaunliche und anhaltende Liebe zu mir. Ich lerne immer noch von ihnen und auch von meinen Enkeln, die sich ebenfalls nicht zurückhalten!

Die Lehrer, bei denen ich meine eher traditionelle Ausbildung machte, haben mich stark beeinflusst. Die Weisheit von John Upledger vom Upledger-Institut, Joseph Heller, dem Schöpfer der *Hellerwork* genannten posturalen Therapie, Russell Doherty vom *Chiara College of Metaphysics* und all den Lehrern und Prozessbegleitern von *PeopleKnowhow (Zoeros Integral Learning)* hat mir geholfen, neue Wege des Denkens und Lebens zu gehen.

Meine offizielle Ausbildung und mein Berufsleben, zuerst als Krankenschwester und Hebamme und in späteren Jahren als Säuglings- und Familien-Krankenschwester haben mich im Laufe der Jahre mit so vielen gutwilligen und großzügigen Menschen in Kontakt gebracht, denen vielleicht überhaupt nicht klar ist, wie viel sie mir vermittelt haben. Sie haben mich darauf aufmerksam gemacht, dass wir »das am besten lehren, was wir selbst am meisten lernen müssen«.

Elternschaft ist der edelste aller Berufe, und ich bin allen Eltern dankbar, die vertrauensvoll ihr Herz und ihren Geist für mich geöffnet haben.

Lisa Hanrahan von *Rockpool Publishing* hat dieses Buch mit viel Geduld und tatkräftiger Unterstützung von Lektor Gabiann Marin ins Leben gebracht. Liz Seymour hat ihm seine sichtbare Schönheit gegeben.

Jan Cornall, Ausnahmementorin, hat mir gezeigt, wie ich tief in mich selbst tauchen, meine Worte finden und sie auf meine Weise zusammensetzen kann. Auch was das »Loslassen« betrifft hat sie mich gut beraten.

Wendy Le Page (Bryant), Nichte, Freundin und höchst talentierte Sprachpathologin, hat mir viel über das Leben, Sprache und Erziehung beigebracht.

Die ganz besondere Liebe zu und von meinem Partner Gary Lewin, der von Anfang an und auf der ganzen Reise mit diesem Buch meine Hand gehalten hat, kann weder von der Zeit noch von irgendeiner Entfernung eingeschränkt werden. Meine Dankbarkeit für seinen weisen Rat und sein stilles Akzeptieren all der Dinge, die uns nicht bekannt sind, kennt keine Grenzen.

Danke.